FRANÇOIS RABELAIS

Gargantua

PARCOURS ASSOCIÉ Rire et savoir

1534

TEXTE INTÉGRAL

Traduit par
Marie-Madeleine Fragonard

Édition présentée par
Anne Cassou-Noguès
Agrégée de Lettres modernes

Nathan

Sommaire

LE DOSSIER *du lycéen*

ISBN : 978-209-151223-5

Biographie

Qui est Rabelais en 1534 ?

L'incertitude des origines

- Qui est Rabelais ? Il est difficile de le dire… L'existence de Rabelais est mal connue, jusqu'à sa date de naissance. Il serait né en 1483 ou 1490, à moins que ce ne soit en 1494, près de Tours, peut-être dans la propriété de son père qu'il évoque dans *Gargantua*, la Devinière. Il mène ensuite une triple existence – moine, médecin, diplomate et homme de cour – avant de devenir écrivain.

Une existence protéiforme

- Vers l'âge de 20 ans, Rabelais devient moine franciscain au couvent du Puy-Saint-Martin à Fontenay-le-Comte qui appartient à l'« Observance » de la règle. Cet ordre religieux et plus particulièrement ce couvent se distinguent par une hostilité aux études humanistes et une grande austérité. Rabelais, qui se livre alors à un apprentissage rigoureux, ressent une incompatibilité de plus en plus grande entre son désir de connaissance et l'ordre auquel il appartient. Il maîtrise trois langues : le français, le latin, mais aussi le grec, pourtant considéré comme dangereux par la Sorbonne parce qu'il donne un accès direct aux textes religieux, mais aussi à des ouvrages de médecine de l'Antiquité comme ceux de Hippocrate (460-377 avant J.-C.) ou de Galien (129-201). De plus, il communique avec les grands humanistes de son temps, Guillaume Budé (1467-1540) ou Érasme (1466-1536). Lorsque les franciscains lui confisquent ses livres grecs, il décide de quitter cet ordre et se réfugie chez les bénédictins où il peut poursuivre ses études.
- En 1527, Rabelais entreprend des études de médecine. On aurait tort d'opposer études littéraires, apprentissages des langues anciennes et médecine. Cette dernière associe des connaissances philosophiques et scientifiques (l'anatomie, la botanique…). Non seulement Rabelais traduit des textes antiques, mais il pratique la médecine, notamment à Lyon, ville de culture célèbre pour ses éditeurs, qui bénéficie de l'influence de la Renaissance italienne. Si Rabelais estime que cette activité est dans la continuité de son engagement religieux dans la mesure où il se met au service de son prochain et pratique ainsi la vertu chrétienne de charité, la règle ecclésiastique interdit à un moine de pratiquer la chirurgie et de se faire payer. Il est donc considéré comme un apostat, quelqu'un qui a trahi sa foi.

• Il est le médecin des frères du Bellay, le diplomate Guillaume du Bellay (1491-1543) et le cardinal Jean du Bellay (1498-1560), qu'il accompagne dans leurs voyages en Italie. Il aurait ainsi eu une activité de diplomate, voire d'agent secret. De plus, il bénéficie de l'appui politique et financier de ces puissants pour publier ses œuvres malgré la censure et la réprobation de la Sorbonne.

Le romancier

• On peut se demander pourquoi Rabelais, grand savant, entreprend d'écrire des romans, genre méprisé des humanistes. Peut-être répond-il à une commande d'un libraire lyonnais, peut-être aussi y perçoit-il le meilleur moyen de diffuser ses valeurs.

• En 1532, il publie sous le nom de Maître Alcofribas Nasier (anagramme de François Rabelais), *Les Horribles et Épouvantables Faits et Prouesses du très renommé Pantagruel, roi des Dipsodes, fils du grand géant Gargantua.* Le roman qui s'inspire d'un texte anonyme, *Les Grandes et Inestimables Chroniques du grand et énorme géant Gargantua*, connaît un grand succès, mais il est doublement condamné : la Sorbonne le censure pour obscénité, mais Calvin et l'Église réformée le critiquent également. Toutefois, Rabelais bénéficie d'une certaine confusion entre les différentes instances susceptibles de condamner un livre – la faculté de théologie, le Parlement et le roi – et ce d'autant plus qu'il n'y a ni Parlement ni faculté de théologie à Lyon où Rabelais fait publier ses livres.

« L'œuvre romanesque de Rabelais se construit à partir du personnage de Pantagruel, le fils de Gargantua. »

• En 1534 ou 1535, il récidive avec *La Vie très horrifique du grand Gargantua, père de Pantagruel, jadis composée par M. Alcofribas, abstracteur de quintessence.*

• Le troisième volume des aventures de Pantagruel, *Le Tiers Livre*, est publié onze ans plus tard, et vaut à son auteur d'être condamné pour hérésie : il se réfugie alors à Metz, qui n'est pas en France à cette époque, pendant un an.

• Malgré la mort de son protecteur Guillaume du Bellay en 1543 et celle de François Ier en 1547, il parvient à publier le *Quart livre* entre 1548 et 1552. Comme ses romans précédents, *Le Quart Livre* est censuré, mais connaît un important succès, au point que sont publiés des récits parallèles mettant en scène Pantagruel et ses compagnons.

• Rabelais meurt en 1553, et la publication posthume du *Cinquième Livre* ne peut lui être attribuée avec certitude.

Contexte historique

La Renaissance

La Renaissance a commencé en Italie bien avant le XVIe siècle. Les guerres franco-italiennes pour la souveraineté du royaume de Naples et du duché de Milan (1494-1559), permettent à François Ier et à ses sujets de découvrir les merveilles du *Quattrocento*, le XVe siècle italien.

Un monde en plein bouleversements

- La Renaissance est liée aux très nombreuses découvertes de la fin du XVe siècle et du début du XVIe siècle. Parmi elles, on peut bien sûr évoquer celle du Nouveau Monde. Christophe Colomb découvre l'Amérique en 1492, suivi par Vasco de Gama, Magellan ou Jacques Cartier. Naît alors une réflexion sur l'altérité et sur l'humanité dont Rabelais se fait l'écho, tout en se demandant si ce n'est pas ce que nous connaissons le mieux qui peut se révéler le plus différent, le plus hostile, comme l'est Picrochole, le voisin de Grandgousier. Au même moment, on assiste à une remise en cause de la conception géocentrique de la Terre par Copernic.

- À ces découvertes majeures qui remettent en cause la manière dont les Européens perçoivent l'univers, s'ajoutent des innovations techniques comme la poudre à canon ou encore l'imprimerie. Les travaux de Gutenberg ont en effet d'immenses répercussions en permettant la diffusion des ouvrages et des traductions des humanistes.

Les questions religieuses

- La suprématie de l'Église est ébranlée à la Renaissance. On peut lier ce mouvement de renouveau des idées religieuses à l'invention de l'imprimerie. En effet, désormais, on peut étudier la Bible au lieu de se contenter des fragments lus lors des sermons. Les humanistes militent pour une nouvelle conception de la foi, fondée sur une méditation individuelle.

- On voit alors émerger deux nouveaux courants. Le protestantisme naît en 1517 lorsque Martin Luther (1483-1546) publie les *95 thèses* qui attaquent l'Église. Il s'en prend notamment à ses interprétations partiales de la Bible et à l'enrichissement de l'institution. Il défend une conception pessimiste de l'humanité, irrémédiablement marquée par le péché originel.

- Si Rabelais appelle de ses vœux un retour aux sources de l'Évangile, il ne partage pas cette vision négative de l'homme. Il se rapproche donc des évangéliques, qui proposent une voie médiane entre la Réforme et la stricte obéissance aux règles de l'Église. Selon les évangéliques, l'homme est capable d'agir en vue du bien parce que sa bonté lui a été rendue par le sacrifice du Christ et par la grâce divine. Pour eux, la vertu centrale est la charité, et le croyant doit vivre dans un esprit de fraternité et participer au bien-être de la collectivité. Frère Jean, dans *Gargantua*, incarne ce désir de se mettre au service des autres, contrairement aux pèlerins qui négligent femmes et enfants, ou aux moines fainéants en quête d'un bien-être individuel.

« Rabelais est proche du courant évangélique, qui place la charité au cœur de la vie du croyant. »

• Les tensions montent entre les catholiques et les protestants, et même entre les théologiens de la Sorbonne et les évangéliques, à la suite de l'Affaire des placards (octobre 1534-janvier 1535). Partout dans Paris, jusque sur la porte de la chambre du Roi, sont collées des affiches – des placards – contre la messe. François Ier se rapproche alors des défenseurs stricts du dogme catholique, et les espoirs de Rabelais de voir l'Église évoluer vers davantage de charité et de compassion s'effondrent. Les imprimeurs humanistes Antoine Augereau et Etienne Dolet sont brûlés à Paris en 1534 et 1546.

Lucas Cranach dit L'Ancien, *Martin Luther*, théologien allemand fondateur de la Réforme, 1543, Galerie des Offices, Florence.

Contexte culturel et littéraire

L'homme, au centre

> *« On ne peut rien voir de plus admirable dans le monde que l'homme. »*
> *(Pic de la Mirandol, humaniste italien de la fin du XVe siècle)*

L'humanisme met l'homme au centre de ses préoccupations, là où le Moyen Âge plaçait le sacré. En effet, Dieu a fait l'homme à son image et l'a placé au centre du monde. Les humanistes ont donc la conviction profonde de la dignité de l'homme, malgré la faute originelle. L'homme doit sans cesse travailler à se connaître et à s'améliorer.

Les « bonnes lettres »

- En 1453, les Turcs envahissent Constantinople et mettent fin à l'Empire romain d'Orient. Les savants fuient vers l'Italie avec les ouvrages antiques conservés dans leur bibliothèque.
- L'Europe redécouvre des originaux des textes grecs que l'on ne connaissait guère que dans leurs traductions latines, parfois fautives. Marsile Ficin, à la cour des Médicis à Florence, traduit les œuvres de Platon.
- Contrairement aux théologiens de la Sorbonne qui voient dans les auteurs antiques des païens, les humanistes conçoivent ces textes comme des miroirs tendus à l'homme pour l'aider à mieux se connaître. Érasme en particulier travaille à réconcilier la sagesse antique avec la révélation chrétienne. L'étude des textes n'a pas seulement pour but d'assouvir la curiosité des humanistes ou d'augmenter leurs connaissances, elle a aussi une vertu morale. Les lire aide à s'exprimer avec clarté, à communiquer avec son prochain ; cela contribue donc à rendre l'homme et la société meilleurs.

Le savoir encyclopédique

- Rabelais emploie le mot « encyclopédie », pour la première fois dans un texte imprimé, en 1532, dans *Pantagruel*, pour désigner un ensemble complet de connaissances. Les humanistes appréhendent la culture antique comme un tout et lisent et traduisent avec autant de curiosité les ouvrages de médecine, d'astronomie, de poésie, d'architecture, de mathématiques, de philosophie...

• Toutefois, les humanistes doivent faire preuve de deux qualités afin que cette accumulation ne soit pas vaine. D'une part, ils doivent avoir un esprit critique capable de comparer les différentes sources, de les confronter de manière à se former une opinion juste et nuancée. D'autre part, la connaissance ne doit pas être gratuite, mais utile. Elle doit se placer au service de l'utilité commune. C'est ainsi que de nombreux ouvrages humanistes s'interrogent sur la formation du roi, susceptible, s'il est bien éduqué, de faire le bonheur de son peuple.

« Mieux vaut être moins savant et aimer plus, qu'être plus savant et ne pas aimer. » (Érasme, philosophe, humaniste et théologien néerlandais)

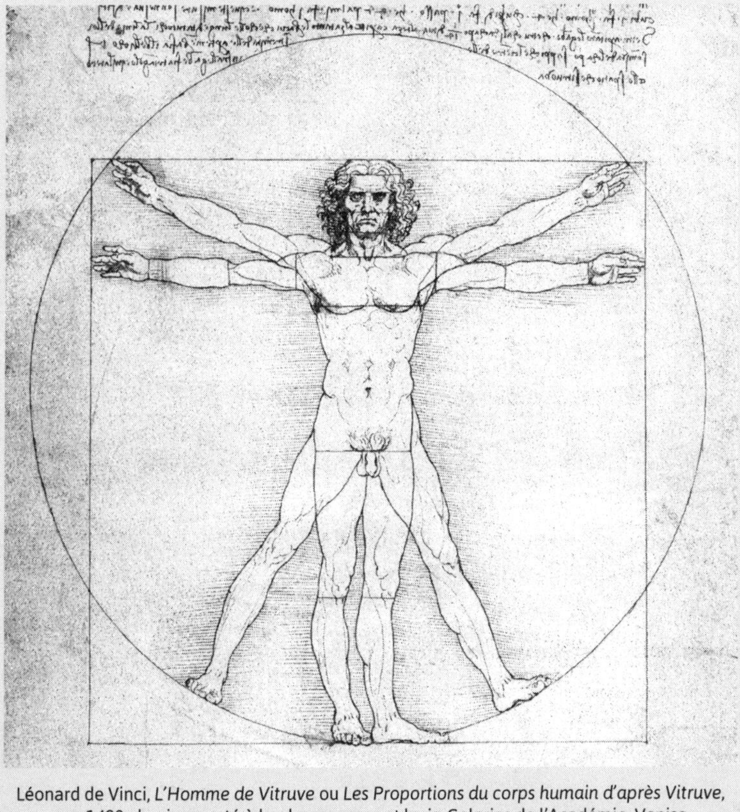

Léonard de Vinci, *L'Homme de Vitruve* ou *Les Proportions du corps humain d'après Vitruve*, vers 1490, dessin annoté à la plume, encre et lavis, Galeries de l'Académie, Venise.

Repères chronologiques

L'auteur			*Le contexte*
		1453	*Prise de Constantinople par les Turcs*
		1454	*Invention de l'imprimerie*
Naissance de Rabelais à la Devinière près de Chinon	**1489 (ou 1490 ou 1494)**		
		1492	*Découverte de l'Amérique par Christophe Colomb.*
		1494-1559	*Guerres franco-italiennes*
		1509	*Publication par Érasme de l'Éloge de la folie*
		1515	*Couronnement de François Ier*
		1517	*Luther publie ses 95 thèses*
Début de ses études de médecine, poursuite de l'étude des textes grecs, en particulier ceux des médecins Galien et Hippocrate	**1528**		
		1530	*Couronnement impérial de Charles Quint par le pape Clément VII à Bologne (Italie)*
Installation à Lyon et publication de *Pantagruel*	**1532**		
Première version de *Gargantua*	**1534**	1534	*Affaire des Placards*
Au service de Jean du Bellay, évêque de Paris, il effectue plusieurs voyages en Italie	**1535-1540**		
Nouvelle édition de *Gargantua*	**1542**		
Publication du *Tiers Livre*, (le troisième livre), immédiatement condamné pour hérésie	**1546**		
		1547	*Mort de François Ier et avènement de son fils Henri II*
Publication du *Quart Livre*	**1548-1552**		
		1547-1549	*Violente répression contre les protestants*
Mort à Paris	**1553**		

Lire...

Gargantua

La Vie très horriffique du grand Gargantua, père de Pantagruel, jadis composée par M. Alcofribas, abstracteur de quintessence

François Rabelais
1534

TEXTE INTÉGRAL

« *Il vaut mieux écrire du rire que des larmes*
Parce que le rire est le propre de l'homme.
François Rabelais

Gar

Aux lecteurs

Amis lecteurs, qui lisez ce livre,
Défaites-vous de toute passion,
Et, en le lisant, ne vous scandalisez pas :
Il ne contient ni mal ni infection.
Il est vrai qu'ici vous n'apprendrez
Que peu de perfection, si n'êtes enclins au rire.
Mon cœur ne peut élire aucun autre sujet,
Quand je vois le deuil qui vous mine et consume :
Il vaut mieux écrire du rire que des larmes,
Parce que le rire est le propre de l'homme.
VIVEZ JOYEUX

Prologue de l'auteur

Buveurs très illustres, et vous, vérolés[1] très précieux – car c'est à vous, non aux autres, que je dédie mes écrits –, Alcibiade[2], dans un dialogue de Platon intitulé Le Banquet, *faisant l'éloge de son précepteur Socrate, sans conteste le prince des philosophes, déclare entre autres choses qu'il est semblable aux Silènes[3]. Les Silènes étaient jadis de petites boîtes, comme celles que nous voyons à présent dans les boutiques des apothicaires[4], sur lesquelles étaient peintes des figures drôles et frivoles : harpies[5], satyres[6], oisons bridés, lièvres cornus, canes bâtées, boucs volants, cerfs attelés[7], et autres figures contrefaites à plaisir pour inciter les gens à rire (comme le fut Silène[8], maître du bon Bacchus). Mais à l'intérieur on conservait les drogues[9] fines, comme le baume[10], l'ambre gris[11], l'amome[12], la civette[13], les pierreries et autres choses de prix. Alcibiade disait que Socrate leur était semblable, parce qu'à le voir du dehors et à l'évaluer par l'aspect extérieur, vous n'en eussiez pas donné une pelure d'oignon, tant il était laid de corps et d'un maintien ridicule, le nez pointu, le regard d'un taureau, le visage d'un fou, le comportement simple, les vêtements d'un paysan, de condition modeste, malheureux avec les femmes, inapte à toute fonction dans l'État ; et toujours riant, trinquant avec chacun, toujours se moquant, toujours cachant son divin savoir. Mais, en ouvrant cette boîte, vous y eussiez trouvé une céleste et inappréciable drogue : une intelligence plus qu'humaine, une force d'âme merveilleuse, un courage invincible, une sobriété sans égale, une égalité d'âme sans faille, une assurance parfaite, un détachement incroyable à l'égard de tout ce pour quoi les humains veillent, courent, travaillent, naviguent et bataillent.*

---

1. Qui êtes atteints par la petite vérole ou la syphilis, des maladies vénériennes.

2. Alcibiade, amoureux de Socrate, se présente au banquet ivre et jaloux.

3. Éloge de Socrate emprunté en réalité à Érasme.

4. Pharmaciens.

5. Monstres à tête de femme et corps d'oiseau.

6. Divinités au buste d'homme et aux membres inférieurs de bouc.

7. Rabelais mélange tout : mythologie, inventions, jeux de mots...

8. Dans la mythologie grecque, satyre, père adoptif du dieu du vin Bacchus.

9. Épices utilisées à des fins médicinales, de même que les pierres précieuses qu'on consomme en poudre.

10. Plante odoriférante.

11. Concrétion intestinale du cachalot, très parfumée.

12. Plante aromatique.

13. Substance parfumée sécrétée par la civette, mammifère africain.

Explication de texte 1

Prologue, de « Les Silènes étaient jadis » à « naviguent et bataillent. »
➔ p. 13, l. 5 à 25

En quoi la métaphore des Silènes éclaire-t-elle l'œuvre de Rabelais ?

SITUER

1 Quel est le rôle du prologue ?

EXPLIQUER

Premier mouvement ➔ **« Les Silènes étaient jadis » à « de prix. »**

2 Quel est le point commun entre les différents éléments qui peuvent décorer des Silènes ? (l. 5 à 11)

3 Sur quel contraste reposent la fabrication et l'usage des Silènes ?

Deuxième mouvement ➔ **« Alcibiade » à « divin savoir. »**

4 Qui est désigné par « vous » ? (l. 14)

5 Qu'est-ce qui caractérise Socrate « du dehors » ? (l. 13 à 20)

Troisième mouvement ➔ **« Mais, en ouvrant cette boîte » à « bataillent. »**

6 Sur quelle opposition ce troisième mouvement repose-t-il ?

7 Quelle est la figure de style récurrente dans l'énumération des qualités de Socrate ? (l. 21 à 25)

CONCLUSION

8 Quelle figure de style revient dans chaque partie de cet extrait ?

9 En quoi la comparaison entre les Silènes et Socrate peut-elle guider le lecteur ?

ÉTUDE DE LA LANGUE

Dans le texte original (voir p. 15), rajoutez les sujets manquant aux verbes présents dans les extraits suivants.
« Tel disoit estre Socrates » et « n'en eussiez donné un coupeau d'oignon ».

DÉBATTRE

Qu'est-ce qu'un bon lecteur ?

CARNET DE LECTEUR

Faites une recherche sur la méthode philosophique de Socrate.

Explication de texte 1

Prologue, de « Silenes estoyent jadis petites boites » à « navigent et bataillent. »

Texte original

Silenes estoyent jadis petites boites, telles que voyons de present es bouticques des apothecaires, pinctes au dessus de figures joyeuses et frivoles, comme de harpies, satyres, oysons bridez, lievres cornuz, canes bastées, boucqs volans, cerfz limonniers et aultrestelles pinctures contrefaictes a plaisir pour exciter le monde a rire (quel fut Silene, maistre du bon Bacchus). Mais au dedans l'on reservoit les fines drogues comme baulme, ambre gris, amomon, musc, zivette, pierreries et aultres choses precieuses. Tel disoit estre Socrates, parce que, le voyans au dehors et l'estimons par l'exteriore apparence, n'en eussiez donne un coupeau d'oignon, tant laid il estoit de corps et ridicule en son maintien, le nez pointu, le reguard d'un taureau, le visaige d'un fol, simple en meurs, rusticq en vestemens, pauvre de fortune, infortune en femmes, inepte a tous offices de la republicque, tousjours riant, tousjours beuvant d'autant a un chascun, tousjours se guabelant, tousjours dissimulant son divin scavoir. Mais, ouvrans ceste boite, eussiez au dedans trouvé une celeste et impreciable drogue : entendement plus que humain, vertus merveilleuse, couraige invincible, sobresse non pareille, contentement certain, asseurance parfaicte, desprisement incroyable de tout ce pourquoy les humains tant veiglent, courent, travaillent, navigent et bataillent.

À quoi tend, à votre avis, ce prélude et coup d'essai ? C'est que vous, mes bons disciples, et quelques autres fous oisifs, en lisant les joyeux titres de quelques livres de notre invention, comme Gargantua, Pantagruel, Fesse-pinte, De la dignité des braguettes, Des pois au lard *avec commentaires, etc.*[1]*, vous pensez trop facilement qu'on n'y traite que de moqueries, folâtreries*[2] *et joyeux mensonges, puisque l'enseigne extérieure (c'est le titre) est, sans chercher plus loin, habituellement reçue comme moquerie et plaisanterie. Mais il ne faut pas considérer si légèrement les œuvres des hommes. Car vous-mêmes vous dites que l'habit ne fait pas le Moine, et tel est vêtu d'un froc*[3] *qui au-dedans n'est rien moins que Moine, et tel est vêtu d'une cape espagnole qui, dans son courage, n'a rien à voir avec l'Espagne. C'est pourquoi il faut ouvrir le livre et soigneusement peser ce qui y est traité. Alors vous reconnaîtrez que la drogue qui y est contenue est d'une tout autre valeur que ne le promettait la boite : c'est-à-dire que les matières ici traitées ne sont pas si folâtres*[4] *que le titre le prétendait.*

Et en admettant que le sens littéral vous procure des matières assez joyeuses et correspondant bien au titre, il ne faut pourtant pas s'y arrêter, comme au chant des sirènes[5]*, mais interpréter à plus haut sens*[6] *ce que par hasard vous croyiez dit de gaieté de cœur.*

Avez-vous jamais crocheté[7] *une bouteille ? Canaille ! souvenez-vous de la contenance que vous aviez. Mais avez-vous jamais vu un chien rencontrant quelque os à moelle ? C'est, comme dit Platon au livre II de* La République*, la bête la plus philosophe du monde*[8]*. Si vous l'avez vu, vous avez pu noter avec quelle dévotion il guette son os, avec quel soin il le garde, avec quelle ferveur il le tient, avec quelle*

---

1. Rabelais mélange les titres réels et imaginaires : *Fesse-pinte* ; *De la dignité des braguettes* mentionné au chapitre VIII ; *Des pois au lard* qui figure dans *Pantagruel*, dans la bibliothèque de Saint-Victor : Rabelais se moque sans doute du texte de Pierre Lombard et ses commentaires, base des études théologiques.

2. Blagues.

3. Partie de la tenue des moines qui couvre la tête et les épaules.

4. Légères.

5. Dans *L'Odyssée*, les sirènes fascinent les marins par leur chant, si bien qu'ils font naufrage.

6. Les théologiens distinguent dans la Bible le sens littéral et le sens spirituel.

7. Débouché.

8. Parce qu'elle grogne devant un inconnu et reconnaît ceux qu'elle a déjà rencontrés.

prudence il l'entame, avec quelle passion il le brise, avec quel zèle il le suce. Qui le pousse à faire cela ? Quel est l'espoir de sa recherche ? Quel bien en attend-il ? Rien de plus qu'un peu de moelle. Il est vrai que ce peu est plus délicieux que les beaucoup d'autres choses, parce que la moelle est un aliment élaboré selon ce que la nature a de plus parfait, comme le dit Galien[9]*, au 3*e *livre du* Des Facultés naturelles *et au 11*e *du* De l'usage des parties du corps.

À son exemple, il vous faut être sages[10] *pour humer, sentir et estimer ces beaux livres de haute graisse, légers à la poursuite et hardis à l'attaque. Puis, par une lecture attentive et une méditation assidue, rompre l'os et sucer la substantifique moelle, c'est-à-dire – ce que je signifie par ces symboles pythagoriciens*[11] *– avec l'espoir assuré de devenir avisés et vaillants à cette lecture. Car vous y trouverez une bien autre saveur et une doctrine plus profonde, qui vous révélera de très hauts sacrements et mystères horrifiques, tant sur notre religion que sur l'état de la cite et la gestion des affaires.*

Croyez-vous sincèrement que jamais Homère[12]*, en écrivant* L'Iliade *et* L'Odyssée, *ait pensé aux allégories qu'y ont bricolées Plutarque, Héraclide du Pont, Eusthate et Phornute*[13]*, et à ce que Politien leur a volé*[14] *? Si vous le croyez, vous n'approchez ni des pieds ni des mains de mon opinion*[15]*, qui certifie qu'Homère a aussi peu songé à ces allégories qu'Ovide dans ses Métamorphoses aux mystères de l'Évangile, quoiqu'un certain Frère Lubin*[16]*, vrai croquelardon*[17]*, se soit efforcé de les y montrer, au cas où il rencontrerait des gens aussi fous que lui et, comme dit le proverbe, couvercle digne du chaudron*[18].

9. Médecin grec du IIe s. ap. J.-C., dont Rabelais traduit les œuvres.

10. Un chien de chasse est sage quand il a du flair.

11. Ceux, complexes, difficiles à déchiffrer, de l'école pythagoricienne fondée par le mathématicien Pythagore au Ve s. av. J.-C.

12. Les grands ouvrages de l'Antiquité sont le support de nombreuses interprétations, païennes, puis chrétiennes.

13. Tous ces auteurs ont effectivement commenté Homère.

14. L'humaniste Guillaume Budé accuse Politien (XVe s.), humaniste italien, d'avoir plagié Plutarque.

15. Vous êtes d'accord avec moi.

16. Pierre Lavin, un dominicain, a essayé de faire des *Métamorphoses* une série d'allégories des mystères chrétiens. Mais « Frère Lubin » est aussi le surnom des moines débauchés.

17. Parasite.

18. Expression recueillie par Érasme.

Si vous ne le croyez pas, quelle est la raison pour laquelle vous n'en ferez pas autant de ces joyeuses et nouvelles chroniques, quoique, en les dictant, je n'y aie pas pensé plus que vous, qui peut-être buviez comme moi[1] ? Car, pour composer ce livre seigneurial, je n'ai jamais perdu ni consacré plus long ni autre temps que celui qui était fixé pour ma réfection corporelle, c'est-à-dire pour boire et manger. Aussi est-ce le bon moment pour écrire sur ces hautes matières et sciences profondes, comme le savaient bien faire Homère, modèle de tous les philologues[2], et Ennius, père des poètes latins, ainsi qu'en témoigne Horace, quoiqu'un malotru ait dit que ses poèmes sentaient plus le vin que l'huile[3].

C'est aussi ce que dit un turlupin[4] de mes livres, mais je l'emmerde ! L'odeur du vin est Ô combien plus friande, riante, priante, plus céleste et délicieuse que celle de l'huile ! Et je serai aussi fier qu'on dise de moi que j'ai plus dépensé en vin qu'en huile, que l'était Démosthène[5] quand on disait de lui qu'il dépensait plus en huile qu'en vin. Pour moi il n'y a qu'honneur et gloire à être dit et réputé joyeux luron et bon compagnon, et à ce titre je suis bienvenu en toutes compagnies de Pantagruélistes ; Démosthène, un grincheux lui a reproché que ses Discours avaient l'odeur d'un tablier de marchand d'huile crasseux. Pour cette raison, interprétez tous mes faits et dires en la meilleure part ; révérez le cerveau fromageux qui vous nourrit de ces belles billevesées[6], et si vous le pouvez, tenez-moi toujours pour joyeux.

Or donc réjouissez-vous, mes amours, lisez gaiement le reste, pour l'agrément du corps et le profit des reins ! mais écoutez, couillons, – ou que le chancre mou[7] vous ronge ! – souvenez-vous de boire à ma santé, et je vous en promettrai autant.

---

1. En substance, voici ce que nous dit Rabelais : « Vous ne croyez pas que Homère pensait à tout ce que les commentateurs lui prêtent ; de même, ce n'est pas parce que je n'y ai pas pensé, qu'il n'y a rien à trouver dans mon livre. Il suffit de chercher. »

2. Première attestation du mot : ceux qui étudient les textes.

3. L'huile est destinée à la lampe, et mesure le caractère studieux des auteurs qui travaillent même la nuit, à moins, opinion inverse, qu'elle ne mesure les efforts de tacherons peu doués. Rabelais fait encore référence à un adage qu'Érasme a commenté.

4. Membre d'une secte moyenâgeuse.

5. Orateur grec du IVe s. av. J.-C., que Rabelais prend déjà en exemple dans *Pantagruel* pour être de ceux qui ne savent pas rire.

6. Propos vides de sens.

7. Maladie vénérienne.

De la généalogie et des anciennes origines de Gargantua

CHAPITRE I

Je vous renvoie à la grande chronique pantagruéline pour retrouver la généalogie et l'ancien temps dont nous est venu Gargantua. Vous y apprendrez plus longuement comment les géants naquirent en ce monde et comment, en ligne directe, en est descendu Gargantua, père de Pantagruel ; vous ne vous fâcherez pas si, pour l'heure, je m'en abstiens ; et pourtant la chose est si belle que, plus on la répéterait, plus elle plairait à vos Seigneuries : vous avez la caution de Flaccus[8], qui déclare que certains propos tels que ceux-ci sont d'autant plus délectables qu'on les redit plus souvent.

Plût à Dieu que tout le monde connût aussi certainement sa généalogie depuis l'arche de Noé jusqu'à notre époque ! Je crois qu'il y a aujourd'hui beaucoup d'empereurs, de rois, de ducs, de princes et de papes ici-bas, qui descendent de quelques porteurs de reliquailles[9] et de hottes, et qu'à l'inverse nombreux sont les gueux[10] de l'hospice, souffreteux et misérables, qui descendent du sang et de la lignée de grands rois et empereurs[11], vu l'admirable transfert des règnes et empires[12] :

Une lignée de chevaliers

Le narrateur renvoie au premier chapitre de *Pantagruel* qui, à la manière des romans de chevalerie, commence par présenter la généalogie du héros. Il s'agit de montrer que les qualités du personnage sont des valeurs aristocratiques qui dépendent de la lignée.

8. C'est ce que dit le poète Horace dans l'*Art poétique*, mais aussi l'humaniste Érasme dans ses *Adages*.

9. Moines qui portaient des reliques (fragments du corps d'un saint auquel on voue un culte) afin de mendier.

10. Mendiants.

11. Aux XVe et XVIe siècles, les familles princières cherchent à se doter d'origines mythologiques. Ainsi, les rois de France, comme les empereurs, prétendent descendre d'Hercule.

12. Résumé très rapide de la façon dont on comprend alors l'histoire du monde, comme un déplacement dans le temps et l'espace des puissances et des cultures. Cette conception de l'histoire a un enjeu politique. La question est de savoir qui est l'héritier de l'Empire romain d'Orient. L'Italie, la France et l'Empire de Charles Quint se disputent le titre et la gloire. François Ier se présente comme légitime rival de Charles Quint.

des Assyriens aux Mèdes,
des Mèdes aux Perses,
des Perses aux Macédoniens,
des Macédoniens aux Romains,
des Romains aux Grecs,
des Grecs aux Français.

Et, pour vous faire comprendre mon cas, moi qui vous parle, je crois que je descends de quelque riche roi ou prince du temps jadis. Car vous n'avez jamais vu personne qui ait plus grand désir que moi d'être roi et riche, afin de faire grande chère, et ne pas travailler, et bien enrichir mes amis et tous les gens de bien et de savoir. Mais je me console en pensant que dans l'autre monde je le serai, et même plus grand que je n'oserais le souhaiter[1] actuellement. Pour vous, consolez-vous de votre malheur à cette pensée ou mieux si vous pouvez, et buvez frais, si c'est possible.

Pour en revenir à nos moutons, je vous dis que par un don souverain de Dieu nous ont été conservées la lignée et la généalogie de Gargantua plus complètement que pour nul autre – celle de Dieu, je n'en dis rien car il ne m'appartient pas d'en parler, d'ailleurs les diables (je veux dire les cafards) s'y opposent[2]. Cette généalogie fut trouvée par Jean Audeau dans un pré qu'il possédait près de l'arceau Gualeau au-dessous de l'Olive, du côté de Narsay ; en faisant creuser des fossés, les piocheurs touchèrent de leurs houes[3] un grand tombeau de bronze, infiniment long, car ils n'en trouvèrent jamais le bout, vu qu'il était trop engagé dans les chenaux[4] de la Vienne. En l'ouvrant en un certain endroit, marqué d'un gobelet autour duquel était écrit en lettres étrusques[5] : HIC BIBITUR[6], ils trouvèrent neuf

Le cadre du récit : l'Indre-et-Loire

Ces toponymes mentionnent pour la première fois les lieux dans lesquels évoluent nos géants. Ces lieux n'existent plus, mais les historiens les situent près de Chinon, où vivait la famille de Rabelais.

1. D'après l'Évangile selon saint Matthieu, les derniers seront les premiers et les premiers seront les derniers. Les malheurs terrestres seraient ainsi compensés par un bonheur éternel.

2. Allusion à la censure qui dans le premier roman de Rabelais s'en est pris à la généalogie de Pantagruel, parodie de la généalogie du Christ.

3. Sorte de pioche qui sert à creuser un sol dur.

4. Pluriel de « chenal » : voie navigable, ici dans la Vienne, une rivière.

5. L'écriture étrusque est presque indéchiffrable.

6. *Hic Bibitur* n'est pas étrusque, et en bon latin signifie : Ici l'on boit.

flacons disposés comme on fait des quilles en Gascogne ; celui qui était au centre recouvrait un gros livre, gras, grand, joli, petit, moisi, qui sentait plus, mais pas meilleur, que la rose.

C'est là qu'on trouva ladite généalogie, écrite en lettres de chancellerie[7], non pas sur du papier, du par chemin ou de la cire, mais sur de l'écorce d'orme ; mais les lettres étaient si usées par le temps qu'on pouvait à peine en reconnaître trois à la suite.

C'est à moi, malgré mon indignité, qu'on fit appel, et, à grand renfort de bésicles[8], en recourant à l'art de lire les lettres invisibles, comme l'enseigne Aristote[9], je la traduisis, comme vous pourrez le voir en pantagruélisant, c'est-à-dire en buvant à votre guise et en lisant les gestes[10] horrifiques de Pantagruel.

À la fin du livre, il y avait un petit traité intitulé : *Les Fanfreluches antidotées*. Les rats et blattes ou, pour ne pas mentir, d'autres vilaines bêtes en avaient brouté le début ; le reste, je l'ai inséré ici, par respect pour l'antiquité.

Vue du Chinon médiéval, Indre-et-Loire.

7. Écriture cursive utilisée au Vatican pour la rédation des actes.

8. Grosses lunettes.

9. Aristote n'a bien sûr rien dit des lettres invisibles.

10. Récits de ses actions remarquables.

Les fanfreluches antidotées trouvées en un monument ancien

CHAPITRE II

a i[1] : enu[2] le grand dompteur des Cimbres[3]
v sant[4] par l’air, de peur de la rosée
’[5] sa venue on a rempli les timbres[6]
ə[7] beurre frais, tombant en une ondée.
quand la grand-mère en fut arrosée,
Elle cria : « De grâce, repêchez-le,
Car sa barbe est presque tout embousée[8],
Ou pour le moins tendez-lui une échelle. »

Certains disaient que lécher sa pantoufle
Était meilleur que gagner des pardons[9] ;
Mais il surgit un arrogant maroufle[10],
Sorti du trou où l’on pêche aux gardons[11],
Qui dit : « Messieurs, par Dieu, gardons-nous-en ;
L’anguille est sur l’étal, elle s’y muche[12] ;
Vous trouverez, en y bien regardant,
Une grand’tare[13] au fond de sa capuche[14]. »

Un texte ludique et satirique

Le titre se traduirait par « Bagatelles pourvues d’un remède ». Il s’agit d’une énigme, genre apprécié au XVIe siècle. Celle-ci est assez réussie pour qu’on ne l’ait pas déchiffrée. On suppose qu’il s’agit d’une satire contre Charles Quint, peut-être aussi contre le pape, avec quelques phrases obscènes (trous divers) qui ne constituent pas une narration suivie, ni une prophétie...

1. Le texte est d’autant plus difficile à déchiffrer qu’il a été grignoté !

2. Voici venu ?

3. Peuple celte ou germanique. Le « dompteur des Cimbres » pourrait être Charles Quint.

4. Passant ?

5. à ?

6. Cloches.

7. c ’, de ?

8. Couverte de bouse.

9. Satire du pape dont on baise la pantoufle ou la mule et qui distribue des indulgences ou des pardons. Le pécheur pouvait négocier une indulgence, en échange de quelque bonne action, quelque prière, ou un don substantiel.

10. Personnage grossier, ici peut-être Luther, qui s’oppose au principe des indulgences.

11. Petit poisson.

12. Cache.

13. Un vice caché, un défaut.

14. Portée par les ecclésiastiques au Moyen Âge.

Quand on en fut à lire le chapitre,
On n'y trouva que les cornes d'un veau.
« Je sens, disait-il, le fond de ma mitre[15]
Si froid qu'autour se fige mon cerveau. »
Mais, réchauffé d'un parfum de navet,
Il se contenta de rester près de l'âtre,
Pourvu qu'on fit attelage nouveau
Pour tant de gens qui sont acariâtres[16].

On discuta du trou[17] de saint Patrice,
De Gibraltar et de mille autres trous :
Si l'on pouvait en faire cicatrices
De telle façon qu'ils n'aient plus la toux,
Vu qu'il paraissait incongru à tous
De les voir ainsi à tout vent bayer.
Si par hasard ils étaient obturés,
En tant qu'otages on pourrait les livrer.

Sur cet arrêt, le corbeau fut pelé
Par Hercule, qui venait de Libye.
« Pourquoi, dit Minos[18], n'y suis-je appelé ?
Excepté moi, tout le monde on convie,
Et l'on voudrait que m'en passe l'envie
À leur envoyer huîtres et grenouilles.
Je me donne au diable si de ma vie
J'ai pitié de leur vente de quenouilles[19]. »

---

15. Coiffe portée par les papes et les évêques.

16. Toujours mécontents.

17. Il y a une dimension paillarde à l'évocation de tous ces trous.

18. Juge des enfers.

19. Bâton sur lequel on place du lin, du coton ou de la laine afin de les filer.

Pour les mater survint Q.B. qui clope[1],
Protégé par les prêtres sansonnets.
Le tamiseur, cousin du grand Cyclope,
Les massacra. Chacun mouche son nez ;
En ce guéret[2] peu de bougres[3] sont nés,
Qu'on n'ait roulés sur le moulin à tan[4].
Courez-y tous et l'alarme sonnez :
Vous y gagnerez plus qu'auparavant.

Bien peu après l'oiseau de Jupiter[5]
Se résolut à parier pour le pire,
Mais les voyant si fort se dépiter,
Craignant qu'on ne mît bas et mat l'empire,
Il préféra le feu du ciel ravir
Au tronc où l'on vend les harengs saurets,
Que l'air serein, contre qui l'on conspire,
Soumettre aux sentences des Massorets[6].

Le tout fut conclu à fine aiguillée,
Malgré Até[7], à la cuisse héronnière[8],
Qui s'assit là, voyant Penthésilée[9],
Sur ses vieux jours prise pour cressonnière[10].
Chacun criait : « Vilaine charbonnière,
Te sied-il te trouver sur le chemin[11] ?
Tu as volé la bannière romaine
Qu'on fit en tirant sur un parchemin ! »

---

1. Certains critiques ont identifié Noël Béda (1470-1537), théologien de la Sorbonne et ennemi des humanistes, qui boitait (« qui clope »).

2. Champ labouré.

3. Hérétiques, débauchés.

4. Moulin où l'on fabrique de la poudre d'écorce de chêne utilisée en particulier dans le tannage des peaux.

5. L'aigle : il s'agit sans doute de désigner Charles Quint.

6. « Interprètes des saintes lettres hébraïques » (Rabelais, *Pantagruel*, chapitre 1).

7. Déesse grecque de la discorde et de l'égarement.

8. Qui rappelle la finesse du héron.

9. Reine des Amazones.

10. Planteuse de cresson.

11. As-tu le droit d'être sur ce chemin ?

Et sans Junon, qui dessous l'arc céleste
Avec son duc chassait à la pipée[12],
On lui aurait joué un tour si funeste
Qu'elle en eût été de partout fripée.
On s'accorda pour que de la lippée[13]
Elle reçût deux œufs de Proserpine[14],
Et si jamais elle était attrapée,
On la lierait au mont de l'aubépine.

Sept mois après – ôtez-en vingt et deux
Celui qui jadis détruisit Carthage[15]
Se dressa bravement entre eux,
Leur demandant d'avoir son héritage,
Ou bien qu'on en fît un juste partage
Selon la loi que l'on tire au rivet[16],
Distribuant un reste de potage
À ses valets qui firent le brevet.

Mais l'an viendra, marqué d'un arc turquois[17],
De cinq fuseaux et trois culs de marmite,
Où le dos d'un roi vraiment peu amène[18],
Sera grêlé[19] sous un habit d'ermite.
Quelle pitié ! Pour une chattemite[20]
Laisserez-vous engloutir tant d'arpents[21] ?
Cessez ; que cette farce nul n'imite ;
Retirez-vous près du frère des serpents[22].

---

12. Technique de chasse consistant à attirer les oiseaux en imitant leurs cris avec un pipeau.

13. Repas.

14. Divinité romaine, déesse du printemps.

15. Scipion l'Africain (IIIe s. av. J.-C.), général romain.

16. Que l'on répartisse équitablement.

17. Oriental.

18. Peu aimable.

19. Victime de la syphilis.

20. Hypocrite.

21. Mesure de surface.

22. Le diable.

Passé l'an, celui-qui-est[1] régnera
Paisiblement avec ses bons amis.
Violence ou affront ne dominera ;
Tout bon vouloir aura son compromis ;
Et le bonheur, qui jadis fut promis
Aux gens du ciel, viendra en son beffroi ;
Et les haras[2], qui étaient estourbis[3],
Triompheront sur un beau palefroi[4].

Il durera, ce temps de passe-passe
Jusqu'au jour où Mars[5] sera entravé[6].
Puis viendra un être qui tous surpasse[7],
Délicieux, plaisant, de toute beauté.
Levez vos cœurs[8], venez à ce repas,
Tous mes féaux[9]. Car tel est trépassé
Qui pour rien au monde ne revivrait,
Tant on regrettera le temps passé.

Finalement, celui qui fut de cire
Sera logé au gond du Jacquemart[10].
On ne réclamera plus : « Sire, Sire »,
Au brimbaleur[11] qui tient le coquemart[12].
Ah ! s'il pouvait saisir son braquemart[13],
On en finirait des tracas cabus[14],
Et l'on pourrait, avec un fil d'amarre[15],
Ligoter tout le magasin d'abus[16].

---

1. Dieu (« Je suis celui qui est », *Apocalypse de Jean*, I, 8).

2. Harassés, épuisés.

3. Assommés.

4. Cheval de parade.

5. Dieu de la guerre.

6. Mis au fer, prisonnier.

7. Jésus.

8. Allusion à une phrase prononcée par le prêtre au moment de la communion.

9. Fidèles.

10. Automate, en bois ou en métal, qui frappe sur la cloche des églises pour sonner les heures.

11. Qui bringuebale, qui secoue.

12. Bouilloire.

13. Épée courte à large lame ou sexe masculin.

14. En forme de choux pommés.

15. Fil très solide.

16. Ce « magasin d'abus » est-il l'Église, ou le Monde lui-même ?

Comment Gargantua fut onze mois porté dans le ventre de sa mère

CHAPITRE III

Grandgousier était bon compagnon en son temps, aimant à boire sec autant qu'homme de ce monde, et il mangeait volontiers salé[17]. Pour cela, il avait habituellement une bonne provision de jambons de Mayence et de Bayonne, force langues de bœuf fumées, quantité d'andouilles à la bonne saison et de bœuf salé à la moutarde ; et des réserves de caviar, provision de saucisses, non pas de Bologne (car il craignait les décoctions[18] de Lombard), mais de Bigorre, de Longaulnay, de la Brenne et de Rouergue. En son âge viril, il épousa Gargamelle, fille du roi des Papillons[19], une belle garce à la belle trogne[20] ; et tous deux faisaient souvent la bête à deux dos, se frottant joyeusement le lard, tant et si bien qu'elle fut grosse d'un beau fils qu'elle porta jusqu'au onzième mois[21].

Car les femmes peuvent bien porter aussi longtemps, voire plus, surtout quand il s'agit de quelque chef-d'œuvre et d'un personnage qui doive en son temps accomplir de grands exploits ; ainsi Homère affirme que l'enfant dont Neptune engrossa la nymphe[22] naquit après l'an révolu, soit au douzième mois. Car (comme dit Aulu-Gelle au livre 3[23]), ce long temps seyait à la majesté de Neptune, afin que l'enfant y fût formé à la perfection. Pour la même raison, Jupiter fit durer quarante-huit heures la nuit où il coucha avec Alcmène,

Des noms programmatiques

Le nom de Grandgousier, est déjà tout un programme. Il évoque une grande bouche assoiffée. Cette caractéristique se prolonge de génération en génération. Pantagruel est celui qui a toujours soif : « *Panta* en grec vault autant à dire comme tout : et Gruel en langue *hagarene* vault autant comme alteré ». Quant à Gargantua, qui serait une version de « quel grand tu as », son origine est expliquée au chapitre VII.

17. Plus on mange salé, plus on a soif.

18. Morceaux empoisonnés.

19. Peuple légendaire de sauvages, hostiles aux chrétiens. Le terme de « parpaillots » sera utilisé plus tard pour désigner les protestants.

20. Tête.

21. Des médecins, à l'époque, jugent cela possible, et Rabelais se moque d'une utilisation inconsidérée d'un savoir incertain.

22. Tyro qui eut des jumeaux de Neptune.

23. Aulu-Gelle (IIe s. ap. J.-C.), grammairien romain, mentionne cette naissance au livre III des *Nuits attiques*.

car il n'aurait pu, en moins de temps, forger Hercule qui nettoya le monde de monstres et de tyrans.

Messieurs les anciens Pantagruélistes ont confirmé ce que je dis et ont déclaré non seulement possible, mais aussi légitime, l'enfant né d'une femme onze mois après la mort de son mari :

Hippocrate, au livre *De la nourriture*

Pline, au livre VII, chapitre V[1]

Plaute, dans *La Cassette*

Marcus Varron, dans la satire nommée *Le Testament*, alléguant l'autorité d'Aristote à ce propos. Censorinus, dans son livre *Du jour de naissance*

Aristote, au livre VII, chapitres III et IV, *De la nature des animaux.*

Aulu-Gelle, au livre III, chapitre XVI,

et mille autres fous, dont le nombre a été accru par les légistes, *ff. De ses légitimes héritiers, en cas de mort intestat*, et dans les *Authentiques*, *De la restitution*, et *De celle qui engendre au Onzième mois.* Ils en ont de surcroît gribouillé leur robilardique[2] loi[3] *Gallus, ff. Des enfants, et des posthumes* et *Loi du septième mois, ff. Du statut des gens*, et quelques autres, que je n'ose nommer à présent. En fonction de quoi les veuves peuvent franchement jouer de la croupière[4] sans grand risque, deux mois après le décès de leur mari.

Je vous en prie humblement, vous autres mes bons compères : si vous en trouvez qui vaillent qu'on se débraguette, montez dessus et amenez-les-moi. Car, si au troisième mois, elles sont grosses, leur fruit sera héritier du défunt ; et, la grossesse connue, elles peuvent y aller franchement, et vogue la galère puisque le ventre est plein ! comme Julie[5], fille de l'empereur Octavien, ne s'abandonnait à ses tambourineurs que quand elle se sentait grosse[6], de même que le

---

1. De l'*Histoire naturelle*
2. Mot créé par Rabelais à partir de *rober*, « voler », « dérober », et *lard* (comme dans l'expression vue plus haut « se frottant joyeusement le lard »).
3. Les lois, comme les références livresques, sont désignées par un code d'abréviations dans lesquelles il est encore plus difficile de se retrouver si l'on n'est pas spécialiste. Elles renvoient aux livres de base : les *Pandectes*, recueil de décisions des anciens juristes romains, constamment utilisés et commentés.
4. Derrière.
5. Julia (Ier s. av. J.-C.) : on lui prêtait de très nombreux amants (« tambourineurs »).
6. Le risque de grossesse illégitime est un motif de fidélité au mari : tous les ouvrages sur la galanterie féminine concluent logiquement que le meilleur moment pour une infidélité est la grossesse.

bateau ne reçoit son pilote que lorsqu'il a été calfaté[7] et chargé. Et si quelqu'un les blâme de se faire ainsi enfiler par les deux bouts pendant leur grossesse, alors que les bêtes qui sont pleines n'acceptent jamais le mâle en chaleur, elles répondront que ce sont des bêtes, mais qu'elles sont, elles, femmes, qui comprennent bien les beaux et joyeux petits droits de superfétation[8] ; c'est ce que jadis répondit Populie, selon le témoignage de Macrobe[9], au livre II des *Saturnales*.

Et si le diable ne veut pas qu'elles soient grosses, il faudra tourner le fausset[10], et garder bouche close.

Comment Gargamelle, grosse de Gargantua, se laissa aller à manger des tripes

CHAPITRE IV

Voici dans quelles circonstances et de quelle manière Gargamelle enfanta, et si vous ne le croyez pas, que le fondement[11] vous échappe !

Le fondement lui échappa un après-midi, le troisième jour de février, d'avoir trop mangé de gaudebillaux. Les gaudebillaux sont de grasses tripes de coiraux. Les coiraux sont des bœufs engraissés à

Les tripes de la Saint Blaise

Le 3 février est la fête de Saint Blaise. C'est la première date susceptible d'être un Mardi gras, veille du début du Carême. On a tué des bœufs, les tripes ne peuvent être conservées, il faut donc les manger vite avant ces quarante jours de maigre. Ainsi, la naissance de Gargantua, à sa manière, est un épisode du Carnaval, affirmation de la puissance du boire et du manger contre le jeûne et l'abstinence. Saint Blaise est associé au souffle et au pet !

---

7. Fermé hermétiquement.

8. Fécondation se produisant chez une femelle qui porte déjà un fœtus.

9. Macrobe (IVe s. ap. J.-C.) : écrivain et philosophe latin.

10. Cheville de bois destinée à boucher le trou fait dans un tonneau pour goûter le vin. Associée à la « bouche close », l'image est explicitement sexuelle.

11. Rabelais joue sur la polysémie : le terme signifie aussi bien la raison que l'anus.

l'étable et aux prés guimaux. Les prés guimaux, des prés qui portent l'herbe deux fois par an. On avait fait tuer trois cent soixante-sept mille et quatorze de ces bœufs gras, pour être salés pour le mardi gras, afin qu'au printemps ils aient du bœuf de saison en quantité pour mieux apprécier le vin.

Les tripes furent copieuses, comme vous l'imaginez bien, et si délectables que chacun s'en léchait les doigts. Mais le diable était qu'on ne pouvait longtemps les conserver, car elles auraient pourri ; ce qui semblait choquant. On en conclut donc qu'on engloutirait tout sans rien perdre. Pour cela, on convia tous les habitants de Cinais, de Seuillé, de La Roche-Clermault, de Vaugaudry, sans oublier ceux du Coudray, de Montpensier, du Gué de Vède[1] et autres bons voisins, tous bons buveurs, bons compagnons et beaux joueurs de quille[2].

Le bonhomme Grandgousier y prenait grand plaisir et ordonnait que tout allât par écuelles[3]. Il disait pourtant à sa femme d'en manger le moins possible, vu qu'elle approchait de son terme et que cette tripaille n'était pas un mets très recommandable : « Il a, disait-il, grande envie de mâcher de la merde, celui qui en mange le sac. » Malgré ces remontrances, elle en mangea seize muids[4], deux tonneaux et six pots. Ô la belle matière fécale qui devait boursoufler en son ventre !

Après déjeuner tous allèrent pêle-mêle à la Saulaie et là, sur l'herbe drue, ils dansèrent au son des joyeux flageolets[5] et des douces cornemuses, si gaiement que c'était divertissement céleste que de les voir ainsi se divertir.

---

1. Tous ces lieux se situent aux environs de Chinon et de La Devinière où naquit vraisemblablement Rabelais.

2. Le goût de Rabelais pour les métaphores phalliques nous laisse à penser qu'il y a ici plusieurs sens possibles.

3. Qu'on mange à pleine écuelle.

4. Le muid équivaut à 280 litres environ.

5. Flûtes.

Les propos des bien ivres

CHAPITRE V

Puis ils décidèrent de reprendre une collation sur place. Aussi flacons d'aller, jambons de trotter, gobelets de voler, brocs de tinter :

« Tire !

– Donne !

– Tourne !

– Mélange !

– Donne-m'en, sans eau ; c'est cela, mon ami.

– Vide-moi ce verre galamment.

– Verse-moi du clairet[6], que le verre en pleure.

– Trève de soif !

– Ha, maudite fièvre, ne partiras-tu pas ?

– Ma foi, ma commère, je n'arrive pas à me mettre à boire.

– Vous avez pris froid, mon amie ?

– Sans doute.

– Ventre saint Quenet[7] ! parlons de boire.

– À lever le coude, vous vous gâtez le nez.

– Ô combien d'autres y entreront avant que celui-ci en sorte !

– Boire à un niveau si bas, c'est fait pour se rompre le cou.

– Voilà qui s'appelle un piège à flacons.

– Quelle différence y a-t-il entre une bouteille et un flacon ?

– Elle est grande : la bouteille est fermée d'un bouchon, le flasque-con par un vit[8].

– Nos pères ont bien bu et bien vidé leurs pots.

– C'est bien chien chanté. Buvons !

– Que demander à la rivière ? Celui-ci va me laver les tripes.

6. Vin rouge léger.

7. Juron.

8. Le con est le sexe de la femme, d'où le jeu de mots sur « flacon » et « flasque-con », et le vit le membre viril.

Un chapitre en plus

Ce texte décousu est déjà dans le chapitre IV de l'édition de 1534, mais Rabelais le développe en 1542, et en fait l'objet d'un nouveau chapitre. Nous avons ici le texte de 1534, mais pour plus de facilité, nous avons ajouté les numéros de chapitres de l'édition de 1542.

Je bois comme un templier[1].

– Et moi comme un jeune époux[2].

– Et moi comme une terre sans eau.

– Un synonyme de jambon ?

– Une échelle. Par l'échelle on descend le vin à la cave, et par le jambon à l'estomac.

– Or çà ! à boire, à boire, donc ! Il n'y a pas la dose. Considère la personne : mets-en pour deux, sans abus ; car le bu, on n'en a plus l'usage.

– Si je montais aussi bien que je descends, je serais déjà haut dans les airs.

– Et si ma couille pissait une urine pareille, voudriez-vous la sucer ?

– Je me réserve pour la suite.

– Page, donne ; inscris ma demande sur tes registres[3].

– Bois, Guillot ! Il y en a encore dans le pot.

– Un remède contre la soif ?

– Le contraire de celui contre la morsure des chiens : courez toujours après le chien, jamais il ne vous mordra ; buvez toujours avant la soif, jamais elle ne vous viendra.

– Du blanc ! Verse tout, verse donc par le diable !

Verse là-dedans, tout plein : j'ai la langue râpeuse.

– Pois, kamerade !

– À toi, commère ! Gai, gai !

Là ! Là ! Là ! Voilà qui est bien liché[4].

– Ô larmes du Christ[5] !

– C'est de La Devinière[6], c'est du pineau.

– Ô le gentil vin blanc !

---

1. Les Templiers appartiennent à un ordre militaire et religieux du Moyen Âge. Rabelais emploie déjà cette expression dans *Pantagruel* comme s'il était de notoriété publique que les Templiers boivent beaucoup.

2. Les buveurs utilisent ici des passages des Psaumes que l'on peut interpréter de différentes façons. L'époux est le « sponsus » du psaume 18. La soif dont il est question est celle de l'âme attendant le Seigneur, comme la terre sans eau du vers suivant et du psaume 142. Mais *sponsus* joue aussi sur l'équivoque avec *spongia*, une éponge.

3. Après les ecclésiastiques qui citaient la Bible, les juristes demandent leur vin en termes juridiques.

4. Bu.

5. Les larmes du Christ : nom d'un vin italien.

6. Propriété des parents de Rabelais.

– Et, par mon âme, c'est un velours.
– Hem, hem ! il est soigné, la robe est belle et bien moelleuse.
– Diriez-vous qu'une mouche y aurait bu ?
– À la mode de Bretagne !
– Videz le pot !
Avalez, c'est bon pour la santé ! »

Comment Gargantua naquit de bien étrange façon

CHAPITRE VI (CHAPITRE V éd. 1534)

Pendant qu'ils tenaient ces menus propos de beuverie, Gargamelle commença de se trouver mal du bas. Aussi Grandgousier se leva de dessus l'herbe et il la réconfortait fort civilement, pensant que c'était le mal d'enfant, et lui disait qu'elle s'était mise au vert sous la Saulaie et que sous peu elle serait sur pied[7] : qu'il lui fallait prendre courage pour l'arrivée de son poupon et, bien que la douleur la rendît chagrine, elle serait brève ; la joie qui suivrait lui enlèverait si bien cette peine qu'il ne lui en resterait même pas le souvenir.

« Je le prouve, disait-il : Dieu, notre Sauveur, dit dans l'Évangile de Jean, 16 : "La femme à l'heure de son enfantement éprouve de la tristesse ; mais lorsqu'elle a enfanté, elle n'a nul souvenir de son angoisse."

– Ha ! dit-elle, vous dites bien, et j'aime bien mieux entendre ces paroles de l'Évangile, et je m'en trouve mieux, que d'entendre la vie de sainte Marguerite[8] ou quelque autre cafarderie[9]. Mais plût à Dieu que vous l'eussiez coupé !

– Quoi ? dit Grandgousier.

– Ha ! dit-elle, que vous êtes benêt ! Vous comprenez bien.

---

7. Ces propos de réconfort peuvent être compris de deux façons. Elle sera sur pied comme les chevaux que l'on met au vert, dans les prés, pour que leurs sabots repoussent. Elle sera sur pied parce qu'elle va faire apparaître deux nouveaux petits pieds.

8. Sainte Marguerite est la protectrice des femmes en couches, une des superstitions populaires qui répugnent aux évangéliques.

9. Hypocrisie.

– Mon membre ? dit-il. Sangdious ! Si bon vous semble, faites apporter un couteau.

– Ha ! dit-elle, à Dieu ne plaise ! Dieu me pardonne ! Je ne le dis pas pour de vrai, et ne tenez pas compte de mes paroles. Mais j'aurai beaucoup à faire aujourd'hui, si Dieu ne m'aide, et tout cela à cause de votre membre et pour votre plaisir.

– Courage, courage ! dit-il. Ne vous souciez de rien et laissez faire les choses. Je m'en vais boire encore un petit coup. Si pendant ce temps, il vous arrivait quelque mal, je serais tout près ; au moindre appel, je serai là. »

Peu de temps après, elle commença à se lamenter et à crier. Aussitôt, arrivèrent en masse des sages-femmes de tous côtés ; la tâtant par en dessous, elles trouvèrent quelques morceaux de peau, d'assez mauvais goût, et elles pensaient que c'était l'enfant : mais c'était le fondement qui lui lâchait, par le relâchement du gros intestin – que vous appelez le boyau culier[1] –, pour avoir trop mangé de tripes, comme nous l'avons dit plus haut.

Alors une vilaine vieille de la compagnie, qui avait la réputation d'être guérisseuse, venue de Brisepaille d'auprès de Saint-Genou depuis soixante ans, lui administra un astringent[2] si terrible que ses sphincters[3] furent si obstrués et resserrés que vous ne les auriez pas élargis même avec les dents – ce qui est chose bien horrible à imaginer –, manière dont le diable, à la messe de saint Martin, enregistrant par écrit le bavardage de deux commères, dut étirer son parchemin[4] à belles dents.

Cet obstacle fit se relâcher, au-dessus, les cotylédons[5] de la matrice, par où l'enfant jaillit, entra dans la veine cave et, grimpant par le diaphragme jusqu'au-dessus des épaules, où ladite veine se sépare en deux, prit le chemin de gauche et sortit par l'oreille gauche.

Dès qu'il fut né, il ne cria pas comme les autres enfants : « Mi ! mi ! mi ! », mais il clamait à pleine voix : « À boire ! à boire ! à boire ! », comme s'il invitait tout le monde à boire.

---

1. Du cul.

2. Médicament qui resserre les tissus.

3. Muscles en forme d'anneau qui contrôlent l'ouverture et la fermeture des trous tels que l'anus, le vagin... Tous les orifices de Gargamelle sont donc bouchés.

4. Légende médiévale, pour caractériser le bavardage féminin : le parchemin du diable n'est pas assez grand pour tout noter, il essaie de l'allonger avec ses dents.

5. Une partie du placenta.

Je me doute que vous ne croyez pas vraiment à cette étrange naissance[6]. Si vous n'y croyez pas, je ne m'en soucie pas ; mais un homme de bien, un homme de bon sens, croit toujours ce qu'on lui dit et ce qu'il trouve écrit. Salomon ne dit-il pas, au chapitre 14 des *Proverbes* : « L'Innocent croit toute parole », etc. ; et saint Paul, dans la *Première aux Corinthiens, 13* : « La Charité croit tout[7] » ? Pourquoi ne le croiriez-vous pas ? Parce que (dites-vous) ça ne se voit jamais. Et moi je vous dis que, justement pour cela, vous devez y ajouter totalement foi. Car les Sorbonnistes disent que la foi permet de croire les choses qu'on n'a jamais vues. Est-ce contre notre loi, notre foi, contre la raison, contre la Sainte Écriture ? Pour ma part, je ne trouve rien dans la Sainte Bible qui s'y oppose. Et si la volonté de Dieu était telle, diriez-vous qu'il n'aurait pu le faire ? Ha, de grâce, ne vous emberlificotez pas l'esprit de ces vaines pensées. Car je vous dis qu'à Dieu rien n'est impossible et, s'il le voulait, les femmes auraient dorénavant ainsi leurs enfants par l'oreille.

Bacchus ne fut-il pas engendré par la cuisse de Jupiter ? Rocquetaillade ne naquit-il pas du talon de sa mère ? Minerve ne naquit-elle pas du cerveau par l'oreille de Jupiter[8] ?

Mais vous seriez encore plus ébahis et stupéfaits si je vous exposais ici tout le chapitre de Pline où il parle des enfantements étranges et contre nature : et pourtant je ne suis pas un menteur aussi invétéré que lui. Lisez le livre sept de son *Histoire naturelle*, chapitre III, et ne me cassez plus la tête.

---

6. Rabelais emploie le terme de « nativité » ce qui lui permet de faire allusion au Christ, conçu par l'oreille de Marie et selon la légende, né par le même organe.

7. Les citations sont exactes, mais Rabelais les emploie à des fins comiques et satiriques. Dans la première les « innocents » peuvent être des êtres purs ou des simples d'esprit. Dans la seconde, l'auteur s'appuie sur un texte qui rappelle que la foi dépasse la raison et que l'on doit avoir toute confiance dans les textes bibliques, pour suggérer que l'on peut accorder du crédit à tout texte même aux superstitions les plus extravagantes.

La Sorbonne

La Sorbonne est la Faculté de théologie de Paris fondée en 1253 par Robert de Sorbon. Il s'agit non seulement d'un lieu de formation, mais aussi d'un tribunal. La Sorbonne, très hostile aux humanistes, condamne les œuvres de Rabelais à plusieurs reprises.

8. Rabelais mélange ici des références mythologiques empruntées aux *Métamorphoses* d'Ovide à des références populaires. Sous ces aspects fantaisistes, il pose une question théologique : pourquoi ne croirait-on pas que Bacchus est né de la cuisse de Jupiter si l'on croit à l'immaculée conception ?

Explication de texte 2

Chapitre VI, de « Cet obstacle fit se relâcher » à « leurs enfants par l'oreille. »
➔ p. 34 à 35, l. 43 à 65

Faut-il croire tout ce qu'on lit ?

SITUER

1 Pourquoi Gargantua naît-il par l'oreille ?

2 Quel jour naît-il ?

EXPLIQUER

Premier mouvement ➔ **« Cet obstacle fit se relâcher » à « tout le monde à boire. »**

3 En quoi la naissance de Gargantua diffère-t-elle de celle des autres enfants ?

4 Quel est l'effet produit par l'emploi de termes médicaux ? (l. 43 à 46)

Deuxième mouvement ➔ **« Je me doute » à « leurs enfants par l'oreille. »**

5 En quoi les injonctions du narrateur sont-elles paradoxales ? (l. 50-51)

6 Quelle est la position des maîtres de la Sorbonne sur la lecture ?

7 Quel ton le narrateur emploie-t-il pour s'adresser au lecteur ?

CONCLUSION

8 Quelle image le narrateur donne-t-il de lui-même dans cet extrait ?

ÉTUDE DE LA LANGUE

Commentez la phrase interrogative : « Est-ce contre notre loi, notre foi, contre la raison, contre la Sainte Écriture ? ». (l. 59-60)

LIRE

Lisez le récit de la naissance d'Hercule. Comparez ce récit et celui de la naissance de Gargantua.

Explication de texte 2

Chapitre VI, de « Par cest inconvenient » à « leurs enfans par l'aureille.»

Texte original

Par cest inconvenient feurent au dessus relaschez les cotyledons de la matrice, par lesquelz sursaulta l'enfant, et entra en la vene creuse, et, gravant par le diaphragme jusques au dessus des espaules (ou la dicte vene se part en deux), print son chemin a gausche, etsortit par l'aureille senestre.

Soubdain qu'il feut né, il ne crya pas comme les aultres enfans : « Mies ! mies ! mies ! », mais a haulte voix s'escrioyt : « A boyre ! a boyre ! a boyre ! », comme invitant tout le monde a boyre.

Je me doubte que ne croyez asseurement ceste estrange nativité. Si ne le croyez, je ne m'en soucye pas ; mais un homme de bien, un homme de bon sens, croyt tousjours ce qu'on luy dict et ce qu'il trouve par escript. Ne dict pas Solomon, *Proverbiorum 14* : « Innocens credit omni verbo », etc. ; et sainct Paul, *prime Corinthio. 13* : « *Charitas omnia credit* » ? Pourquoy ne le croyriez vous ? Pource (dictez vous) qu'il n'y a nulle apparence. Je vous dicz, que pour ceste seule cause, vous le debvez croyre en foy parfaicte. Car les Sorbonistes disent que foy est argument des choses de nulle apparence. Est ce contre nostre loy, nostre foy, contre raison, contre la Saincte Escripture ? De ma part, je ne trouve rien escript es Bibles sainctes qui soyt contre cela. Mais, si le vouloir de Dieu estoyt tel, diriez vous qu'il ne l'eust peu fayre ? Ha, pour grace, ne emburelucocquez jamais vos espritz de ces vaines pensées. Car je vous diz que a Dieu rien n'estimpossible, et, s'il vouloit, les femmes auroyent doresnavant ainsi leurs enfans par l'aureille.

Comment son nom fut donné à Gargantua, et comment il buvait le coup

CHAPITRE VII (CHAPITRE VI éd. 1534)

Le bonhomme Grandgousier, qui buvait et s'amusait avec les autres, entendit le cri horrible que son fils avait poussé en arrivant au jour, quand il bramait[1] en demandant : « À boire ! à boire ! à boire ! » Alors il dit : « Quel grand tu as ! » (Sous-entendu le gosier). En l'entendant, les assistants dirent que, pour cette raison, vraiment il devait porter le nom de Gargantua, puisque cela avait été la première parole de son père à sa naissance, suivant l'exemple des anciens Hébreux[2]. Cela fut accepté par son père, et plut beaucoup à sa mère. Pour apaiser l'enfant, on lui donna à boire à tire-larigot, et il fut porté sur les fonts[3] et baptisé, comme c'est la coutume des bons chrétiens.

Et on fit venir pour lui dix-sept mille neuf cents vaches de Pontille et de Bréhémont[4] pour l'allaiter quotidiennement. Car on ne put trouver de nourrice convenable dans tout le pays, en raison de la grande quantité de lait nécessaire pour l'alimenter, bien que certains docteurs scotistes[5] aient affirmé que sa mère l'allaita et qu'elle pouvait tirer de ses mamelles quatorze cents pipes[6] de lait à chaque fois, ce qui n'est pas vraisemblable ; d'ailleurs la Sorbonne[7] a déclaré cette proposition scandaleuse, offensante pour les oreilles pieuses, et sentant de loin l'hérésie[8].

---

1. Poussait des cris (pour certains animaux).

2. Dans l'Ancien Testament, à plusieurs occasions, on suggère que le nom est naturellement en accord avec la personne qui le porte.

3. Bassins contenant de l'eau bénite avec laquelle on baptise les bébés.

4. Ces localités sont en Touraine, comme la plupart des lieux réels qui ont été mentionnés depuis le début du récit.

5. Disciples de Duns Scot (XIIIe s.), philosophe écossais, qui incarne pour Rabelais l'obscurantisme moyenâgeux.

6. 270 litres.

7. Voir loupe chap. VI, p. 35. Cette allusion à la censure a été supprimée dans les éditions postérieures.

8. Croyance contraire au dogme catholique, donc interdite.

Le nom de Gargantua

Rabelais envisage une nomination par calembour : le nom serait « naturellement » en accord avec ce qu'il désigne. Mais ce nom appartient déjà au folklore.

C'est ainsi qu'il vécut jusqu'à l'âge d'un an et dix mois ; à ce moment, sur le conseil des médecins, on commença à le porter, et on fit faire une belle charrette à bœufs de l'invention de Jean Denyau ; on le promenait de-ci de-là joyeusement ; et il faisait plaisir à voir, car il arborait une bonne trogne et avait dix-huit mentons ; et il ne criait que bien peu ; mais il se conchiait[9] à toute heure, car il avait les fesses remarquablement paresseuses, aussi bien par complexion naturelle que par disposition accidentelle, qui lui était venue de trop boire de purée de septembre[10]. Et ce n'est pas sans raison qu'il en buvait, car s'il arrivait qu'il fût irrité, courroucé, fâché ou marri, s'il trépignait, pleurait ou criait, c'est en lui apportant à boire qu'on le remettait en sa disposition naturelle, et il restait aussitôt calme et joyeux.

Une de ses gouvernantes m'a dit qu'il en avait tellement pris l'habitude qu'au seul son des pintes[11] et flacons il entrait en extase, comme s'il goûtait les joies du paradis. De sorte que, considérant cette complexion divine, pour l'amuser, au matin, elles faisaient sonner devant lui des verres avec un couteau, ou des flacons avec leur bouchon, ou des pintes avec leur couvercle ; à ce son, il s'égayait, il tressaillait, et il se berçait lui-même en dodelinant de la tête, en pianotant des doigts et en barytonant[12] du cul.

9. Il se salissait avec ses excréments.

10. Vin.

11. Récipient d'étain qui contient une pinte, mesure variable selon les régions.

12. Ses pets « chantent » comme la voix grave d'un baryton.

La théorie des humeurs

Rabelais emploie le terme « phlegmatiques », traduit par « paresseuses », qui renvoie à la théorie des humeurs. On définit le tempérament par l'équilibre (ou le déséquilibre) entre quatre humeurs : la mélancolie (qui rend froid, sec et rêveur), la bile (qui rend jaune, maigre et colérique), le sang (qui rend rouge, replet, riant) et le flegme (qui rend gras, blanc, et plutôt paresseux). Ici, seules les fesses de Gargantua sont qualifiées de flegmatiques ou paresseuses.

Comment on vêtit Gargantua

CHAPITRE VIII (CHAPITRE VII éd. 1534)

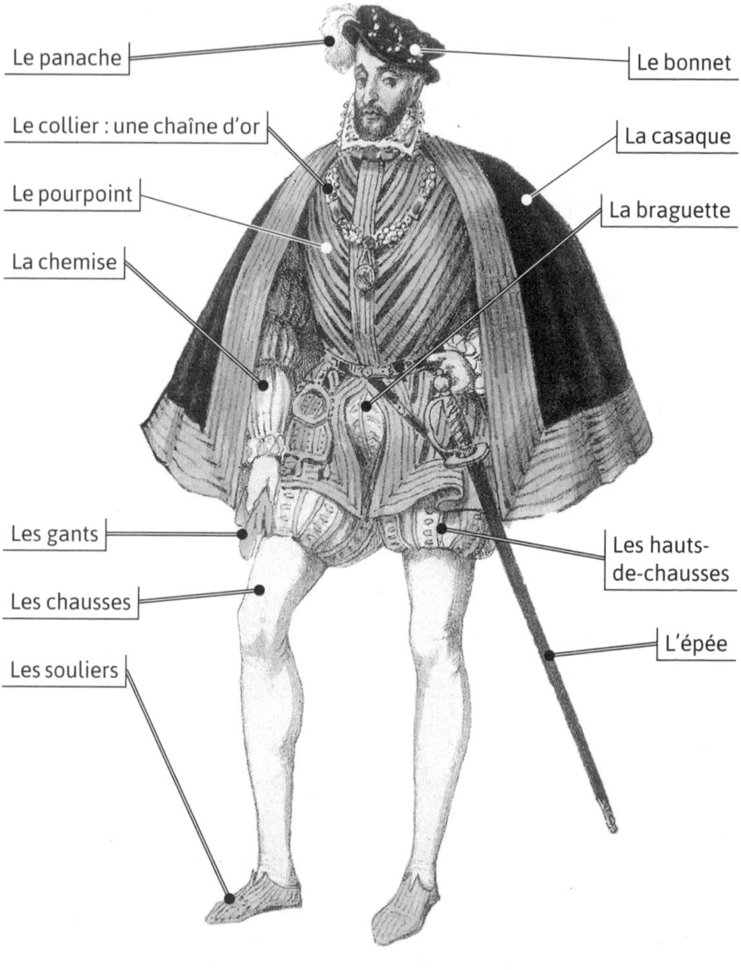

Henri II, lithographie illustrant l'histoire des rois de France, vers 1860, coll. part., Paris.

C'est à cet âge que son père ordonna qu'on lui fît des vêtements à ses couleurs[1], qui étaient le blanc et le bleu. Effectivement on s'y employa, et ils furent faits, taillés et cousus à la mode de l'époque. Dans les anciennes archives qui se trouvent à la Chambre des Comptes de Montsoreau, je trouve qu'il fut vêtu de la façon suivante :

Pour sa chemise on leva neuf cents aunes[2] de toile de Châtellerault, et deux cents pour les goussets[3] en forme de carrés qu'on mit sous les aisselles. Elle n'était point froncée, car les fronces des chemises n'ont été inventées que depuis que les lingères, lorsque la pointe de leur aiguille était cassée, ont commencé à travailler du cul[4].

Pour son pourpoint on leva huit cent treize aunes de satin blanc, et pour les aiguillettes[5] quinze cent neuf peaux et demie de chiens. C'est alors qu'on commença d'attacher les chausses au pourpoint, et non le pourpoint aux chausses ; car c'est là une chose contre nature.

Pour ses chausses[6] on leva onze cent cinq aunes un tiers d'étamine[7] blanche. On les échancra en bandes parallèles, striées et crénelées[8] sur l'arrière, pour ne pas lui échauffer les reins. Et dans les échancrures bouffait un tissu de damas[9] bleu, autant que de besoin. Notez d'ailleurs qu'il avait de très belles jambes, bien proportionnées à sa taille.

Pour la braguette[10] on leva seize aunes un quart du même drap. Elle avait la forme d'un arc-boutant, plaisamment attachée à deux belles boucles d'or que fixaient deux crochets d'émail où était

1. Chaque famille a sa « livrée », c'est-à-dire des couleurs emblématiques.
2. Ancienne unité de mesure de 1, 143 mètres.
3. Pièces de toile qui servent à protéger l'aisselle.
4. Le gros bout de l'aiguille s'appelait le cul, d'où l'équivoque sur le travail des couturières.
5. Cordons qui permettent d'attacher le pourpoint aux hauts de chausse.
6. Partie du costume masculin qui va de la taille aux genoux (haut-de-chausses) ou aux pieds (bas-de-chausses).
7. Tissu léger.
8. En forme de créneaux. La mode voulait qu'on découpe l'étoffe de façon à faire apparaître la doublure.
9. Étoffe en soie qui fait apparaître des dessins satinés sur un fond mat.
10. Pièce de tissu rembourrée attachée aux hauts-de-chausses avec des aiguillettes.

La mode sous le règne de François Ier

À la cour de François Ier, sous l'influence italienne, le costume devient raffiné et a pour but de mettre en valeur la beauté de celui qui le porte. Il est richement orné et comprend plusieurs vêtements superposés : la chemise de lin, le pourpoint (courte veste matelassée), la saie (tunique ouverte sur la poitrine qui descend en plis au-dessus du genou, mais laisse apparaître la braguette), la robe (sorte de manteau ouvert).

enchâssée une grosse émeraude de la grosseur d'une orange. Car (ainsi que disent Orphée au livre *Des Pierreries* et Pline dans son dernier livre[1]) l'émeraude a une vertu érective et raffermissante du membre naturel[2]. L'ouverture de la braguette était de plus d'une aune, échancrée comme les chausses, avec le damas bleu bouffant de la même façon. En voyant les belles broderies en filigranes d'or et les ravissants entrelacs d'orfèvrerie, garnis de fins diamants, de fins rubis, de fines turquoises, de fines émeraudes et de perles d'Orient, vous l'auriez comparée à une belle corne d'abondance, telle qu'on en voit sur les statues antiques et telle qu'en donna Rhea[3] aux deux nymphes Adrastée et Ida, nourrices de Jupiter : toujours vivace, succulente, suintante de rosée, toujours verdoyante, toujours fleurissante, toujours fructifiante, pleine de suc, pleine de fleurs, pleine de fruits, pleine de toutes les délices. Dieu sait qu'il faisait bon la voir ! Mais je vous en dirai bien davantage dans mon livre *De la dignité des braguettes*[4]. En tout cas je vous précise que, si elle était bien longue et bien ample, elle était aussi bien garnie et bien fournie à l'intérieur, ne ressemblant en rien aux hypocrites braguettes[5] d'un tas de mignons, qui ne sont pleines que de vent, au grand dam du sexe féminin.

Pour ses souliers on leva quatre cent six aunes de velours bleu violacé. On les échancra joliment en barbe d'écrevisse[6]. Pour les semelles, on employa onze cents peaux de vache brune, taillées en queue de merlu[7].

Pour sa casaque[8] on leva dix-huit cents aunes de velours bleu, teint de cochenille[9], brodé sur les bords de beaux dessins et au centre de pintes en filigrane d'argent, entremêlées de verges d'or avec force perles : cela marquait qu'il boirait en son temps en bon fesse-pinte[10].

Sa ceinture était de trois cents aunes et demie de serge[11] de soie, mi-blanche, mi-bleue.

1. *L'Histoire naturelle.*
2. Bien sûr ni l'un ni l'autre de ces auteurs ne parlent de la vertu « érective » de l'émeraude !
3. Déesse de la mythologie grecque, mère de Jupiter.
4. Livre évoqué dans le prologue.
5. Braguettes qui trompent sur ce qu'elles contiennent.
6. On les découpa en petites bandes parallèles.
7. Fendues en deux.
8. Veste à larges manches.
9. Couleur rouge grenat.
10. Un « bon fesse-pinte » met une raclée aux pintes en les vidant, c'est donc un buveur.
11. Tissu très fin.

Son épée n'était pas de Valence, ni son poignard de Saragosse, car son père haïssait tous ces hidalgos[12] ivrognes, renégats[13] comme des démons ; il reçut une belle épée de bois et un poignard de cuir bouilli, peints et dorés comme tout le monde en souhaiterait.

Sa bourse était faite d'une couille d'éléphant que lui avait donnée Her Pracontal, gouverneur de Libye.

Pour sa robe on leva neuf mille six cents aunes moins deux tiers de velours bleu aussi, tout brodé d'or en biais, qui produisait, sous un certain angle, une couleur ineffable, comme on en voit au cou des tourterelles, qui réjouissait merveilleusement les yeux des spectateurs.

Pour son bonnet on leva trois cent deux aunes un quart de velours blanc. Il était de forme large et ronde à la mesure de la tête ; car son père disait que ces bonnets à l'orientale, faits comme une croûte de pâté, porteraient un jour malheur aux tondus qui les portaient.

Comme panache il portait une belle grande plume bleue, prise à un pélican de la sauvage Hircanie[14], joliment pendante sur l'oreille droite.

En guise d'emblème au chapeau, il avait, sur une plaque d'or pesant soixante-huit marcs[15], une figure d'émail bien travaillé, où était peint un corps humain ayant deux têtes, tournées l'une vers l'autre, quatre bras, quatre pieds et deux culs, tel que Platon, dans *Le Banquet*, dit qu'était la nature humaine à son origine mythique ; autour était écrit en lettres grecques :

ΑΓΑΠΗ ΟΥ ΖΗΤΕΙ ΤΑ ΕΑΥΤΗΣ

L'emblème de Gargantua

La description renvoie à l'androgyne du *Banquet* de Platon, mais la mention des deux culs nous met en garde contre une lecture trop sérieuse de cet emblème. La phrase qui peut se traduire par « L'amour ne recherche pas son propre avantage » est empruntée à saint Paul, Première Épître aux Corinthiens, XIII, 5. Ainsi, Rabelais mêle sérieux et burlesque, mais aussi philosophie antique et référence biblique, en parfait humaniste.

12. François Ier a été fait prisonnier à Madrid, ce qui peut expliquer ce discours hostile aux Espagnols.

13. Le terme « renégats » traduit le mot « marranisés » employé par Rabelais. Il désigne des juifs ou des musulmans convertis de force qui continuent à pratiquer leur religion en secret.

14. Nom donné à une région d'Asie dans l'Antiquité.

15. Ancienne unité de mesure équivalent à 244 g.

Autour du cou il avait une chaîne d'or pesant vingt-cinq mille soixante-trois marcs d'or, faite de gros maillons entre lesquels étaient sertis de gros jaspes[1] verts, gravés et sculptés de dragons tous environnés de rayons et d'étincelles, comme les portait jadis le roi Nechepsos[2] ; elle descendait jusqu'au creux du diaphragme, ce dont il se trouva bien toute sa vie, comme le savent les médecins grecs[3].

Pour ses gants on utilisa seize peaux de lutin et trois de loups garous pour les border ; on les lui fit ainsi sur l'ordonnance des Cabalistes de Saint-Louand[4].

Comme bagues (son père voulait qu'il en portât pour rappeler son ancienne noblesse) il avait à l'index de la main gauche une escarboucle[5] grosse comme un œuf d'autruche, bien joliment enchâssée de l'or le plus fin. À l'annulaire, il avait un anneau fait des quatre métaux[6] ajustés de la plus merveilleuse façon, sans que l'acier altérât l'or ni que l'argent ternît le cuivre. Le tout fut fait par le capitaine Chappuys et Alcofribas[7], son bon commis. À l'annulaire de la main droite il avait un anneau en spirale, où étaient enchâssés un rubis balais[8] parfait, un diamant en pointe et une émeraude du Physon[9], d'un prix inestimable ; car Hans Carvel[10], grand joaillier du roi de Melinde, les estimait à la valeur de soixante-neuf millions huit cent quatre- vingt-quatorze mille moutons de haute laine[11] ; c'est aussi ce que les estimèrent les Fugger[12] d'Augsbourg.

---

1. Pierres précieuses.

2. Roi égyptien du VIIe s. av. J.-C., qui a la réputation d'être un grand magicien.

3. Le médecin grec Galien accorde des vertus au jaspe vert quand il est porté à certains endroits du corps.

4. La Cabale est une science occulte liée au judaïsme. Mais à Saint-Louand, il y a aussi une abbaye de bénédictins.

5. Pierre précieuse rouge grenat.

6. Cuivre, acier, argent et or.

7. C'est le nom de l'auteur, qui sait tout faire !

8. Rubis d'un rouge léger, presque rosé.

9. Fleuve du paradis.

10. Hans Carvel réapparaît dans le *Tiers Livre*, chapitre XXVIII, dans une anecdote obscène. On peut dire qu'il est spécialiste des anneaux puisqu'il porte au doigt celui de sa femme.

11. Pièces d'or frappées d'un mouton représentant le Christ.

12. Les Fugger sont les plus célèbres banquiers d'Europe, créanciers de toutes les monarchies, et dont l'or a puissamment aidé Charles Quint à être élu empereur.

Des couleurs et livrée de Gargantua

CHAPITRE IX (CHAPITRE VIII éd. 1534)

Les couleurs de Gargantua étaient le blanc et le bleu, comme vous avez pu le lire ; par-là, son père voulait qu'on comprît qu'avoir un fils lui était une joie céleste. Car pour lui, le blanc signifiait joie, plaisir, délices et réjouissance, et le bleu les choses célestes.

Je sens bien que, en lisant ces mots, vous vous moquez du vieil ivrogne, et considérez que cette façon d'interpréter les couleurs est par trop grossière et aberrante ; vous dites, vous, que le blanc signifie la foi et le bleu la fermeté d'âme. Mais, sans vous émouvoir, courroucer, échauffer ou altérer (car le temps est dangereux), répondez-moi, s'il vous plaît. Je n'userai d'aucune contrainte envers vous, ni d'autres moyens quels qu'ils soient. Je ne vous dirai qu'un mot de la bouteille.

Qui vous pousse ? Qui vous pique ? Qui vous dit que blanc signifie foi et bleu fermeté d'âme ? C'est, dites-vous, un livre misérable, qui se vend chez les colporteurs[13] et les portefaix[14], intitulé : *Le Blason des couleurs*. Qui l'a écrit ? Quel qu'il soit, il a été prudent de ne pas le signer. Au reste, je ne sais ce que je dois d'abord admirer en lui, son outrecuidance[15] ou sa sottise : son outrecuidance, d'avoir sans raison, sans motif et sans vraisemblance, osé décréter de sa propre autorité quelles choses seraient signifiées par les couleurs ; c'est là la pratique des tyrans qui veulent que leur volonté tienne lieu de raison, et non des docteurs et savants qui exposent des arguments pour satisfaire le lecteur ; sa sottise, d'avoir pensé que, sans autre démonstration ou arguments valables, les gens définiraient leurs emblèmes en fonction de ses ineptes décrets.

En fait (comme dit le proverbe : « À cul embrenné[16] toujours abonde la merde »), il a bien trouvé quelques niais survivants du

Une satire de l'héraldique

Rabelais se moque du *Blason des couleurs*, un livre du XVe siècle souvent réimprimé consacré à l'héraldique, c'est-à-dire à l'étude des blasons, afin de montrer à quel point cette prétendue science n'est que confusion et affirmations aussi péremptoires que contradictoires.

13. Vendeurs ambulants.
14. *Idem.*
15. Orgueil.
16. Sali d'excréments.

temps des hauts bonnets[1] pour ajouter foi à ses écrits ; qui ont taillé d'après eux leurs aphorismes[2] et dictons, en ont caparaçonné[3] leurs mules, vêtu leurs pages, écartelé leurs chausses[4], brodé leurs gants, frangé leurs lits, peint leurs armoiries, composé des chansons et, pire que tout, commis clandestinement des impostures et de lâches tours parmi les pudiques matrones.

C'est en de semblables ténèbres que se rangent ces glorieux de Cour[5] qui, voulant sur leurs emblèmes signifier *espoir*[6], font peindre une *sphère*, des *pennes*[7] d'oiseau pour signifier leur *peine*, de *l'ancolie*[8] pour *mélancolie*, un *croissant de lune* pour *vivre en croissant*, un *banc rompu* pour une *banqueroute, non* et une *armure* pour un *fragile habit* : homonymies si ineptes, si fades, si vulgaires et barbares qu'on devrait attacher une queue de renard au collet et mettre une bouse de vache[9] en guise de masque à quiconque voudrait dorénavant les utiliser en France[10].

Avec de telles raisons (si je dois nommer cela des raisons et non des divagations), je ferais peindre un *panier* pour signifier que l'on me *fait peiner*. Et un *pot à moutarde*, c'est mon cœur à qui *moult tarde*. Et un *pot de chambre*, c'est un *juge de la chambre*. Et le *fond de mes chausses*, c'est un *havre de paix*. Et ma *braguette*, c'est le *lieu où s'exerce la raideur de la loi*. Et un *étron*[11] *de chien*, c'est un *tronc de séant* où gît l'amour de ma mie.

Glissement du raisonnement

Parti d'analogies qui figurent dans des emblèmes, Rabelais extrapole et bascule dans le registre de la grivoiserie. Le fond des chausses (du pantalon) est un havre de paix (de pets), la raideur de la loi est associée à sa braguette etc.

1. Les hauts bonnets sont passés de mode depuis Louis XI.

2. Formules brèves pour énoncer une théorie ou une doctrine.

3. Couvert d'un ornement ordinairement destiné aux chevaux.

4. Ils ont mêlé ces deux couleurs dans leur culotte (ce qui faisait office de pantalon).

5. Courtisans avides de gloires.

6. Les jeux de mots reposent sur une prononciation ancienne. « Espoir » se prononce « espère » et « sphère », « spère ». Certaines analogies sont attestées dans les emblèmes et se comprennent, mais d'autres sont complètement loufoques !

7. Plumes.

8. Fleurs.

9. Queue de renard et bouse de vache sont des attributs des fous, et des franches plaisanteries de Carnaval.

10. Dans le texte de 1542, Rabelais précise : « après la restitution des bonnes lettres », c'est-à-dire après le début de la Renaissance.

11. Excréments.

Jadis les sages de l'Égypte en usaient tout autrement, quand ils écrivaient les lettres qu'ils appelaient hiéroglyphes[12] : personne ne pouvait les lire sans comprendre – et tous lisaient et comprenaient – la vertu, la propriété et la nature des choses qu'elles représentaient. Là-dessus, Horapollon a composé deux livres en grec, et Poliphile, au *Songe d'Amour*[13], en a disserté plus longuement. En France, vous en avez un exemple dans l'emblème de Monsieur l'Amiral[14], qui fut d'abord celui d'Octavien Auguste.

Mais je ne vais pas davantage naviguer au milieu de ces abîmes et gués[15] déplaisants ; je retourne faire escale à mon port d'attache. J'ai pourtant l'espoir d'en disserter un jour plus amplement et de montrer, en m'appuyant à la fois sur des raisons philosophiques et sur des autorités reçues et approuvées de toute antiquité, l'existence et le nombre des couleurs dans la nature, et ce que chacune désigne, si le Prince[16] le désire et l'ordonne, lui qui, par ses ordres, donne à la fois le pouvoir et le savoir.

De ce qui est signifié par le blanc et le bleu

CHAPITRE X (CHAPITRE IX éd. 1534)

Le blanc signifie donc[17] joie, plaisir et liesse ; et non pas à tort, mais à bon droit et juste titre, comme vous pourrez le vérifier si, renonçant à vos passions partisanes, vous voulez bien entendre ce que je vais vous exposer maintenant.

---

12. Le volume des *Hiéroglyphes* d'Horapollo (VIe s.) est édité en 1505 à Venise. L'admiration des humanistes pour eux tient à la coïncidence dans ce type d'écriture d'un dessin, d'un mot et d'une notion.

13. Roman illustré en grec, latin et italien.

14. L'emblème de l'amiral Chabot (« Monsieur l'Amiral ») est un dauphin autour d'une ancre, avec la devise *Festina lente* (« Hâte-toi lentement »), qui a servi à Auguste, mais aussi à François Ier lorsqu'il était dauphin. Il figure dans le *Poliphile*, les *Emblèmes* d'Alciat (1534) traduits en 1536 pour Chabot, et la devise est commentée par Érasme dans ses *Adages*.

15. Endroits peu profonds d'un cours d'eau.

16. Les critiques hésitent sur ce terme, qui semble désigner pour les uns le roi François Ier et pour les autres l'imprimeur Claude Nourry.

17. Ce connecteur logique vise à donner l'apparence d'un raisonnement à ce qui n'en est pas vraiment un. Il a donc une portée satirique.

Aristote[1] dit que, en prenant des séries de deux choses contraires par leur nature, comme le bien et le mal, la vertu et le vice, le froid et le chaud, le blanc et le noir, le plaisir et la douleur, le deuil et la tristesse[2], si on les assemble de façon qu'un des termes opposés soit logiquement uni à un des termes d'une autre opposition, il s'ensuit que le terme contraire s'unit au second terme de l'autre opposition. Exemple : *vertu* et *vice* sont contraires par nature, de même *bien* et *mal*. Si l'un des contraires de la première opposition s'unit à l'un de la seconde, comme *vertu* et *bien* – car il est sûr que la vertu est bonne –, seront unis aussi les deux autres termes, *mal* et *vice*, car le vice est mauvais.

Cette règle logique étant bien comprise, prenez ces deux contraires : *joie* et *tristesse*, puis ces deux autres : *blanc* et *noir*, contraires en termes de physique. S'il est vrai que *noir* signifie *deuil*, c'est à juste titre que *blanc* signifiera *joie*.

Et cette signification n'est pas le produit d'une décision humaine, mais admise du consentement de tous, ce que les philosophes nomment *jus gentium*, droit universel, valable en tout pays.

Vous savez bien que tous les peuples, toutes les races (j'excepte les anciens Syracusains et quelques Grecs qui avaient l'esprit de travers[3]), toutes les nations, pour manifester leur tristesse, portent un vêtement noir et que tout deuil se fait en noir. Un tel consensus universel ne peut se faire que parce que la nature en fournit quelque argument et raison, que chacun peut comprendre immédiatement et intimement sans besoin de professeur – ce que nous appelons le droit naturel.

Par le blanc, par la même induction naturelle, tout le monde a compris joie, liesse, contentement, plaisir et délectation.

Aux temps anciens, les Thraces et les Crétois marquaient les jours heureux et joyeux d'une pierre blanche, les jours tristes et malheureux d'une pierre noire.

---

1. La référence au philosophe grec est une caution scientifique, à laquelle recourt également le fameux *Blason des couleurs* dont se moque Gargantua depuis le chapitre précédent.

2. *Deuil et tristesse* fausse la liste : l'édition de 1542 rectifie en *tristesse et joye*.

3. Rabelais se contredit lui-même. Son affirmation n'est pas universelle, ne relève pas du *jus gentium* puisque tous les peuples ne font pas du noir la couleur du deuil.

La nuit n'est-elle pas funeste, triste et mélancolique ? Elle est noire et obscure par privation. La clarté ne réjouit-elle pas toute la nature ? Elle est blanche plus qu'aucune chose au monde. Pour le prouver je pourrais vous renvoyer au livre de Lorenzo Valla contre Bartole ; mais il vous suffira du témoignage de l'Évangile : en Matthieu[4], 17, il est dit que, à la Transfiguration de Notre Seigneur, *vestimenta eius facta sunt alba sicut lux*, « ses vêtements devinrent blancs comme la lumière » ; par cette blancheur lumineuse il faisait comprendre à ses trois apôtres la notion et l'image des joies éternelles. Car tous les humains se réjouissent de la clarté, ainsi que le montre la déclaration d'une vieille qui n'avait plus dent en gueule et disait pourtant : *La lumière est bonne.* Et Tobie (chap. V[5]), après avoir perdu la vue, lorsque Raphaël le salua, ne répondit-il pas : « Quelle joie pourrai-je avoir, moi qui ne vois point la lumière du ciel ? » C'est vêtus de blanc que les anges témoignèrent de la joie de tout l'univers à la Résurrection du Sauveur (*Actes des Apôtres, 1*) ; c'est ainsi parés que saint Jean l'Évangéliste (*Apocalypse*[6] *4 et 7*) vit les fidèles dans la bienheureuse Jérusalem céleste.

Lisez les histoires anciennes, tant grecques que romaines. Vous y trouverez que la ville d'Albe[7] (premier modèle de Rome) fut construite et appelée ainsi en raison de la découverte d'une truie blanche.

Vous y lirez que si quelqu'un, après avoir remporté des victoires sur l'ennemi, était autorisé par décret à entrer dans Rome en triomphateur, il y entrait sur un char tiré par des chevaux blancs ; de même pour celui qui avait droit à l'ovation[8] ; car aucun symbole ni couleur ne pouvait plus évidemment exprimer la joie de leur venue que la blancheur.

4. Évangile selon saint Matthieu.

5. *Livre de Tobie*, dans l'*Ancien Testament*.

6. *Les Actes des Apôtres* et *L'Apocalypse* sont des livres du *Nouveau Testament*.

7. Albe (*Alba*) signifie « la blanche ».

8. Cérémonie rendue à un général victorieux (plus modeste que le triomphe).

Débat théologique

L'humaniste italien Laurent Valle (Lorenzo Valla, XVe s.) a corrigé l'ouvrage du jurisconsulte Bartole (Bartolus de Saxoferrato, XIVe s.), un de ces « hauts bonnets », dont Rabelais se moque au chapitre précédent. Bartole, s'appuyant sur la traduction de la Bible en latin, la Vulgate, affirme que la lumière est couleur d'or et que la neige est blanche, alors que le texte grec de la Bible, auquel les humanistes veulent se référer propose la comparaison « blanc comme la lumière ». Rabelais prend donc ici parti pour la lecture du texte original de la Bible.

Vous lirez que Périclès[1], duc des Athéniens, voulut que ceux de ses soldats qui avaient tiré au sort une fève blanche passent toute la journée en joie, plaisir et repos, pendant que les autres combattaient. Je pourrais vous citer mille autres exemples et références à ce sujet, mais ce n'est pas ici le lieu.

C'est en comprenant cela que vous pouvez résoudre un problème qu'Alexandre d'Aphrodisias a réputé insoluble : pourquoi le lion, dont le seul cri et rugissement épouvante tous les animaux, craint-il et respecte-t-il seulement le coq blanc ? C'est que (comme le dit Proclus[2], dans son livre *Du Sacrifice et de la magie*) la présence de la vertu du soleil, qui est l'organe et le réceptacle de toute lumière terrestre et stellaire, est plus symboliquement associée au coq blanc, tant par cette couleur que par ses propriétés spécifiques, qu'au lion. Il ajoute qu'on a souvent vu des diables en forme de lion qui ont soudainement disparu en présence d'un coq blanc.

C'est pour cela que les Gaulois (les Français, ainsi appelés parce qu'ils sont naturellement blancs comme le lait, que les Grecs nomment *gala*) portent volontiers des plumes blanches sur leurs bonnets. Car ils sont par nature joyeux, francs, gracieux et bien aimés, et ils ont pour symbole et emblème la fleur plus blanche que toute autre : le lys.

Si vous me demandez comment par la couleur blanche la nature nous amène à comprendre joie et liesse, je vous réponds qu'il y a analogie et ressemblance. Le blanc disperse et divise la vue, dissolvant manifestement les esprits visuels[3] (selon l'opinion d'Aristote dans ses *Problèmes* et selon les ouvrages sur la perspective) ; on le voit par expérience lorsqu'on passe les montagnes enneigées, où l'on se plaint de ne pouvoir bien regarder, ainsi que Xénophon dit

1. Périclès (Ve s. av. J.-C.), stratège, orateur et homme d'État athénien.

2. Philosophe grec du Ve s. ap. J.-C.

3. Les esprits sont des influx vitaux actifs, qui sont émis par les corps (par exemple, par l'œil : esprits visuels qui vont à la rencontre des autres corps, puis reviennent apporter l'information à l'esprit).

Le coq et le lion

Le lion a peur du coq. Pourquoi ? Alexandre d'Aphrodise, philosophe grec, a bien mentionné ce problème, mais Rabelais lui accorde une signification nouvelle. En effet, le lion s'incline devant le coq, emblème national de la France et le coq blanc, oiseau de Mercure, est aussi un des emblèmes de François Ier.

qu'il arriva à ses gens, et comme l'expose longuement Galien[4], au dixième livre du *De l'usage des parties*. De la même façon le cœur, au comble de la joie, est intérieurement éparpillé et subit une manifeste dissolution des esprits vitaux, qui peut être tellement accentuée que le cœur demeurerait privé de ce qui l'entretient, et donc la vie s'éteindrait, comme le démontre ledit Galien, au livre V du *Des lieux affectés* et au livre II du *Des causes des symptômes* ; et cela est arrivé aux temps anciens, selon le témoignage de Marcus Tullius Cicero, livre I des *Tusculanes*, de Verrius, Aristote, Tite-Live, après la bataille de Cannes, de Pline, livre VII, chapitres 32 et 53, Aulu-Gelle, livre III, chapitre 15, et d'autres, à Diagoras Rodius, Chilon, Sophocle, Denys, le tyran de Sicile, Philippides, Philemon, Polycrata, Philistion, M. Juventius et d'autres, qui moururent de joie[5] ; Avicenne[6] (au second livre du *Canon* et au livre *Des forces du cœur*) en dit autant du safran, qui réjouit tant le cœur que, pris en dose excessive, il le prive de vie par dissolution et dilatation débordante.

Je vais plus loin en cette matière que je ne me l'étais d'abord proposé. Ici donc je cargue[7] mes voiles, remettant le reste au livre qui s'y consacre entièrement. Et je dirai d'un mot que le bleu signifie certainement le ciel et les choses célestes, selon les mêmes symboles qui font que le blanc signifie joie et plaisir.

4. En réalité, le médecin grec Galien (IIe s. ap. J.-C.), dont les écrits ont été traduits et publiés par Rabelais, cite Xenophon, philosophe grec du Ve s. av. J.-C.

5. En multipliant les références et les exemples, Rabelais parodie les sophistes, capables de prouver n'importe quoi : que l'on peut mourir de joie par exemple.

6. Avicenne (XIe s.) est un médecin et philosophe persan (l'Iran actuel).

7. Replie.

De l'adolescence[1] de Gargantua

CHAPITRE XI (CHAPITRE X éd. 1534)

De trois à cinq ans, Gargantua fut nourri et formé à la discipline convenant à son âge, sur l'ordre de son père ; il passa tout ce temps comme les petits enfants du pays, c'est-à-dire à boire, manger et dormir ; à manger, dormir et boire ; à dormir, boire et manger.

Sans cesse il se vautrait dans les ordures, se noircissait le nez, se barbouillait le visage. Il rompait[2] ses souliers, bayait souvent aux mouches, et courait volontiers après les papillons, dont son père était roi. Il pissait sur ses souliers, chiait dans sa chemise, morvait dans sa soupe, et pataugeait partout. Les petits chiens de son père mangeaient dans son écuelle, de même il mangeait avec eux. Il leur mordait les oreilles, ils lui griffaient le nez ; il leur soufflait dans le cul, ils lui léchaient les babines.

Et vous savez quoi, mes gars ? Que la saoulerie vous chamboule ! Ce petit paillard n'arrêtait pas de peloter ses gouvernantes, sens dessus dessous, sens devant derrière, – hue cocotte ! – et il commençait déjà d'exercer sa braguette, que chaque jour elles ornaient de beaux bouquets, de beaux rubans, de belles fleurs, de belles guirlandes ; et elles passaient leur temps à la faire monter entre leurs mains comme la pâte dans le pétrin. Et elles s'esclaffaient quand elle levait les oreilles, comme si le jeu leur eût plu.

L'une la nommait mon petit fausset[3], une autre ma pine[4], une autre ma branche de corail, une autre ma bonde, l'autre mon bouchon, mon vilebrequin[5], ma tringle, ma tarière[6], ma petite andouille vermeille, ma petite couille bredouille.

1. Étymologiquement, c'est celui qui n'a pas atteint la maturité. Rabelais l'emploie pour désigner la petite enfance de Gargantua.

2. Abimait.

3. Petite cheville de bois destinée à boucher le trou que l'on fait dans un tonneau pour goûter le vin. Image explicitement sexuelle.

4. Synonyme de pénis.

5. Petite manivelle qui permet de serrer ou desserrer une vis.

6. Outil servant à creuser des trous.

Un enfant sauvage

Gargantua est peint comme un jeune enfant non civilisé, pas encore soumis aux censures et limites de la vie adulte, qui a des comportements « animaux ». Ce début de chapitre est modifié pour l'édition de 1542, augmenté par des jeux à partir d'expressions toutes faites ou proverbes que l'enfant met sens dessus dessous. Voir le texte dans le site compagnon.

« Elle est à moi, disait l'une.

– C'est la mienne, disait une autre.

– Mais, disait une autre, n'en aurai-je donc rien ? Par ma foi, je la couperai donc.

– Ha, couper ! disait l'autre. Vous lui feriez mal, Madame. Coupez-vous la chose aux enfants ? »

Et, pour qu'il s'ébatte comme les petits enfants de notre pays, elles lui firent un beau moulinet[7] des ailes d'un moulin à vent de Mirebalais.

Des chevaux factices[8] de Gargantua

CHAPITRE XII (CHAPITRE XI éd. 1534)

Puis, afin qu'il fût toute sa vie bon cavalier, on lui fit un beau cheval de bois qu'il faisait parader, sauter, voltiger, ruer et danser en même temps, aller au pas, au trot, à l'entrepas[9], au galop, à l'amble[10], au trot allongé, au trot anglais, au pas de hongre[11], au pas de chameau ou d'onagre[12]. Et il lui faisait changer de robe[13] (comme les Moines de chasuble[14] selon les fêtes), bai brun, alezan[15], gris pommelé, poil de rat, poil de cerf[16], rouan[17], tacheté, bigarré, pie[18] ou blanc.

7. Le terme de « virollet » traduit par « moulinet » désigne à la fois un jeu d'enfant, et un membre viril.

8. Faux, ici ce sont des chevaux en bois.

9. Un pas d'allure intermédiaire, entre le pas et l'amble.

10. Allure d'un cheval qui lève alternativement les deux jambes d'un même côté.

11. Cheval castré.

12. Sorte d'âne.

13. Ensemble des poils d'un cheval.

14. Vêtement porté par les prêtres pour célébrer la messe.

Une parodie de l'éducation du chevalier

L'enchaînement avec le chapitre précédent consacré à des jeux d'enfants grotesques ainsi que le terme « factice » témoignent du traitement parodique de l'éducation du chevalier.

15. Roux.

16. On peut se demander si Rabelais ne se montre pas créatif avec les couleurs de robe, comme Gargantua avec ses chevaux.

17. Mélange de blanc, de brun, et de noir.

18. À grandes taches.

Lui-même il fit d'une grosse poutre un autre cheval pour la chasse, un autre d'un fût de pressoir[1] pour tous les jours, et d'un grand chêne une mule avec sa housse pour rester chez soi. Et il en eut encore dix à douze pour les relais[2] et sept pour la poste[3]. Et il les mettait tous à coucher près de lui.

Un jour le seigneur de Painensac vint rendre visite à son père en grand équipage ; ce même jour étaient aussi venus le duc de Francrepas et le comte de Mouillevent. Ma foi, le logis était un peu étroit pour tant de gens, et particulièrement les écuries ; aussi le maître d'hôtel et le fourrier[4] du seigneur de Painensac, pour savoir s'il y avait ailleurs dans la maison des écuries vides, s'adressèrent à Gargantua, jeune garçonnet, en lui demandant discrètement où étaient les écuries des grands chevaux, dans l'idée que les enfants révèlent tout volontiers.

Alors il les conduisit par les grands escaliers du château, passant par la seconde salle, dans une grande galerie, par où ils entrèrent dans une grosse tour ; et tandis qu'ils montaient d'autres escaliers, le fourrier dit au maître d'hôtel : « Cet enfant se moque de nous, les écuries ne sont jamais en haut de la maison.

– Vous faites erreur, dit le maître d'hôtel, je connais des endroits, à Lyon, à La Baumette, à Chinon[5] et ailleurs, où les écuries sont au sommet du logis ; ainsi peut-être y a-t-il derrière une sortie au sommet. Mais je veux en avoir le cœur net. »

Alors il demanda à Gargantua :

« Mon petit mignon, où nous menez-vous ?

– À l'écurie de mes grands chevaux, dit-il. Nous y sommes bientôt, montons seulement ces marches.

Puis, les faisant passer par une autre grande salle, il les mena à sa chambre et, poussant la porte : « Voici, dit-il, les écuries que vous demandez ; voilà mon genet[6], voilà mon pur-sang anglais, mon tarbais[7], mon hongre[8]. » Et, leur mettant dans les bras un gros levier : « Je vous donne, dit-il, ce frison[9] ; je l'ai eu de Francfort, mais il sera

1. Sorte de tronc employé pour presser le raisin afin d'en faire du vin.
2. Chevaux frais dont on dispose sur un long trajet pour remplacer les chevaux fatigués.
3. Relais de chevaux placés le long d'une grande route.
4. Domestique qui s'occupe du linge.
5. Rabelais cite des lieux qu'il connaît bien et où il a peut-être observé des maisons construites à flanc de coteau.
6. Petit cheval d'Espagne.
7. Cheval élégant élevé près de Tarbes.
8. Cheval castré.
9. Puissant cheval de trait.

à vous ; c'est un bon petit cheval vaillant à la tâche. Avec un autour[10] tiercelet[11], une demi-douzaine d'épagneuls et deux lévriers[12], vous voilà roi des perdrix et des lièvres pour tout cet hiver.

– Par saint Jean ! dirent-ils, nous sommes bien lotis ! Nous voilà bien attrapés. »

Devinez ce qu'ils avaient de mieux à faire, se cacher de honte, ou rire de la plaisanterie.

Cependant qu'ils descendaient tout confus, il leur demanda :

« Voulez-vous une aubelière ?

– Qu'est-ce donc ? dirent-ils.

– C'est cinq étrons, répondit-il, pour vous faire une muselière.

– Pour aujourd'hui, dit le maître d'hôtel, si nous sommes cuits, au moins nous ne brûlerons pas au feu, car nous sommes lardés à point, m'est avis. Ô mon petit mignon, tu nous as bien eus. Je te verrai bien pape un de ces jours.

– C'est bien ainsi que je l'entends, dit-il. Mais alors vous serez papillon, et ce gentil papegay sera un papelard tout fait[13].

– Sans doute, dit le fourrier.

– Mais, dit Gargantua, devinez combien il y a de points d'aiguille sur la chemise de ma mère.

– Seize, dit le fourrier.

– Vous ne dites pas vrai, dit Gargantua ; il y en a sens devant et sens derrière, vous les avez bien mal comptés[14].

– Quand ? dit le fourrier.

– Alors, dit Gargantua, qu'on fit de votre nez un fausset[15] pour tirer un muid[16] de merde, et de votre gorge un entonnoir pour la mettre dans un autre récipient, car les fonds étaient éventés.

– Cordieu ! dit le maître d'hôtel, nous avons trouvé un causeur. Monsieur le jaseur, Dieu vous garde, tant vous avez la bouche fraîche ! »

Descendant en toute hâte, sous l'arc des escaliers ils laissèrent tomber le gros levier dont il les avait chargés ; Gargantua dit alors :

---

10. Oiseau rapace.

11. Mâle.

12. Les épagneuls et les lévriers sont des chiens de chasse.

13. Jeux de mots sur « pape » : le papillon est un insecte et un petit pape, le papelard – pape qui mange du lard ? – est un hypocrite, et le papegay serait un joyeux pape et un perroquet.

14. Sens/cent/senteur : équivoque phonique, voire gestuelle.

15. Vis pour boucher un tonneau.

16. Ancienne mesure qui varie selon les régions ; environ 280 litres.

« Quels cavaliers du diable vous faites ! Votre canasson vous manque quand vous en avez besoin. S'il vous fallait aller d'ici à Cahusac, que préféreriez-vous, chevaucher un oison ou mener une truie en laisse ?

– J'aimerais mieux boire », dit le fourrier.

Sur ces mots, ils entrèrent dans la salle basse où était toute la compagnie et, par le récit de cette nouvelle aventure, les firent rire comme un essaim de mouches.

Comment Grandgousier reconnut la merveilleuse intelligence de Gargantua à l'invention d'un torchecul

CHAPITRE XIII (CHAPITRE XII éd. 1534)

À la fin de la cinquième année, Grandgousier, de retour de sa victoire sur les Canariens[1], vint voir son fils Gargantua. Il était réjoui comme peut être l'être un tel père qui se voit un si bel enfant ; et, au milieu des baisers et des embrassades, il lui posait toutes sortes de petites questions pour enfants. Et il buvait aussi avec lui et ses gouvernantes, auxquelles il demandait avec sollicitude si, entre autres choses, elles l'avaient tenu propre et net. Gargantua répondit qu'il y avait mis si bon ordre que dans tout le pays il n'y avait pas de garçon plus propre que lui.

« Comment cela ? dit Grandgousier.

– C'est que j'ai, à force d'expérimentation, inventé le moyen de me torcher le cul le plus royal, le plus seigneurial, le plus excellent, le plus approprié qu'on ait jamais vu.

– Lequel ? dit Grandgousier.

– C'est ce que je vais vous raconter, dit Gargantua.

1. Peuple imaginaire.

« Je me torchai une fois d'un foulard de velours de vos demoiselles, et m'en trouvai bien, car la mollesse de la soie me procurait au fondement[2] une bien grande volupté ;

« une autre fois d'un de leurs chaperons[3], et il en fut de même ;

« une autre fois d'une écharpe ;

« une autre fois d'une coiffe de satin cramoisi, mais un tas de petites boules dorées qui y étaient accrochées m'écorchèrent tout le derrière ; que le feu saint Antoine[4] brûle le boyau culier[5] de l'orfèvre qui les fit et de la demoiselle qui les portait !

« Ce mal passa en me torchant d'un bonnet de page, bien emplumé comme celui des Suisses.

« Puis, en chiant derrière un buisson, je trouvai un chat de Mars[6] ; je m'en torchai, mais ses griffes me déchirèrent tout le périnée.

« Je m'en guéris le lendemain en me torchant avec les gants de ma mère, bien parfumés de maujoin[7].

« Puis je me torchai de sauge, de fenouil, d'aneth, de marjolaine, de roses, de feuilles de courges, de choux, de bettes[8], de vigne, de guimauve[9], de bouillon blanc[10] (qui a le cul écarlate), de laitue, de feuilles d'épinards – tout cela me fit une belle jambe –, de mercuriale[11], de persil, d'orties, de consoude[12] ; mais j'en chiai du sang comme un Lombard[13], ce dont je me guéris en me torchant avec ma braguette.

« Puis je me torchai avec les draps, la couverture, les rideaux, un coussin, un tapis, un tapis de jeux, une nappe, un chapeau, un mouchoir, un peignoir. Et j'y trouvai plus de plaisir que les galeux quand on les étrille[14].

---

2. Le derrière.

3. Foulard qu'on porte sur la tête.

4. Infection due à l'ingestion de l'ergot du seigle, champignon que l'on trouve notamment dans le seigle, qui entraîne une gangrène des membres et peut conduire à la mort.

5. Le boyau du cul.

6. Un chat agressif : Mars est le dieu de la guerre.

7. Jeu de mots : le benjoin, qui sonne comme bien-joint, est un parfum précieux, mais le maujoin, qui signifie mal-joint, renvoie au sexe féminin.

8. Plantes potagères.

9. Plante herbacée.

10. Plante médicinale.

11. Plante considérée comme laxative.

12. Plante utilisée dans le traitement de la diarrhée.

13. Les soldats français qui combattaient en Lombardie étaient souvent atteints de dysenterie.

14. Nettoie en grattant (la gale produit des démangeaisons).

– Sans doute, dit Grandgousier, mais lequel trouvas-tu le meilleur ?

– J'y viens, dit Gargantua, et vous en saurez le fin mot. Je me torchai de foin, de paille, d'étoupe[1], de bourre[2], de laine, de papier. Mais

Toujours laisse aux couilles une amorce[3]
Qui son sale cul de papier torche.

– Quoi ? dit Grandgousier, mon petit couillon, tu as donc bien bu que tu rimes déjà ?

– Certes oui, mon roi, je rime tant et plus, et en rimant je m'enrhume[4] souvent. Écoutez ce que disent nos latrines aux fienteurs[5] :

Chiard,
Foirard[6],
Pétard,
Breneux[7],
Ton lard
Fuyard
S'égare
Sur nous.
Dégueu,
Merdeux,
Goutteux[8],
Le feu de saint Antoine t'embrase
Si tous
Tes trous
Bien clos
Tu ne torches avant ton départ !

« En voulez-vous encore ?

– Certes oui », dit Grandgousier.

---

1. Résidu de fibres textiles.
2. Amas de poils d'animaux.
3. De la crotte.
4. « En rimant m'enrime » vient de l'*Épître au Roi*, un rondeau de Clément Marot, un ami de Rabelais.
5. Ceux qui produisent des fientes, des excréments.
6. Qui a souvent la foire, la diarrhée.
7. Sali d'excréments.
8. Atteint de la goutte, maladie héréditaire.

Alors Gargantua dit :

« En chiant hier j'ai senti
L'impôt qu'à mon cul je devais ;
À l'odeur je ne m'attendais :
Et j'en fus tout empuanti.
Ô ! si quelqu'un eût consenti
À mener celle que j'attendais
En chiant !
Je lui aurais accommodé
Son trou d'urine à la rustique.
Et avec ses doigts elle aurait
Mon trou de merde garanti
En chiant !

« Alors dites maintenant que je ne sais rien ! Par Dieu[9], je ne les ai pas faits, mais je les ai entendu réciter par une grande dame d'ici, et je les ai retenus dans la gibecière[10] de ma mémoire.

– Revenons, dit Grandgousier, à notre propos.

– Quoi donc ? dit Gargantua. Chier ?

– Non, dit Grandgousier, mais torcher le cul.

– Alors, dit Gargantua, me paierez-vous une barrique de vin de Bretagne si je vous colle à ce sujet ?

– Bien sûr, dit Grandgousier.

– Il n'y a pas besoin de se torcher le cul s'il n'y a point d'ordure. Il ne peut y avoir d'ordure si on n'a pas chié. Il faut donc chier avant de se torcher le cul.

– Ô, dit Grandgousier, que tu as de bon sens, mon petit garçon ! D'ici peu, je te ferai passer docteur en Sorbonne, par Dieu ! car tu as plus de raison que d'ans.

« Mais poursuis ces propos torcheculatifs, je t'en prie. Et par ma barbe ! au lieu d'une barrique, tu auras soixante pipes[11] de ce bon

Le rondeau

L'édition de 1542 annonce : « Rondeau ». Rabelais inclut dans ce chapitre un rondeau, poème à forme fixe de treize vers (celui de Rabelais n'en a que douze) construits sur deux rimes, avec une sorte de refrain (ici « En chiant ») qu'on appelle rentrement, car ce vers est plus court que les autres.

9. Le texte original dit « mer dé », jeu de mots sur la « merde » évoquée dans le rondeau et la mère de Dieu...

10. Grande bourse qui se porte à la ceinture.

11. Mesure de capacité dans l'Ancien Régime : environ 400 litres.

vin de Bretagne, qui ne vient d'ailleurs pas de Bretagne mais du bon pays de Verron[1].

– Après je me torchai, dit Gargantua, d'un bonnet de nuit, d'un oreiller, d'une pantoufle, d'une gibecière, d'un panier – Ô le déplaisant torchecul ! – puis d'un chapeau. Notez au passage que parmi les chapeaux, les uns sont de feutre, d'autres de fourrure, d'autres de velours, d'autres de taffetas, d'autres de satin. Le meilleur de tous est celui de fourrure, car il enlève très bien la matière fécale.

« Puis je me torchai avec une poule, un coq, un poulet, avec la peau d'un veau, un lièvre, un pigeon, un cormoran, un sac d'avocat[2], un capuchon, une coiffe, un leurre[3]. »

« Mais, pour conclure, j'affirme et soutiens qu'il n'existe pas de meilleur torchecul qu'un oison bien duveteux, pourvu qu'on lui tienne la tête entre les jambes. Croyez-m'en sur mon honneur. Car vous sentez au trou du cul une merveilleuse volupté, aussi bien par la douceur du duvet que par la douce chaleur de l'oison, qui se communique facilement au boyau culier et aux intestins et de là remonte vers le cœur et le cerveau. Et n'imaginez pas que la béatitude des héros et demi-dieux, qui vivent aux Champs Élysées, leur vienne de l'asphodèle[4], de l'ambroisie[5] ou du nectar, comme disent les vieilles par ici. Elle vient, à mon avis, de ce qu'ils se torchent le cul d'un oison. »

1. Le vin breton est un cépage de Touraine, il vient donc bien de cette région de la Loire.
2. Après une énumération cohérente d'animaux, les « sacs d'avocat » annonce un changement de ton et l'énumération perd toute logique.
3. Faux oiseau de cuir utilisé par les chasseurs pour attirer les faucons.
4. Plante dont on fleurit les tombes dans l'Antiquité.
5. Substance à base de miel dont se nourrissent les dieux de l'Olympe.

« Comment Grandgousier connut l'esprit merveilleux de Gargantua
à l'invention d'un torchecul », BnF, Paris.

Explication de texte 3

Chapitre XIII, de « – Après je me torchai » à « le cul d'un oison. »
➔ p. 60, l. 104 à 123

Quelles sont les fonctions du rire scatologique ?

SITUER

1 Relisez le début du chapitre XIII : quels sont les précédents torcheculs employés par Gargantua ?

EXPLIQUER

Premier mouvement ➔ **« – Après je me torchai » à « une coiffe, un leurre. »**

2 Quelle est la figure de style dominante dans ce mouvement ? Commentez.

3 Quel est l'effet produit par cet extrait sur le lecteur ? Pourquoi ?

Deuxième mouvement ➔ **« Mais, pour conclure » à « le cul d'un oison. »**

4 Quels langages Rabelais parodie-t-il ici ?

5 Relevez le champ lexical du plaisir (l. 116 à 122). À quel autre champ lexical est-il rattaché ?

CONCLUSION

6 En quoi ce texte est-il satirique ?

7 En quoi peut-il être considéré comme caractéristique de l'humanisme ?

ÉTUDE DE LA LANGUE

Comment est exprimée la cause dans la phrase suivante ?
« Le meilleur de tous est celui de fourrure, car il enlève très bien la matière fécale » (L. 108-109). Réécrivez cette phrase en proposant deux autres façons d'exprimer la cause.

DÉBATTRE

Qualifieriez-vous ce texte de vulgaire ? Pourquoi ?

Explication de texte 3

Chapitre XIII, de « – Je me torchay apres » à « le cul d'un oyzon. »

Texte original

– Je me torchay apres (dist Gargantua) d'un couvre-chief, d'un aureiller, d'une pantoufle, d'une gibbessière, d'un panier – mais ô le malplaisant torchecul ! – puis d'un chappeau. Et notez que des chappeaux, les uns sont ras, les aultres à poil, les aultres velouttez, les aultres taffetassez, les aultres satinizez. Le meilleur de tous est celluy de poil, car il faict tresbonne abstersion de la matiere fecale.

« Puis me torchay d'une poulie, d'un coq, d'un poulet, de la peau d'un veau, d'un lievre, d'un pigeon, d'un cormaran, d'un sac d'advocat, d'une barbute, d'une coyphe, d'un leurre.

« Mais, concluent, je dys et mantiens qu'il n'y a tel torchecul que d'un oyzon bien dumeté, pourveu qu'on luy tieigne la teste entre les jambes. Et m'en croyez suz mon honeur. Car vous sentez au trou du cul une volupté mirificque, tant par la doulceur d'icelluy dumet que par la chaleur temperée de l'oizon, laquelle facillement est communicquée au boyau cullier et aultres intestines, jusques a venir a la region du cueur et du cerveau. Et ne pensez poinct que la beatitude des Heroes etsemi-dieux, qui sont par les Champs Elysiens, soit en leur asphodele, ou ambrosie, ou nectar, comme disent ces vieilles ycy. Elle est – selon mon opinion – en ce qu'il se torchent le cul d'un oyzon.

Comment Gargantua fut formé par un théologien aux lettres latines

CHAPITRE XIV (CHAPITRE XIII éd. 1534)

En entendant ces paroles, le bonhomme Grandgousier fut éperdu d'admiration devant la hauteur de vues et la merveilleuse intelligence de son fils Gargantua. Il dit à ses gouvernantes : « Philippe, roi de Macédoine, reconnut les bonnes dispositions de son fils Alexandre à son adresse à dompter un cheval. Il était si terrible et sauvage que personne n'osait le monter, parce qu'il désarçonnait tous ses cavaliers par ses ruades, rompant le cou à l'un, à un autre les jambes, à un troisième la cervelle, à l'autre les mâchoires. En examinant la situation, Alexandre, qui était à l'hippodrome (endroit où l'on promenait et faisait évoluer les chevaux), remarqua que la fureur du cheval ne venait que de la peur qu'il avait de son ombre. Aussi, montant dessus, il le fit courir face au soleil, de façon que l'ombre tombât par-derrière, et il rendit ainsi le cheval docile à sa volonté. C'est à cela que son père reconnut son intelligence divine, et il le fit très bien instruire par Aristote, qui était alors estimé plus que tout autre philosophe de Grèce.

« Et je vous dis qu'à la seule conversation que j'ai eue devant vous avec mon fils Gargantua, je reconnais que son intelligence participe de quelque divinité, tant je la vois aiguë, subtile, profonde et sereine. Et je ne doute pas qu'il parvienne un jour au suprême degré de la sagesse, s'il est bien formé. Aussi je veux le confier à un homme de grand savoir pour l'instruire selon ses capacités ; et je ne veux rien négliger pour cela. »

À cet effet, on lui indiqua un grand docteur en théologie nommé Maître Thubal Holoferne[1], qui lui apprit si bien son alphabet qu'il pouvait le réciter par cœur à l'envers ; il y mit cinq ans trois mois.

De l'éducation d'Alexandre à celle de Gargantua

Cet épisode est emprunté à l'éducation d'Alexandre d'après Plutarque. Mais Rabelais ironise déjà : les maîtres de Gargantua sont à Aristote, le grand philosophe grec, ce que l'intelligence de Gargantua révélée par l'invention du torchecul est à celle d'Alexandre, modèle du prince idéal.

1. Thubal signifie en hébreux « confusion » et Holopherne est l'ennemi des juifs, le persécuteur de l'Église.

Puis il lut le *Donat*, le *Facet*, le *Théodolet* et les *Paraboles* d'Alain de Lille ; il y resta treize ans six mois[2].

Notez que pendant ce temps il lui apprenait à écrire en lettres gothiques, et qu'il écrivait tous ses livres. Car l'imprimerie n'était pas encore utilisée.

Il portait habituellement une grosse écritoire de plus de sept mille quintaux, dont le plumier était aussi gros et grand que les gros piliers de Saint-Martin d'Ainay[3] ; l'encrier, pendu à de grosses chaînes en fer, avait la capacité d'un tonneau.

Puis Holoferne lui lut le *Des manières de signifier*[4], avec les commentaires de Heurtebise, Faquin, Tropditeulx, Galehaut, Jean le Veau, Billonion, Brelinguandus[5], et un tas d'autres ; il y resta plus de dix-huit ans onze mois. Et il le connaissait si bien que, mis à l'épreuve, il le récitait par cœur à l'envers ; et il prouvait à sa mère, en comptant sur ses doigts, *qu'il n'y avait pas de science des manières de signifier*[6].

Puis il lui lut le *Compost*[7], sur lequel il resta bien seize ans deux mois ; c'est alors que son précepteur décéda – c'était en 1420 – d'une vérole[8] qu'il attrapa. Après lui vint un autre vieux tousseux, nommé Maître Jobelin Bridé[9], qui lui lut Hugutio, le *Grecismus* d'Hébrard,

2. Tous ces livres sont des sources très anciennes de l'éducation médiévale : grammaire latine élémentaire, traité de civilité, réfutation de la mythologie, morale illustrée par des exemples.

3. Vieille église de Lyon.

4. Traité de grammaire médiévale, cité par Érasme comme un ouvrage susceptible d'abrutir les enfants.

5. Ces noms sont tous plus ridicules les uns que les autres (un faquin est un sot ; Tropditeult en dit sans doute trop...) et constituent une énumération hétéroclite à laquelle vient se mêler Galehaut, géant des récits arturiens.

6. Rabelais se moque ici des ouvrages de commentaires qui empêchent la lecture des textes originaux.

7. *Le Grand Compost des Bergers*, almanach populaire composé de gravures, presque sans texte.

8. Maladie vénérienne, ou MST.

9. « Jobelin » renvoie à jobard, idiot. « Bridé » suggère que son intelligence est bridée, ce qui l'empêche d'aller bien loin, ou peut désigner un « oison bridé », métaphore courante pour désigner un sot.

Une éducation moyenâgeuse

Pour les humanistes, les Goths sont des barbares et le Moyen Âge, une période obscurantiste. L'écriture « gothique » convient donc bien à cet enseignement rétrograde, qui semble ignorer l'évolution. Les lettres gothiques sont progressivement remplacées par les caractères romains, plus faciles à lire. Paradoxalement, les premières éditions de *Gargantua* et *Pantagruel* sont en caractères gothiques.

le *Doctrinal*, les *Partie de*, le *Quel est*, le *Supplement*, Marmotret, le *Des manières à observer à table*, le *Des quatre vertus cardinales* de Sénèque, Passavant *avec commentaire* et le *Dors tranquille* pour les fêtes[1], et quelques autres de même farine[2] ; à leur lecture il devint aussi sage qu'on en a jamais mitonné[3] depuis.

Comment Gargantua fut confié à d'autres pédagogues

CHAPITRE XV (CHAPITRE XIV éd. 1534)

À force, son père s'aperçut que, s'il étudiait très bien et y passait tout son temps, il n'en profitait absolument pas et, qui pis est, qu'il en devenait fou, niais, tout ahuri et radoteur[4].

Comme il s'en plaignait à Don Philippe des Marais, vice-roi de Papeligosse[5], il s'entendit répondre qu'il vaudrait mieux qu'il n'apprenne rien plutôt que d'apprendre de tels livres sous de tels précepteurs ; car leur savoir n'était que sottise, et leur science que niaiseries, abâtardissant[6] les esprits bons et droits et corrompant la plus belle jeunesse.

« Pour preuve, prenez, dit-il, un de ces jeunes gens d'aujourd'hui, qui ait étudié ne serait-ce que deux ans. S'il n'a pas meilleur jugement, meilleur langage, meilleur discours que votre fils, s'il n'est pas plus civil et plus poli, considérez-moi à jamais comme un tranchelard[7] de la Brenne. » Ce discours plut fort à Grandgousier, qui ordonna qu'on fît ainsi.

1. Il s'agit de deux lexiques latins, d'un livre de grammaire, d'un ouvrage de rhétorique, d'un manuel scolaire, d'un commentaire des Psaumes, d'un livre de bonnes manières, de deux traités de morale et enfin d'un « Dors tranquille » qui était destiné à rassurer les curés la veille des sermons en leur fournissant des canevas tout faits. La plupart de ces livres sont méprisés dans les traités d'éducation humanistes.
2. Du même genre.
3. Formé.
4. Qui tient des propos décousus, privés de sens.
5. Pays imaginaire, mais Don Philippe des Marais pourrait renvoyer à l'évêque « éclairé » Georges d'Amboise.
6. Abimant.
7. Un bon à rien.

Le soir, au souper, Des Marais introduisit un de ses jeunes pages de Villegongis, nommé Eudémon[8], si bien coiffé, si bien mis, si propre, d'un maintien si élégant qu'il ressemblait plus à un angelot qu'à un homme. Il dit à Grandgousier :

« Voyez-vous ce jouvenceau ? Il n'a pas encore seize ans ; examinons, si vous voulez bien, quelle différence il y a entre le savoir de vos fumeux baratineurs de théologiens[9] du temps jadis et les jeunes gens d'aujourd'hui. »

L'idée plut à Grandgousier, qui ordonna au page de s'exprimer. Alors Eudémon, après avoir demandé la permission au vice-roi son maître, bien droit sur ses jambes, le bonnet à la main, le visage avenant, la bouche vermeille, les yeux assurés et le regard posé sur Gargantua avec une modestie juvénile, commença à le louer et le glorifier : d'abord pour sa vertu et ses bonnes mœurs, puis pour son savoir, troisièmement pour sa noblesse, quatrièmement pour sa beauté physique ; cinquièmement il l'exhortait doucement à vénérer son père en toute obéissance, lui qui prenait tellement soin de le faire bien instruire ; et enfin il le priait de bien vouloir le tenir pour le plus humble de ses serviteurs. Car il ne demandait pour l'heure rien d'autre au ciel que la grâce de lui être agréable par ses services.

Et le tout fut dit avec des gestes si bien appropriés, d'une expression si claire, d'une voix si éloquente et d'un langage si bien orné et de si bon latin qu'on eût dit plutôt un Gracchus, un Cicéron ou un Emilius du temps jadis qu'un jouvenceau de notre siècle.

Mais pour toute réponse, Gargantua se mit à pleurer comme une vache en se cachant le visage de son bonnet. Et on ne put pas plus lui tirer un mot qu'un pet d'un âne mort.

Un professeur humaniste, fin connaisseur de la rhétorique antique

Le discours d'Eudémon associe toutes les qualités d'un discours rhétorique telles qu'elles sont définies par Cicéron (106-43 av. J.-C.), orateur et homme d'État romain : l'*inventio* (la recherche d'arguments), la *dispositio* (l'organisation du discours), l'*elocutio* (la clarté du style), l'*actio* (la gestuelle) et la *memoria* (mémorisation du discours).

---

8. Nom qui en grec signifie « heureux, doué ».

9. Dans le texte original, Rabelais emploie le mot-valise « mataeologiens » qui associe le terme grec *mateologos*, « qui débite des stupidités », et « théologiens ». Les membres de la Sorbonne sont décidément la cible de notre auteur.

Son père s'en irrita si fort qu'il voulait occire Maître Jobelin. Des Marais l'en dissuada par de beaux arguments, de sorte qu'il s'apaisa. Il ordonna qu'on payât ses gages au précepteur, qu'on le fît bien biberonner théologalement[1] et qu'après il allât à tous les diables.

« Au moins, disait-il, pour aujourd'hui il ne coûtera guère à son hôte, si d'aventure il meurt ainsi, saoul comme un Anglais[2]. »

Maître Jobelin parti, Grandgousier se concerta avec le vice-roi sur le choix du précepteur qu'on pourrait donner à Gargantua ; ils décidèrent que cet office serait confié à Ponocrates, professeur d'Eudémon, et que tous ensemble iraient à Paris, pour saisir quel était l'enseignement des jeunes gens de France en ce temps-ci.

Comment Gargantua fut envoyé à Paris, de l'énorme jument qui le porta et comment elle défit les mouches à bœuf de la Beauce

CHAPITRE XVI (CHAPITRE XV éd. 1534)

À cette même époque, Fayolles, quatrième roi de Numidie, envoya d'Afrique à Grandgousier la jument[3] la plus énorme et haute qu'on ait jamais vue, et la plus extraordinaire – vous savez bien que l'Afrique apporte toujours du nouveau[4]. Elle était grande comme six éléphants, elle avait les sabots fendus comme le cheval de Jules César, les oreilles pendantes comme celles des chèvres du Languedoc, et une petite corne au cul. Par ailleurs, elle avait une

1. Boire comme un théologien.

2. Formule proverbiale.

3. La grande jument est un personnage venu des *Grandes Chroniques*, et le déboisement de la Beauce un exploit traditionnel de Gargantua.

4. Expression quasi proverbiale formulée pour la première fois par Pline dans son *Histoire naturelle* que Rabelais cite abondamment : on attribue ainsi à l'Afrique tous les prodiges possibles.

Gargantua et la déforestation de la Beauce

Rabelais conte l'exploit de son héros et des sa jument : la déforestation de la Beauce, qui aurait fait d'elle la plaine agricole que nous connaissons, entre Paris et Chartres.

robe alezan[5] brûlé entremêlée de mouchetures grises. Mais surtout sa queue était terrifiante. Elle était à peu près aussi grosse que la vieille tour de Saint-Mars, près de Langeais, et aussi carrée avec les crins aussi hérissés que des barbes[6] d'épis de blé.

Si cela vous émerveille, émerveillez-vous plus encore de la queue des béliers de Scythie, qui pesait plus de trente livres, et des moutons de Syrie, auxquels il faut (si Thenaud[7] dit vrai) atteler une charrette au cul pour la porter, tant elle est longue et pesante. Ce qui n'est pas votre cas, vous autres paillards de plat pays.

Elle fut amenée par mer, sur trois carraques et un brigantin[8], jusqu'aux Sables-d'Olonne.

Lorsque Grandgousier la vit : « Voilà bien, dit-il, le moyen de porter mon fils à Paris. Or çà, par Dieu, tout ira bien. Il sera grand clerc[9] en son temps. S'il n'y avait messieurs les bêtes, nous vivrions comme des clercs[10]. »

Le lendemain, après boire (comme vous le pensez bien), partirent Gargantua, son précepteur Ponocrates et ses gens, et aussi Eudémon, le jeune page. Et parce que la saison était clémente et bien tempérée, son père lui fit faire des bottes fauves, que Babin[11] appelle brodequins.

Ils suivirent gaiement leur chemin, faisant toujours bonne chère, jusqu'au nord d'Orléans. Il y avait là une terrible forêt d'environ trente-cinq lieues[12] de long et dix-sept de large. Elle était si terriblement infestée de taons et de frelons que c'était un véritable guet-apens pour les pauvres juments, ânes et chevaux. Mais la jument de Gargantua vengea bravement tous les outrages perpétrés contre les animaux de sa race par un tour dont les insectes ne se doutaient pas : dès qu'ils furent entrés dans la forêt et que les frelons lui eurent donné l'assaut, elle dégaina sa queue et s'escrima si bien en

---

5. Roux.

6. Filaments qui garnissent les épis de blé.

7. Le religieux Jean Thenaud a dédié son *Voyage et itinéraire d'outre-mer* (en Égypte et en Palestine) au roi François Ier dont il fait l'éloge. Rabelais met en doute le récit de ces merveilles en y mêlant ensuite une allusion paillarde.

8. Trois vaisseaux de commerce de grand format et une petite galère de combat.

9. Savant.

10. Dicton inversé, le vrai étant : « S'il n'y avait les clercs, nous vivrions comme des bêtes ».

11. Ici encore, Rabelais mêle le réel au merveilleux : il existait bien un Babin, cordonnier à Chinon.

12. Environ 4 kilomètres.

les chassant qu'elle en abattit tout le bois. À tort et à travers, de-çà, de-là, par-ci, par-là, en long, en large, dessus, dessous, elle abattait les bois comme un faucheur de l'herbe, de sorte que depuis il n'y a plus ni bois ni frelons ; tout le pays fut réduit à une campagne nue.

À cette vue, Gargantua prit grand plaisir sans en tirer autrement vanité. Il dit à ses gens : « Je trouve beau ça », c'est pourquoi depuis on appelle ce pays la Beauce.

Finalement ils arrivèrent à Paris ; il s'y reposa deux ou trois jours, faisant bonne chère avec ses gens, et s'enquérant des savants qui étaient alors en la ville, et du vin qu'on y buvait.

Comment Gargantua paya son don de bienvenue aux Parisiens et comment il prit les grosses cloches de l'église Notre-Dame

CHAPITRE XVII (CHAPITRE XVI éd. 1534)

Après quelques jours de repos, il visita la ville, et fut partout l'objet d'une grande admiration. Car le peuple de Paris est par nature si sot, si badaud et si inepte qu'un bateleur[1], un porteur de reliquailles[2], un mulet avec ses grelots, un violoneux au milieu d'un carrefour réunira plus de gens que ne le ferait un bon prédicateur évangélique[3].

Les gens le poursuivirent si fâcheusement qu'il fut contraint de se reposer sur les tours de l'église Notre-Dame. Là, voyant tant de gens alentour, il dit nettement :

« Je crois que ces maroufles[4] veulent que je leur paie ici mon don de bienvenue. C'est juste. Je vais leur payer à boire. Mais ce ne sera que par ris[5]. »

1. Amuseur de foire.

2. Terme péjoratif pour dénigrer les reliques.

3. Critique de Paris, ville agitée, et de ses prétentions, mais aussi de sa résistance à la propagation de la foi évangélique.

4. Grossiers personnages.

5. Jeu de mots : « par ris » (par des rires) et Paris.

Alors, en souriant, il déboutonna sa belle braguette et, tirant son membre à l'air, leur pissa dessus si violemment qu'il en noya deux cent soixante mille quatre cent dix-huit sans compter les femmes et les petits enfants. Quelques-uns d'entre eux échappèrent à ce déluge de pisse en fuyant à toutes jambes. Arrivés sur la colline de l'Université[6], suant, toussant, crachant, hors d'haleine, ils commencèrent à blasphémer et jurer :

« Par le sangdieu[7] !

– Jarnidieu !

– Vaindieu ! tu vas bien ?

– Merdedieu !

– Capededious[8] !

– Que Dieu ait pitié !

– Pouvoir du Christ !

– Ventre saint Connard !

– Vertudieu !

– Par saint Fiacre de Brie !

– Par saint Trignant !

– Je me voue à saint Thibaud !

– Pâques Dieu !

– Jour de Dieu !

– Le diable m'emporte !

– Foi de gentilhomme[9] !

– Par saint Andouille !

– Par saint Godégran, martyrisé de pommes cuites !

– Par saint Foutin l'apôtre !

– Par saint Vit[10] !

– Par sainte Commère !

Des saints fantaisistes

Il n'est pas interdit de faire appel aux saints mais, les évangéliques considèrent que c'est de la superstition. Rabelais se plaît d'ailleurs à inventer des noms de saints, évoquant plus ou moins directement le membre viril, commme saint Andouille et saint Vit.

---

6. La Sorbonne est sur la montagne Sainte-Geneviève, à Paris.

7. Par le sang de Dieu.

8. Série de jurons en langues variées, puisque Paris, ville universitaire, est un carrefour de civilisations. Il est bien entendu interdit de jurer par le nom divin, c'est un blasphème. Dans les éditions ultérieures, Rabelais supprime cette liste.

9. Juron préféré de François Ier.

10. Sexe masculin.

– Nous sommes arrosés par ris ! » – d'où le nom de Paris donné depuis cette date à la ville, qu'on appelait auparavant Leucece (Lutèce), comme dit Strabon[1] au livre IV, c'est-à-dire, en grec, Blanchette[2], en raison des blanches cuisses des dames du pays[3]. Et parce qu'à cette nouvelle nomination tous les assistants jurèrent chacun sur les saints de sa paroisse, les Parisiens, qui sont composés de gens de toute espèce, sont par nature bons jureurs et bons juristes, et quelque peu outrecuidants[4]. C'est pourquoi, d'après Joaninus de Barranco, dans son livre *De l'abondance des déférences*, ils sont nommés en grec *Parrhesiens*[5], c'est-à-dire beaux parleurs[6].

Cela fait, Gargantua considéra les grosses cloches dans les tours, et les fit sonner bien harmonieusement. Il lui vint alors à l'idée qu'elles serviraient bien de clochettes au cou de sa jument, qu'il voulait renvoyer à son père toute chargée de fromages de Brie et de harengs frais. Et de fait, il les emporta chez lui[7].

Là-dessus survint un commandeur de l'ordre du jambon[8] de saint Antoine pour faire sa quête porcine[9] ; pour se faire entendre de loin et faire trembler le lard au saloir, il voulut les emporter discrètement. Mais il les laissa bien honnêtement, non parce qu'elles étaient trop chaudes, mais parce qu'elles étaient un peu trop lourdes pour ses forces. Ce n'était pas celui de Bourg, car il est trop de mes amis[10].

Toute la ville entra en sédition[11], ce à quoi, vous le savez bien, les Parisiens sont si disposés que les pays étrangers s'ébahissent de la patience – ou (pour mieux dire) de la stupidité[12] – des rois de France qui ne les répriment par voie de justice, vu les inconvénients qui en

1. Célèbre géographe et historien grec (60 av. J.-C.-20 ap. J.-C.). Il décrit l'Europe dans sa *Géographie*.
2. Le mot grec *leukos* signifie « blanc ».
3. Le poète Marot les célèbre dans son poème « Les Dames de Paris ».
4. Orgueilleux.
5. Le terme grec signifie « arrogants ».
6. Étymologies fréquemment alléguées par les historiens de Paris, mais néanmoins fantaisistes d'autant que Barranco et son livre sont imaginaires.
7. Exploit traditionnel de Gargantua.
8. Saint Antoine est toujours accompagné d'un cochon dans l'iconographie populaire et les religieux de l'ordre de saint Antoine, dont le supérieur se nomme « commandeur », ont la réputation de soigner les porcs.
9. Il demande à être payé en nature, en porcs.
10. Rabelais est l'ami d'Antoine du Saix, « commandeur jambonnier » à Bourg en Bresse, auteur d'œuvres facétieuses et pieuses.
11. Soulèvement contre l'autorité.
12. Jugement qui disparaît dans la seconde édition, après l'affaire des Placards (voir p. 7).

résultent jour après jour. Plût à Dieu que je connaisse l'officine où se trament ces factions et complots, pour voir si je n'y ferais pas de beaux placards de merde[13] !

Sachez que le lieu où se réunit le peuple, tout agité et convulsé, fut la Sorbonne, où était alors, mais n'est plus maintenant, l'oracle de Lutèce[14]. Là on exposa la situation et on montra l'inconvénient de l'enlèvement des cloches. Après avoir bien ergoté[15] *pour et contre*, on conclut par un beau syllogisme[16] que l'on enverrait le plus âgé et le plus compétent de la faculté de théologie vers Gargantua, pour lui montrer l'horrible inconvénient de la perte de ces cloches. Et malgré la remarque de certains universitaires qui alléguaient que cette mission eût mieux convenu à un orateur qu'à un théologien, on choisit pour cette affaire notre maître Janotus de Braquemardo[17].

Comment Janotus de Braquemardo fut envoyé pour récupérer les grosses cloches auprès de Gargantua

CHAPITRE XVIII (CHAPITRE XVII éd. 1534)

Maître Janotus, tondu à la romaine[18], vêtu de sa longue robe théologale, l'estomac bien protégé de bon pain et d'eau bénite de cave[19], se transporta au logis de Gargantua, poussant devant lui trois

13. Rabelais fustige les placards anti-luthériens affichés à Paris en 1534 sur l'ordre de Béda.

14. Noël Béda, théologien particulièrement intolérant (voir note chap II) au point d'être exilé de Paris par le roi et enfermé au Mont-Saint-Michel.

15. Terme péjoratif, qui désigne les polémiques sans fin et les raisonnements scolastiques ponctués par *ergo* (« donc »).

16. La Sorbonne raisonne suivant les figures de la logique d'Aristote : encore un signe de son caractère rétrograde.

17. Janotus, désigne souvent un imbécile ; un braquemart est une épée, mais renvoie aussi chez Rabelais à la braguette. « Notre maître » est le titre normal du docteur en théologie (*magister noster*).

18. Chauve.

19. Du vin.

bedeaux[1] à museaux de veau[2] bien rouges[3], et traînant cinq ou six maîtres ex-art[4] bien crottés par souci d'économie.

Ponocrates les rencontra dans l'entrée ; il eut peur à les voir ainsi déguisés, et pensa que c'étaient des travestis privés de raison. Puis il demanda à l'un des maîtres ex-art ce que signifiait cette mascarade. Il lui fut répondu qu'ils demandaient qu'on leur rendît les cloches.

Aussitôt, Ponocrates alla prévenir Gargantua, pour qu'il fût prêt à répondre et délibérât sur-le-champ de ce qu'il convenait de faire. Gargantua, informé de la situation, appela près de lui Ponocrates son précepteur, son maître d'hôtel Philotime[5], son écuyer Gymnaste, et Eudémon, et se concerta rapidement avec eux sur ce qu'il convenait de faire et de répondre. Tous furent d'avis qu'on menât la bande au cellier et qu'on les y fît boire théologalement ; et, pour que ce tousseux ne tirât pas gloriole qu'on ait rendu les cloches à sa requête, on irait chercher, pendant qu'il chopinerait[6], le Prévôt de la ville, le Recteur de la Faculté et le Vicaire de l'église : c'est à eux, avant que le théologien eût délivré son mandat[7], que l'on rendrait les cloches. Après, en leur présence, on écouterait sa belle harangue. Ce qui fut fait ; et, les autorités arrivées, on introduisit le théologien dans la grande salle, où, en toussant, il commença ainsi :

1. Employés subalternes qui précèdent les membres de l'université lors des cérémonies publiques.

2. Rabelais emploie un mot-valise dans le texte original (« vedeau »), qui permet de faire un jeu de mots entre « veau » et « bedeau ». Cela explique que Ponocrates les croit « déguisés ».

3. Ils ont le nez rouge des buveurs.

4. Là encore, on trouve un jeu de mots dans le texte original, qu'il est difficile de traduire. Rabelais emploie « inertes » qui traduit le titre « maîtres es arts » (*magistri in artes*) mais peut aussi désigner la bêtise des comparses de Janotus.

5. Nom grec qu'on peut traduire par « celui qui recherche les honneurs ».

6. Boirait avec excès.

7. Rempli sa mission.

La harangue que maître Janotus de Braquemardo adressa à Garguantua pour récupérer les cloches

CHAPITRE XIX (CHAPITRE XIII éd. 1534)

« Ahem, hem, hem ! bien l'bonjour, Monsieur, bien l'bonjour ! Et à vous aussi, Messieurs. Ce ne serait que justice que vous nous rendissiez les cloches, car elles nous font bien défaut. Hem, hem, hasch ! Dans le temps, nous en avons refusé du bon argent à ceux de Londres en Cahors, et aussi à ceux de Bordeaux en Brie, qui voulaient les acheter en raison de la qualité substantifique de la constitution élémentaire qui siège en la matérialité de leur nature intrinsèque[8] pour expulser les halos[9] et les tourbillons[10] de dessus nos vignes – à vrai dire pas les nôtres mais celles près d'ici. Car si nous perdons le vin, nous perdons tout, et sens et loi.

« Si vous nous les rendez à ma requête, j'y gagnerai six pans[11] de saucisses et une bonne paire de chausses[12] qui feront grand bien à mes jambes, sauf si on ne tient pas ce qu'on m'a promis. Ho ! par Dieu, seigneur, c'est bonne chose qu'une paire de chausses, et *le Sage ne s'en détourne pas*[13]. Songez-y, Seigneur ; cela fait dix-huit jours que je me tripatouille la cervelle sur cette belle harangue : *Rendez à César ce qui est à César et à Dieu ce qui est à Dieu.*

« Par ma foi, Seigneur, si vous voulez souper avec moi – cordieu ! –, dans la chambre de charité nous ferons chère angélique[14]. J'ai déjà tué un cochon, et y avons du bon vin. Et avec du bon vin on ne peut faire du mauvais latin[15].

8. Parodie de langage scolastique.
9. Brouillards.
10. Orages.
11. Ancienne mesure qui correspond à 24 cm.
12. Pantalon.
13. Citation légèrement déformée de la Bible, qui vient assez mal à propos illustrer une remarque sur une paire de chausses !
14. Dans le texte original, on trouve « cherubin », qui désigne en français un ange et qui n'est pas, contrairement à ce que pense Janotus, une forme latine.
15. Janotus vient pourtant de donner la preuve du contraire.

La langue confuse de Janotus

Le discours de Janotus est une parodie du langage des théologiens. Il use d'un vocabulaire faussement savant dans des propos obscurs.

« Or donc, de la pardieu, donnez-nous nos cloches. Tenez, je vous donne de par la Faculté un des Sermons d'Utino pourvu que[1] vous nous rendiez nos cloches. Vous voulez aussi des indulgences[2] ? Jourdieu, vous en aurez et vous n'aurez rien à payer.

« Ô monsieur seigneur, faites-nous un petit clochedon ! C'est le bien de la ville. Tout le monde s'en sert. Si votre jument s'en trouve bien, notre Faculté aussi, qui a été comparée à *un troupeau de mulets ignorants et rendue semblable à eux*, au psaume je ne sais plus combien[3]… et pourtant je l'avais bien noté sur mon parchemin. Hem, Hem, ahem, hasch !

« Çà, je vous prouve que vous devez me les rendre.

Et voici comment j'argumente :

« Toute cloche clochable clochant dans le clocher, en clochant fait clocher par le clochatif ceux qui clochent clochablement. Le Parisien a des cloches. Donc : et toc !

« Ha, ha, ha ! C'est parlé, cela ! C'est un syllogisme de troisième main, en *Darii* ou ailleurs. Sur mon âme, j'ai connu un temps où je faisais merveille dans l'argumentation ; mais à présent je ne fais plus que rêver ; il ne me faut plus désormais que du bon vin, un bon lit, le dos à la cheminée, le ventre à table et l'écuelle bien profonde.

« Pitié, Seigneur, je vous prie, *au nom du Père et du Fils et du Saint-Esprit, Amen*, de nous rendre nos cloches, et Dieu vous protège du mal, et Notre-Dame de Santé, *qui vit et règne pour les siècles des siècles, Amen*[4]. Hem, hasch, ehasch, grrenhenhasch !

« Car en vérité, c'est vrai, en tout état de cause, sans aucun doute, ma foi, puisque, c'est si sûr que j'en prends Dieu à témoin, une ville sans cloches est comme un aveugle sans bâton, un âne sans croupière[5], une vache sans grelots. Jusqu'à ce que vous nous les ayez

---

1. Jeu de mot entre Utino et *utinam* (pourvu que), employé par Janotus.

2. Absolutions d'un péché accordées par un prêtre.

3. Psaume 49 verset 21. Janotus emploie cette référence maladroitement : il fait des théologiens de la Sorbonne – et de lui qui a oublié la référence – un « troupeau de mulets ignorants » !

4. Janotus récite des fragments de la liturgie sans leur donner grand sens.

5. Élément de harnachement de l'animal qui passe sur la croupe.

Une parodie de rhétorique savante

Darri est une des formes de syllogisme (argumentation) dans la rhétorique d'Aristote. Ici, le mot « Darri », mais aussi « argumentation », « donc », « syllogisme de troisième main » sont autant de termes employés à des fins parodiques, pour montrer qu'ils sont utilisés par les théologiens de la Sorbonne sans aucune logique.

rendues, nous ne cesserons de crier après vous comme un aveugle, qui a perdu son bâton, de braire comme un âne sans croupière, de mugir comme une vache sans grelots.

« Un quidam[6] latinisant, qui habitait près de l'Hôtel- Dieu, déclara un jour, en alléguant l'autorité d'un certain Taponus – non, je me trompe : c'était Pontanus, poète laïc –, qu'il aurait voulu que les cloches fussent faites de plume et le battant d'une queue de renard, parce qu'elles lui donnaient la courante aux tripes du cerveau quand il composait ses vers de mirliton[7]. Mais, nac petetin petetac, bing, crac, boum, on le déclara hérétique[8] – nous en faisons des chandelles. C'est la fin de ma péroraison[9]. Vous pouvez applaudir[10]. J'ai parlé comme un n'ivre[11]. »

Comment le théologien emporta son drap et comment il entra en procès contre les sorbonnards

CHAPITRE XX (CHAPITRE XIX éd. 1534)

À peine le théologien eut-il achevé que Ponocrates et Eudémon éclatèrent de rire si violemment qu'à force de rire ils crurent bien rendre leur âme à Dieu, tout comme Crassus, à la vue d'un baudet[12] qui mangeait des chardons, et comme Philémon, à la vue d'un

6. Personne dont on ne peut pas dire le nom.
7. De mauvaise qualité.
8. Qui ne souscrit pas à la doctrine du groupe, ici le catholicisme.
9. Formule traditionnelle de fin de plaidoyer.
10. Formule prononcée à la fin des comédies de Térence (auteur latin).
11. Jeu de mot final qui montre que Janotus ne sait vraiment pas comment finir son discours.
12. Âne mâle. Les deux exemples choisis par Rabelais mettent en scène des ânes : serait-ce une manière de suggérer que Janotus en est un ?

âne qui mangeait des figues qu'on avait préparées pour le dîner, moururent à force de rire. Maître Janotus se mit à rire aussi, et ils s'esclaffèrent à qui mieux mieux au point que les larmes leur venaient aux yeux, en raison du violent ébranlement de la matière cervicale dont sortirent ces humidités lacrymales, qui s'écoulaient ensuite par les nerfs optiques.

Une fois les rires calmés, Gargantua se concerta avec ses gens sur ce qu'il convenait de faire. Ponocrates fut d'avis qu'on fît reboire ce bel orateur. Et puisqu'il les avait bien divertis et fait rire plus que n'aurait su le faire Songecreux[1], on lui donnerait les dix pans[2] de saucisse mentionnés dans la joyeuse harangue, avec une paire de chausses[3], trois stères[4] de bois de chauffage, vingt-cinq muids[5] de vin, un lit à triple matelas de duvet, et une écuelle bien large et profonde : tout ce qu'il disait nécessaire à son grand âge.

Tout cela fut fait comme prévu, sauf que Gargantua, doutant qu'on pût trouver sur l'heure des chausses qui lui aillent, lui fit livrer sept aunes[6] de drap noir, et trois de laine blanche pour la doublure. Le bois fut porté par des portefaix ; les maîtres ès arts portèrent les saucisses et l'écuelle ; Maître Janot voulut porter le drap[7].

Un des maîtres, nommé Maître Josse Bandouille, lui fit observer que ce n'était ni décent ni convenable à l'état théologal, et qu'il confiât le paquet à l'un d'entre eux.

« Ha ! dit Janotus, Baudet, Baudet, tu ne conclus point selon les règles de l'art. Voilà à quoi servent les prémisses et les *Petits Éléments de Logique*[8]. Un pan d'étoffe, à qui se rapporte-t-il ?

– En général à tout le monde, dit Bandouille, et à tout un chacun.

– Je ne te demande pas, Baudet, dit Janotus, la nature du rapport, mais sa destination. Eh bien, Baudet, c'est à destination

1. Jean de l'Espine du Pont-Alais (1490-1560), farceur parisien célèbre.
2. Ancienne mesure qui correspond à 24 cm.
3. Pantalon.
4. Mètres cube.
5. Le muid équivaut à 280 litres environ.
6. Ancienne unité de mesure de 1,143 m.
7. Étoffe résistante de laine.
8. Traité de logique.

Morts de rire

Au chapitre X, Rabelais évoque les nombreux « morts de joie » (p. 51). Il se référait à des listes qu'on mémorisait traditionnellement. Cette fois, il s'agit de la liste des morts de rire. Or, ce rire contagieux est aussi salutaire qu'inquiétant, comme l'a souligné Daniel Ménager. Le rire, par son caractère destructeur, révèle également l'instabilité du monde.

de mes tibias. Et c'est pour ça que je le rapporterai moi-même en personne, tout comme le principal porte l'accessoire[9]. »

Ainsi il emporta son drap en tapinois[10], comme le fit Pathelin[11].

Mais le meilleur eut lieu lorsque le tousseux, fièrement, en pleine séance de Sorbonne, réclama ses chausses et ses saucisses. On les lui refusa catégoriquement, puisqu'il les avait reçues de Gargantua, d'après les informations qu'on avait. Il eut beau leur démontrer que c'était là un don gracieux fait par pure générosité, qui ne les tenait pas quittes de leurs promesses, on lui répondit pourtant de se contenter de bonne raison, et qu'il n'aurait pas une miette de plus.

« Raison ? dit Janotus. On n'en a rien à faire ici. Misérables traîtres, vous ne valez rien. La Terre ne porte pas de plus méchantes gens que vous, je le sais bien. Ne claudiquez[12] pas devant les boiteux : j'ai exercé la méchanceté avec vous. Par la rate de Dieu ! je préviendrai le roi des énormes abus qui se commettent ici par vos manœuvres et menées, et que la lèpre me prenne s'il ne vous fait tous brûler vifs comme sodomites, traîtres, hérétiques et trompeurs, ennemis de Dieu et de la vertu ! »

À ces mots, les docteurs déposèrent plainte contre lui. Lui, de son côté, les cita à comparaître. Finalement, le procès fut inscrit au rôle[13] de la Cour, et il y est encore. Les Sorbonicoles, à ce sujet, firent vœu de ne plus se laver, Maître Janot ainsi que ses fidèles de ne plus se moucher, tant que la sentence n'aurait pas été définitivement prononcée.

Selon ces vœux ils sont restés jusqu'aujourd'hui crottés et morveux, car la Cour n'a pas encore passé au crible toutes les pièces. L'arrêt sera rendu aux prochaines calendes[14] grecques, c'est-à-dire jamais ; car vous savez que les juges font mieux que la loi naturelle, et contre leurs propres préceptes. Les préceptes de Paris serinent[15] que seul Dieu peut accomplir des choses infinies. Et la nature ne

9. Janotus joue sur des notions philosophiques et grammaticales en latin, pour finalement affirmer quelque chose de concret et de banal (je rapporterai mon tissu moi-même).

10. En cachette.

11. Personnage principal de *La Farce de maître Pathelin*, farce du Moyen Âge (1456-1460) qui met en scène un avocat rusé qui vole son drapier.

12. Boitez.

13. Registre officiel.

14. Il n'y a pas de calendes dans le calendrier grec.

15. Répètent souvent.

fait rien d'immortel, elle met une fin et un arrêt à tout ce qu'elle produit : car tout ce qui naît meurt, etc. Mais ces avaleurs de frimas[1] font que les procès en suspens sont à la fois infinis et immortels. En agissant ainsi, ils donnent raison aux mots du Lacédémonien Chilon[2], inscrits à Delphes, qui disent que Misère est la compagne de Procès[3], et que les plaideurs sont des malheureux, car ils arrivent plus tôt au terme de leur vie qu'au droit qu'ils réclament.

L'étude et la façon de vivre de Gargantua selon l'enseignement de ses précepteurs sorbonagres

CHAPITRE XXI (CHAPITRE XX éd. 1534)

Les premiers jours ainsi passés et les cloches remises en l'état, les citoyens de Paris, en reconnaissance de politesse, s'offrirent à soigner et nourrir sa jument autant qu'il lui plairait – ce dont Gargantua leur sut gré – et ils l'envoyèrent vivre dans la forêt de Fontainebleau.

Cela fait, il voulut mettre tout son zèle à étudier sous la directive de Ponocrates. Mais celui-ci, au début, ordonna qu'il agisse comme de coutume, pour comprendre comment, au bout de tant d'années, ses anciens précepteurs l'avaient rendu si sot, niais et ignorant. Il passait donc son temps ainsi : il s'éveillait habituellement entre huit et neuf heures, qu'il fît jour ou non ; ainsi en avaient décidé

1. Ils avalent les brumes et brouillards matinaux car il faut se lever très tôt pour assister aux séances du palais de Justice.
2. Chilon, un des sept sages de la Grèce.
3. Des trois adages du temple de Delphes, les plus connus sont : « Connais-toi toi-même » et « Ne désire rien de trop ».

Un écho du chapitre XIII

Les critiques se divisent sur ce chapitre, qui reprend dans les grandes lignes le chapitre XIV. Certains considèrent que c'est une épanortose, c'est-à-dire une répétition volontaire, destinée à révéler ce que le chapitre précédent ne faisait que suggérer. D'autres considèrent que ce chapitre est la preuve que Rabelais a inséré dans son récit une réponse personnelle aux menées de la Sorbonne et de Noël Béda contre les évangéliques.

ses régents théologiens, alléguant les mots de David : *C'est vanité de vous lever avant la lumière* (Ps. 126)[4].

Alors il s'étirait, s'ébattait et se vautrait sur son lit un certain temps pour mieux détendre ses esprits animaux[5] ; il s'habillait en fonction du temps, mais il portait volontiers une grande et longue robe de grosse laine fourrée de renard[6] ; après, il se peignait du peigne d'Almain[7], c'est-à-dire des quatre doigts et du pouce, car ses précepteurs disaient que toute autre façon de se peigner, laver et nettoyer était une perte de temps.

Puis il chiait, pissait, crachait, rotait, éternuait et se mouchait abondamment ; puis, pour abattre la rosée et le mauvais air, il déjeunait : belles tripes frites, belles carbonades[8], beaux jambons, belles grillades et force tartines.

Ponocrates lui faisant remarquer qu'il ne devait pas se goinfrer ainsi au saut du lit sans avoir d'abord pris de l'exercice, Gargantua répondit :

« Quoi ! N'ai-je pas pris de l'exercice ? Je me suis retourné six ou sept fois dans mon lit avant de me lever. N'est-ce pas assez ? C'est ce que faisait le pape Alexandre[9], sur le conseil de son médecin juif, et il a vécu jusqu'à sa mort en dépit des envieux. Mes premiers maîtres m'y ont habitué, disant que bon déjeuner donne bonne mémoire ; c'est pourquoi[10] ils y buvaient les premiers. Je m'en trouve fort bien et n'en dîne que mieux.

Et Maître Tubal (qui fut le premier de sa licence à Paris[11]) me disait que « rien ne sert de courir, il faut partir à point » : ainsi ce qui fait la parfaite santé de la nature humaine n'est pas de boire quand

---

4. Citation incomplète qui change le sens du psaume cité, qui ne dit pas qu'il faut se lever tard mais que, si l'on n'a pas l'amour de Dieu, il ne sert à rien de se lever tôt.

5. Notion empruntée à la médecine grecque, qui explique de manière concrète les passions humaines.

6. Pique contre les Sorbonnards réputés très frileux et peu élégants.

7. Jacques Almain (1480-1515) est un des docteurs de l'Université de Paris. Son nom permet de faire un jeu de mot avec « la main ».

8. Viandes grillées sur du charbon.

9. Alexandre VI (1431-1503), pape connu pour ses mœurs dissolues. Rabelais s'en prend déjà à lui dans le *Pantagruel*. Il a effectivement un médecin juif converti qui a écrit un traité d'astrologie que Rabelais considère comme une fausse science.

10. On retrouve le vocabulaire de la logique lorsqu'il s'agit de dire des bêtises, ce qui a bien sûr une dimension satirique.

11. Cette précision montre l'orgueil du maître qui insiste sur ses diplômes, mais permet aussi de disqualifier le titre puisque l'incompétence et la bêtise de Tubal ne sont plus à prouver.

et quand[1] comme les canards, mais bien de boire tôt matin ; *Unde versus*[2] :

« Lever matin n'est pas bonheur ;
Boire matin est le meilleur. »

Après avoir bien déjeuné, il allait à l'église, où on lui apportait dans un grand panier un gros bréviaire[3] bien emmitouflé[4] pesant, tant en graisse[5] qu'en fermoirs et parchemin, à peu près onze quintaux. Là il entendait vingt-six ou trente messes. Pendant ce temps arrivait son diseur d'heures[6] en titre, encapuchonné[7] comme une huppe[8], l'haleine désinfectée à force de sirop de vignoble. En sa compagnie il marmonnait des kyrielles[9] de chapelets[10] en les épluchant si soigneusement qu'il n'en tombait jamais un seul grain par terre.

Au sortir de l'église, on lui amenait sur un chariot à bœufs un tas de patenôtres[11] de Saint-Claude, aussi grosses que le moule d'un bonnet[12], et, en se promenant dans les cloîtres, les galeries ou le jardin, il en récitait plus que seize ermites.

Puis il étudiait une malheureuse demi-heure, les yeux posés sur son livre, mais (comme dit Térence[13]) son âme était à la cuisine.

Après avoir pissé un plein pot de chambre, il s'asseyait à table. Et, parce qu'il était de complexion flegmatique[14], il commençait son repas par quelques douzaines de jambons, de langues de bœuf fumées, de caviar, d'andouilles, et autres avant-coureurs du vin[15].

---

1. N'importe quand.
2. D'où le proverbe.
3. Livre de prières.
4. Dans une housse.
5. Celle des traces de doigts de ceux qui ont bien mangé avant d'aller à l'église.
6. Ecclésiastique qui lit les prières pour le fidèle (et donc prie à sa place).
7. Couvert d'un capuchon, à la manière d'un moine.
8. Oiseau reconnaissable à une touffe de plumes rousses.
9. Longues suites qui se répètent.
10. Sortes de colliers de dévotion dont les perles aident à compter le nombre de prières prononcées.
11. Chapelets, séries de prières.
12. La tête.
13. Citation d'une comédie latine de Térence, reprise dans les *Adages* d'Érasme.
14. Dans la théorie des humeurs, le flegmatique est paresseux. Voir loupe p. 39.
15. Ces plats qui ont en commun d'être salés invitent à boire davantage.

Une satire appuyée

Rabelais se fait porte-parole des évangéliques qui critiquent ceux qui prient mécaniquement sans comprendre ce qu'ils disent. Les chapelets aux grains gros comme la tête sont de l'ordre de la caricature, comme celles des ermites, des moines vivant isolés. Saint-Claude en revanche est un lieu réel de pèlerinage du Jura.

Pendant ce temps, quatre de ses gens lui jetaient dans la bouche, à tour de rôle et sans s'arrêter, de la moutarde à pleines pelletées. Puis il buvait un terrifiant coup de vin blanc pour se soulager les reins. Après il mangeait, selon la saison, des mets au gré de son appétit, et ne cessait de manger que lorsque le ventre lui tirait.

En buvant il n'avait ni mesure ni règle. Car il disait que les limites et les bornes du buveur se situaient lorsque le liège de ses pantoufles était gonflé d'un demi-pied.

Maître qui menace ses élèves de son gourdin, XIVe siècle, BnF, Paris.

Explication de texte 4

Chapitre XXI, de « Après avoir bien déjeuné » à « lorsque le ventre lui tirait. »
➔ p. 82 à 83, l. 42 à 65

Comment Rabelais ridiculise-t-il l'éducation scolastique ?

SITUER

1 Relisez le chapitre XIV. Quelle évolution pouvez-vous observer entre ces deux chapitres ?

2 Comment se manifeste le gigantisme de Gargantua ?

EXPLIQUER

Premier mouvement ➔ **« Après avoir bien déjeuné » à « son âme était à la cuisine. »**

3 En quoi consiste la pratique religieuse de Gargantua ?

4 Relevez et commentez une métaphore filée dans ce mouvement.

5 Comment l'étude est-elle dévalorisée ?

Deuxième mouvement ➔ **« Après avoir pissé » à « le ventre lui tirait. »**

6 Quel reproche Rabelais fait-il indirectement à l'éducation scolastique dans ce passage ?

7 Que manque-t-il à l'éducation de Gargantua ?

CONCLUSION

8 Comment la satire opère-t-elle dans cet extrait ?

ÉTUDE DE LA LANGUE

Relevez le complément circonstanciel de but dans la phrase : « Puis il buvait un terrifiant coup de vin blanc pour se soulager les reins » (l. 62 à 63). Remplacez-le par une proposition subordonnée conjonctive de même sens.

ENQUÊTER

Recherchez, à partir des textes d'Érasme et Montaigne notamment, quelles sont les caractéristiques de l'éducation humaniste.

Explication de texte 4

Chapitre XXI, de « Apres avoir bien a poinct desjeuné » à « quand le ventre luy tiroit. »

Texte original

Apres avoir bien a poinct desjeuné, alloit a l'ecclise, et luy portoit on dedans un grand penier ungros breviaire empantouflé, pesant, tant en gresse que en fremoirs et parchemin, poy plus poy moins, unze quintaulx. Là oyoit vingt et six ou trente messes. Et ce pendent venoit son diseur d'heures en place empaletocqué comme une duppe, et tresbien antidoté son alaine a force syropt vignolat. Avecques icelluy marmonnoit toutes ces kyrielles, et tant curieusement les espluschoit qu'il n'en tomboit un seul grain en terre.

Au partir de l'ecclise, on luy amenoit sur une traine a beufz un faratz de patenostres de sainct Claude, aussi grosses chascune qu'est le moulle d'un bonnet, et, se pourmenant par les cloistres, galeries ou jardin, en disoit plus que seize hermites.

Puis estudioyt quelque meschante demye heure, les yeulx assis dessus son livre ; mais (comme dict le Comicque) son ame estoit en la cuysine.

Pissant doncq plein official, se asseoyt à table. Et, par ce qu'il estoit naturellement phlegmaticque, commencoit son repas par quelques douzaines de jambons, de langues de beuf fumées, de boutargues, d'andouilles, et telz aultres avant coureurs de vin.

Ce pendent quatre de ses gens luy gettoient en la bouche, l'un apres l'aultre, continuement, de la moustarde à pleines palerées. Puis beuvoit un horrificque traict de vin blanc pour luy soulaiger les roignons. Apres, mangoit, selon la saison, viandes à son appetit, et lors cessoit de manger quand le ventre luy tiroit.

Les jeux de Gargantua

CHAPITRE XXII[1]

Puis, avoir pesamment mâchonné une bribe d'actions de grâce, il se lavait les mains de vin frais, se curait les dents avec un pied de porc et devisait[2] joyeusement avec ses gens. Puis, le tapis de jeux étendu, on étalait force cartes, force dés, et toutes sortes de damiers. Là, on jouait :

au flux[3],
au cent,
à la prime,
à la vole,
à la pille,
au triomphe,
à la picardie,
à l'épinet,
au trente-et-un,
à la condamnade,
à la carte retournée,
au mécontent,
au cocu,
à qui en a parlé
à qui rien ne pioche, gagne tout
au mariage,
au gai,
à l'opinion,
à qui fait l'un fait l'autre,
à la séquence,

1. Chapitre ajouté dans l'édition de 1542. Dans l'édition de 1534, le texte était inclus dans le chapitre précédent. La liste sera considérablement allongée dans l'édition de 1542.

2. Discutait.

3. Lignes 6 à 32, liste de jeux de cartes.

Le bonheur de jouer

Contrairement à ce que certains lecteurs ont pu penser, Yves Rifaux, conservateur du musée L'Art de l'enfance à Annecy, montre que tous ces jeux existent, mais que Rabelais fait parfois figurer des noms en patois comme « virevouste » pour la toupie. On peut rapprocher cette liste du tableau de Brueghel, *Jeux d'enfants* (voir p. 228).

aux luettes,
au tarot,
à qui perd gagne,
au mouton,
à la ronfle,
au glic,
aux honneurs,
à la mourre[4],
aux échecs,
au renard,
aux marelles,
aux vaches,
à la blanche,
à la chance,
au quatre-vingt-et-un,
aux osselets,
à la niquenoque,
à l'ourche,
à la rognette,
au barignin,
au trictrac,
à toutes tables,
aux tables rabattues,
au jarnibleu,
au forçat,
aux dames,
à la grimace,
à premier second[5],
au pied du couteau,
aux clés,
à pile-au-carreau,
à pair ou impair,
à pile ou face,
aux pingres,

4. Lignes 33 à 52, liste de jeux de dés et de plateau.
5. À partir de la ligne 54, jeux de devinettes et de nombreux jeux de plein air.

au croquet,
à la baguette,
au palet,
au j'en-suis,
à souffle-chandelle,
aux quilles,
au rampeau,
à la boule plate,
au palet,
à la boule courte,
au volant,
à la recoquillette,
au cassepot,
au montaient,
à la pirouette,
aux jonchets,
au court bâton,
au pirevolant,
à cligne-musette,
au piquet,
à la bille poursuivie,
au châtelet,
à la rangette,
à la fossette,
à la toupie,
à la trompe,
au Moine,
au tenebri,
à l'ébahi,
à la soule,
à la navette,
au fessart,
au balai,
à saint Côme, je viens t'adorer,
au chêne fourchu,
au cheval fondu,
à la queue leu leu,

à pet-en-gueule,
à Guillemin donne-moi ma lance,
à la balançoire,
au trézeau,
à la mouche,
au pied-du-bœuf,
au mot qui court,
à neuf mains,
au chapifou,
aux ponts écroulés,
à Colin bridé,
à la marelle,
au cocquantin,
à colin-maillard,
à mirelimoufle,
au mouchard,
au crapaud,
à la crosse,
au pilon,
au bilboquet,
aux reines,
aux métiers,
à tête-bêche,
à laver la coiffe Madame,
au tamis,
à semer l'avoine,
au glouton,
au moulinet,
à defendo,
à la cabriole,
au tape-cul,
au laboureur,
au hibou,
aux écoublettes enragées,
à la bête morte,
à monte, monte l'échelle,
au pourceau mori,

à cul salé,
à pigeon-vole,
au tiers,
à la bourrée,
au saut de buisson,
à croiser,
à cache-cache
à la maille,
bourse-en-cul,
au nid de la buse,
au passavant,
à la figue,
aux pétarades,
à pille-moutarde,
aux alouettes,
aux chiquenaudes.

Après avoir bien joué et passé le temps, il convenait de boire un peu – onze mesures[1] par personne – et, sitôt après boire, sur un banc ou au beau milieu du lit, de s'étendre et dormir deux ou trois heures, sans penser à mal ni médire.

À son réveil, il secouait un peu les oreilles. Pendant ce temps on apportait du vin frais ; et là, il buvait plus que jamais.

Ponocrates lui faisait observer que c'était une mauvaise habitude de boire ainsi après dormir.

« C'est, répondait Gargantua, la vraie vie des Pères. Car par complexion je dors salé, et le sommeil me donne aussi soif que le jambon. »

Puis il commençait à étudier un peu, et en avant pour d'autres patenôtres[2] ; pour mieux les expédier proprement, il montait sur une vieille mule qui avait déjà servi neuf rois. Et en marmottant et en dodelinant de la tête il allait voir prendre quelque lapin au piège.

Au retour il se transportait à la cuisine pour voir quel rôti on mettait à la broche.

Et il soupait très bien, ma foi ! conviant volontiers quelques buveurs de ses voisins ; ensemble, en trinquant, ils racontaient les

1. Onze mesures de 4 litres.

2. Chapelets, séries de prières.

récits de jadis et les nouveautés. Il avait pour familiers notamment les sieurs du Fou, de Gourville et de Marigny[3].

Après souper on apportait les beaux Évangiles de bois, c'est-à-dire force tables de jeux, comme le Un-deux-trois ou le Risque-tout, pour faire court, ou bien ils allaient voir les garces des environs, avec bons petits banquets, collations et arrière-collations. Puis il dormait d'une seule traite jusqu'au lendemain huit heures.

Comment Gargantua fut formé par Ponocrates de façon si rigoureuse qu'il ne perdait aucune heure de la journée

CHAPITRE XXIII (CHAPITRE XXI éd. 1534)

Quand Ponocrates eut bien saisi les tares[4] du mode de vie de Gargantua, il décida de le former tout autrement, mais les premiers jours il le toléra, estimant que la nature ne supporte pas sans danger des changements trop brusques. Aussi, pour mieux commencer son œuvre, il supplia un savant médecin du temps, nommé Séraphin Calobarsy[5], d'examiner s'il était possible de remettre Gargantua en bonne voie. Celui-ci le purgea selon les règles avec de l'ellébore d'Anticyre[6] et par ce remède lui lava le cerveau de toutes ses habitudes perverties. C'est comme cela aussi que Ponocrates lui fit oublier tout ce qu'il avait appris de ses anciens précepteurs, ainsi que le faisait Timothée[7] à ses disciples qui avaient été formés par d'autres musiciens.

3. Contemporains de Rabelais, qui ont servi François Ier.

4. Défauts.

5. Anagramme de François Rabelais, ici en médecin judéo-grec.

6. Variété renommée d'ellébore, plante purgative, réputée guérir de la folie.

7. D'après Quintilien (auteur latin d'un traité de rhétorique, Ier s. ap. J.-C.), Thimotée faisait payer deux fois plus cher les élèves qui avaient étudié la musique chez d'autres professeurs.

Pour y parvenir, il l'introduisit auprès des savants de la région, au contact desquels il gagna en esprit et en désir d'étudier autrement et de se mettre en valeur. Ensuite, il lui imposa un tel rythme d'études qu'il ne perdait pas un moment de la journée, mais passait tout son temps à étudier les Lettres et le savoir utile.

Gargantua se réveillait donc vers quatre heures du matin. Pendant qu'on l'astiquait, on lui lisait une page de la divine Écriture, à haute et intelligible voix et avec une diction claire ; mission confiée à un jeune page natif de Basché, nommé Anagnostes[1]. En fonction du thème et du sujet de ce passage, il se consacrait à vénérer, adorer, prier et supplier le bon Dieu, dont la lecture montrait la majesté et le jugement merveilleux.

Puis il se retirait aux lieux d'aisances pour se purger de ses excréments naturels. Là son précepteur répétait ce qui avait été lu en lui en expliquant les points les plus obscurs et difficiles.

En revenant, ils considéraient l'état du ciel : s'il se présentait comme ils l'avaient noté le soir précédent, dans quelle partie du zodiaque[2] entraient le soleil et la lune pour la journée.

Cela fait, il était habillé, peigné, coiffé, adorné[3] et parfumé ; pendant ce temps on lui répétait les leçons de la veille. Lui-même les récitait par cœur et en tirait quelques conclusions pratiques sur la condition humaine ; ils y passaient parfois jusqu'à deux ou trois heures, mais d'habitude ils s'arrêtaient lorsqu'il avait fini de s'habiller.

Puis pendant trois bonnes heures on lui faisait la lecture.

Cela fait, ils sortaient, en conversant toujours du sujet de la leçon, et allaient se récréer au jeu de paume[4] au Grand Braque ou dans une prairie ; ils jouaient à la balle ou à la paume, s'exerçant le corps aussi lestement qu'ils l'avaient fait auparavant de leur esprit.

---

1. L'étymologie grecque signifie « lecteur ».

2. Zone du ciel où apparaissent les douze constellations. Gargantua fait des observations astronomiques.

3. Paré.

4. Terrain où l'on pratique un sport de balle, la paume.

Ils jouaient librement, abandonnant la partie quand ils voulaient et s'arrêtant ordinairement quand ils étaient bien en sueur ou fatigués. Alors, bien essuyés et frottés, ils changeaient de chemise et, se promenant tranquillement, ils allaient voir si le déjeuner était prêt. En attendant, ils récitaient clairement, en y mettant le ton, quelques sentences retenues de la leçon.

Cependant, Monsieur l'Appétit venait, et ils s'asseyaient à table au moment opportun.

Le jeu de paume, illustration pour une édition de *Gargantua*, 1537, BnF, Paris.

Explication de texte 5

Chapitre XXIII, de « Gargantua se réveillait » à « au moment opportun. »
→ p. 92 à 93, l. 18 à 49

Quelle est l'éducation idéale selon Rabelais ?

SITUER

1 Relisez le chapitre dans son intégralité : de quelle heure à quelle heure s'étale l'emploi du temps de Gargantua ?

2 Quelles sont les disciplines qu'il étudie ?

EXPLIQUER

Premier mouvement → « Cela fait, il était habillé » à « on lui faisait la lecture. »

3 Pourquoi Gargantua est-il « habillé, peigné, coiffé, adorné et parfumé » ? En quoi cela participe-t-il de son éducation ?

4 Quelle différence pédagogique y a-t-il entre l'éducation de Poncrates et l'éducation des anciens maîtres ?

Deuxième mouvement → « Cela fait » à « auparavant de leur esprit. »

5 Quelle nouveauté introduit Ponocrates dans l'éducation de son élève ?

Troisième mouvement → « Ils jouaient librement » à « au moment opportun. »

6 Relevez les compléments circonstanciels de temps ? Qu'indiquent-ils ?

7 Quel est l'effet produit par l'emploi du pronom personnel « ils » (conjugaison du verbe à la troisième personne du pluriel dans le texte original) dans ce passage ?

CONCLUSION

8 Quels sont les objectifs de Ponocrates ?

ÉTUDE DE LA LANGUE

Quelle est la nature de la proposition « si le déjeuner était prêt » (l. 45-46) ?

DÉBATTRE

Quels éléments de cette éducation conserveriez-vous aujourd'hui ?

CARNET DE LECTEUR

Lisez les chapitres XXI à XXIV et comparez les deux éducations que reçoit successivement Gargantua en observant la pédagogie employée, la pratique de la religion et la place accordée au corps.

Explication de texte 5

Chapitre XXIII, de « Se esveilloit doncques Gargantua » à « s'asseoient à table. »

Texte original

Se esveilloit doncques Gargantua environ quatre heures du matin. Ce pendent qu'on le frotoit, luy estoit leue quelque pagine de la divine Escripture haultement et clerement, avec pronunciation competente a la matiere, et a ce estoit commis un jeune page, natif de Basche, nommé Anagnostes. Selon le propos et argument de ceste leczon souventesfoys se adonnoit à reverer, adorer, prier et supplier le bon Dieu, duquel lalecture monstroit la majeste et jugemens merveilleux.

Puys s'en alloit es lieux secretz fayre excretion des digestions naturelles. Là son precepteur repetoit ce que avoit esté leu, luy exposant les poinctz plus obscurs et difficiles.

Eulx retornans, consideroient l'estat du ciel : si tel estoyt come l'avoient noté au soir precedent, et quelz signes entroit le Soleil, aussi la Lune, pour icelle journee.

Ce faict, estoit habillé, peigné, testonné, acoustré et parfumé, durant lequel temps on luy repetoit les leczons du jour d'avant. Luy mesmes les disoyt par cueur, et y fondoit quelques cas practiques et concernens l'estat humain, lesquelz ils estendoient aucunesfoys jusque deux ou troys heures, mais ordinairement cessoient lors qu'il estoit du tout habillé.

Puis par troys bonnes heures luy estoit faicte lecture.

Ce fait, yssoient hors, tousjours conferens des propoz de la lecture, et se desportoient en Bracque ou es prez, et jouoient à la balle, ou à la paulme, galentement se exercens les corps comme ilz avoient les ames auparavant.

Tout leur jeu n'estoyt qu'en liberté, car ilz laissoient la partie quand leur plaisoyt et cessoient ordinairement lors que suoient par my le corps, ouestoient aultrement las. Adoncq estoient tresbien essuez et frottez, changeoient de chemise et, doulcement se pourmenans, alloient veoir sy le disner estoyt prest. La attendens, recitoient clerement et eloquentement quelques sentences retenues de la leczon.

Ce pendent Monsieur l'Appetit venoyt, et par bonne oportunité s'asseoient à table.

Au début du repas, on lisait quelque histoire plaisante tirée des anciennes légendes[1], jusqu'à ce qu'il eût bu son vin.

Alors, selon l'envie, on continuait la leçon ou bien ils commençaient à converser joyeusement ensemble ; les premiers temps, ils parlaient des vertus, des propriétés efficaces et de la nature de tout ce qu'on leur servait à table : le pain, le vin, l'eau, le sel, les viandes, les poissons, les fruits, les herbes, les légumes, et la façon dont ils étaient apprêtés. De cette façon, il apprit en peu de temps tous les passages se rapportant à ces sujets chez Pline[2], Athénée[3], Dioscoride[4], Galien[5], Porphyre[6], Opien[7], Polybe[8], Héliodore[9], Aristote[10], Élien[11] et d'autres. En parlant, ils faisaient souvent, pour plus de sûreté, apporter à table les livres en question. Et il retint si bien en mémoire ce qu'on y disait qu'il n'y avait pas alors de médecin qui en sût moitié autant que lui.

Par la suite, ils parlaient des leçons lues le matin ; après avoir achevé le repas d'une confiture de coings[12], il se curait les dents avec un tronc de giroflier et se lavait les mains et le visage de belle eau fraîche[13], puis ils rendaient grâce à Dieu par quelque beau cantique à la gloire de la grandeur et de la bonté divines. Cela fait, on apportait des cartes, non pour jouer mais pour y apprendre mille petits tours et inventions nouvelles relevant de l'arithmétique.

Un savoir cumulatif

Cette énumération est très représentative de l'humanisme. Elle reflète une volonté d'exhaustivité et elle montre la culture de Rabelais, médecin qui étudie l'histoire naturelle et la médecine à travers la traduction d'ouvrages grecs et latins.

---

1. Sans doute les romans de chevalerie parodiés par Rabelais dans le récit de la guerre de Gargantua contre Picrochole.

2. Pline l'Ancien (Ier s. ap. J.-C.), auteur de *L'Histoire naturelle*, déjà citée plusieurs fois dans *Gargantua*.

3. Érudit grec du IIe s. ap. J.-C.

4. Médecin grec du Ier s. ap. J.-C.

5. Médecin grec du IIe s. ap. J.-C.

6. Philosophe grec du IIIe s. ap. J.-C., auteur d'un traité sur l'abstinence de chair animale.

7. Auteur grec du IIe s. ap. J.-C. qui a composé des poèmes sur la pêche et la chasse.

8. Historien grec du IIe s. av. J.-C.

9. Écrivain grec du IIIe au IVe s. ap. J.-C.

10. Ce philosophe grec du IVe s. av. J.-C. est cité à maintes reprises par Rabelais. Il est l'un des penseurs les plus influents du monde occidental.

11. Zoologiste grec du IIe s. ap. J.-C.

12. Ce chapitre ne propose pas seulement une méthode d'enseignement, mais aussi une diététique et une hygiène plus saines que celles qu'a d'abord connues Gargantua.

13. Et non plus avec du vin frais comme au chapitre précédent.

Ainsi il se prit de passion pour la science des nombres, et tous les jours, après dîner et souper, ils y passaient leur temps aussi agréablement qu'il le faisait avant avec les dés ou les cartes. À force, il devint si savant en cette discipline, aussi bien théorique que pratique, que l'Anglais Tunstall[14], qui en avait abondamment disserté, confessa qu'en vérité, par rapport à lui, il n'y entendait que les rudiments.

Et pas seulement de l'arithmétique, mais des autres branches des mathématiques, comme la géométrie, l'astronomie et la musique[15] ; en effet, en attendant l'assimilation et la digestion du repas, ils réalisaient mille joyeux ensembles et figures de géométrie, et de même pratiquaient les règles de l'astronomie.

Après, ils s'amusaient à chanter accompagnés de musique à quatre ou cinq parties[16], ou avec des variations libres sur un thème.

Pour ce qui est des instruments de musique, il apprit à jouer du luth, de l'épinette[17], de la harpe, de la flûte traversière ou droite, de la viole[18] et du trombone.

L'heure ainsi passée, la digestion achevée, il se purgeait des excréments naturels, puis se remettait à l'étude pendant trois heures ou plus, aussi bien pour répéter la leçon du matin que pour poursuivre le livre entamé ou écrire, tracer et former les anciennes lettres romaines.

Cela fait, ils sortaient du logis avec un jeune gentilhomme de Touraine, l'écuyer Gymnaste, qui lui apprenait l'art de l'équitation.

Après s'être changé, il montait sur un coursier[19], un roussin[20], un genet[21] ou un cheval léger, et lui faisait faire cent tours de manège, le faisait pirouetter en l'air, franchir la rivière, sauter la barrière, tourner court en cercle, tant à droite qu'à gauche.

Et là, il ne rompait point de lance ; car c'est la plus grande absurdité du monde de dire : « J'ai rompu dix lances en tournoi ou

14. Cuthbert Tunstall (1474-1559), mathématicien, ami de Thomas More.

15. L'arithmétique, la géométrie, l'astronomie et la musique constituent le *quadrivium*, programme d'étude scientifique traditionnel, qui s'ajoute au *trivium* composé de la grammaire, la rhétorique et la dialectique.

16. Rôles destinés à un interprète ou un groupe d'interprètes (instrument ou voix).

17. Instrument de musique à cordes pincées et à clavier.

18. Instrument à cordes et à archer qui se joue sur les genoux ou entre les genoux.

19. Cheval de bataille.

20. Cheval trapu qui sert à la guerre ou à la chasse.

21. Cheval de course.

en bataille » – un charpentier en ferait autant – mais c'est un exploit dont on peut se louer que de rompre d'une lance dix de ses ennemis. De sa lance, donc, bien acérée, vigoureuse et bien raide, il pouvait briser une porte, enfoncer une armure, renverser un arbre, enfiler les anneaux, arracher selle, haubert[1], gantelet[2]. Et le tout armé de pied en cap.

Pour ce qui est de parader et faire des petits exercices de cheval, personne ne l'égalait. Le maître écuyer de Ferrare[3] n'était qu'un pâle imitateur. En particulier, il avait appris à sauter rapidement d'un cheval sur un autre sans mettre pied à terre – on nomme ces chevaux des « voltigeurs » – et des deux côtés indifféremment, la lance au poing, à monter à cru[4] et à conduire le cheval sans rênes à sa volonté ; car ces exercices sont utiles à la formation militaire.

D'autres jours, il s'exerçait à la hache ; il l'abattait si bien, il la tenait si vigoureusement pour les coups de pointe, il la faisait glisser si souplement pour tailler, qu'il aurait pu passer chevalier d'armes en campagne et dans tous les exercices.

Puis il maniait la pique[5], frappait de l'épée à deux mains, de l'épée longue, de l'espagnole[6], de la dague et du poignard, armé, non armé[7], s'aidant du bouclier, de la cape, du bouclier rond.

Il courait le cerf, le chevreuil, l'ours, le daim, le sanglier, le lièvre, la perdrix, le faisan, l'outarde[8]. Il jouait au ballon en le faisant sauter du pied ou de la main. Il luttait, courait, sautait, non avec trois pas d'élan, ni à cloche-pied, ni en saut d'Allemand[9] – car, disait Gymnaste, de tels sauts sont inutiles et ne servent à rien en guerre –, d'un bond il pouvait franchir un fossé, passer par-dessus une haie, monter en six pas le long d'une muraille et ainsi grimper jusqu'à une fenêtre à une lance au-dessus du sol.

Il nageait en eau profonde, sur le ventre, sur le dos, de côté, en nage complète ou avec les seuls battements de pieds ; brandissant

---

1. Cotte de maille.
2. Gant en cuir couvert de lame de fer faisant partie de l'armure.
3. Les écuyers italiens ont bonne réputation et tout particulièrement le maître de manège de Ferrare.
4. Sans selle.
5. Sorte de lance.
6. Épée longue et fine.
7. Protégé ou non par les différents boucliers cités ensuite.
8. Échassier que l'on chasse comme un gibier.
9. Ces trois sauts sont des acrobaties qui sont ici opposés aux gestes utiles à l'art militaire.

à la main un livre, il traversait la Loire à Montsoreau[10] sans le mouiller, en tenant son manteau entre les dents, comme le faisait Jules César[11]. Puis, en se rétablissant d'une seule main, il montait dans un bateau ; il en replongeait, tête la première, et longeait le fond, explorant les rochers et les trous de la fosse de Savigny[12]. Puis, revenu au bateau, il le faisait tourner, le pilotait, le menant vite ou lentement, au fil de l'eau ou à contre-courant, le retenant en plein chenal[13] ; il le gouvernait d'une main et de l'autre s'escrimait sur un grand aviron, il hissait la voile en montant au mât par les haubans[14], courait sur les vergues[15], surveillait la boussole, bordait les écoutes[16], tout en tenant bien ferme le gouvernail.

En sortant de l'eau, il escaladait tout droit la montagne et la dévalait aussi directement ; il grimpait aux arbres comme un chat, sautait de l'un à l'autre comme un écureuil, abattait les grosses branches comme un autre Milon de Crotone[17]. Muni de deux poignards acérés et de deux solides crampons, il montait au sommet d'une maison comme un rat et en descendait d'un bond si souplement qu'il ne se blessa jamais en tombant.

Il jetait le javelot, la poutre, la pierre, la javeline[18], l'épieu[19], la hallebarde[20] ; il tendait l'arc, bandait les plus puissantes arbalètes, visait de l'arquebuse[21], ajustait le canon, tirait à la butte[22], au papegai[23], de bas en haut, de haut en bas, par-devant, de côté, et même par-derrière comme les Parthes[24].

---

10. Il serait à Montsoreau (Maine-et-Loire) et traverserait la Loire alors qu'il fait ses études à Paris, erreur corrigée dans l'édition de 1542.

11. C'est ce que rapporte Plutarque, philosophe d'origine grecque du Ier s. ap. J.-C., dans sa *Vie de Jules César*.

12. Même incohérence que pour Montsoreau : Savigny est une petite ville de l'Ouest.

13. Partie la plus profonde du lit d'une rivière.

14. Câbles servant à étayer un mât.

15. Pièces de bois cylindrique sur lesquelles on tend les voiles.

16. Tirait sur la corde pour gonfler la voile.

17. Célèbre athlète grec du VIe s. av. J.-C.

18. Arme de jet plus légère que le javelot.

19. Long bâton terminé par un fer pointu.

20. Arme d'infanterie composée d'une longue hampe en bois munie au bout d'un fer ayant une pointe comme une lance, une partie plate comme une hache et une partie recourbée.

21. Arme qui permet d'envoyer un projectile par explosion.

22. Sur une cible fixe.

23. Sur une cible mouvante, en forme de perroquet.

24. Puissant peuple de la Perse antique, célèbre pour son habileté au tir à l'arc.

On attachait une corde au sommet d'une tour, pendant par terre : il y montait à la force des bras, puis en dégringolait si rapidement et avec tant de sûreté que vous ne feriez pas mieux dans un pré bien nivelé. On tendait une perche entre deux gros arbres : il s'y suspendait par les mains et s'y déplaçait si vite, sans que jamais ses pieds touchent terre, qu'on n'aurait pu le rattraper même en courant.

Et, pour s'exercer la cage thoracique et les poumons, il criait comme tous les diables. Je l'ai entendu une fois appeler Eudémon depuis la porte de Bessé jusqu'à la fontaine de Narsay : Stentor[1] n'eut jamais voix si puissante au siège de Troie.

Et, pour fortifier ses muscles, on lui avait confectionné deux grosses masses de plomb, pesant chacune huit mille sept cents quintaux, qu'il appelait haltères. Il en soulevait une de chaque main et les élevait au-dessus de sa tête, les tenant ainsi, sans bouger, trois quarts d'heure et plus, ce qui témoignait d'une force incomparable.

Il jouait aux barres avec les plus forts ; et, quand arrivait le choc, il restait debout si fermement qu'il se reconnaissait battu si seulement on le faisait bouger, comme faisait jadis Milon[2] ; à son exemple aussi il tenait à la main une grenade[3] qu'il donnait à celui qui pourrait la lui ôter.

Le temps ainsi passé, bien essuyé, lavé et vêtu d'habits frais, il s'en retournait doucement ; en passant par quelque prairie ou terrain herbeux, ils examinaient les arbres et les plantes, les comparant avec les descriptions des livres des anciens auteurs, comme Théophraste[4], Dioscoride[5], Marinus[6], Pline[7], Nicander[8], Macer[9] et Galien[10], et en emportaient de pleines brassées au logis ; un jeune page, nommé Rhizotome[11], en avait la charge, en même temps que

---

1. Crieur de l'armée grecque lors de la guerre de Troie, qui apparaît dans l'*Iliade*.

2. Célèbre athlète grec du VIe s. av. J.-C. mentionné plus haut.

3. Fruit.

4. Botaniste grec du IVe s. av. J.-C.

5. Médecin grec du Ie s. ap. J.-C. mentionné plus haut.

6. Géographe romain de la fin du Ie s. av. J.-C.

7. Pline l'Ancien (Ier s. ap. J.-C.), auteur de *L'Histoire naturelle*.

8. Grammairien et médecin grec du IIe s. av. J.-C., auteur d'un traité sur les plantes médicinales.

9. Poète latin du Ier s. av. J.-C qui écrit sur les plantes et les oiseaux.

10. Galien, médecin grec, est mentionné fréquemment par Rabelais. Comme pour les questions de diététique, Gargantua et ses professeurs s'en remettent aux savants de l'Antiquité.

11. Dont le nom en grec signifie « coupe-racine ».

des houes, pioches, serpettes, bêches, sécateurs et autres instruments pour l'arboriculture.

Arrivés au logis, tandis qu'on apprêtait le souper, ils récitaient quelques passages de ce qui avait été lu, et ils s'asseyaient à table.

Remarquez que si son dîner était sobre et frugal, car il ne mangeait que pour calmer les gargouillis de son estomac, le souper était copieux et abondant ; il en prenait autant que de besoin pour se sustenter et se nourrir, ce qui est le vrai régime prescrit par la bonne et sûre médecine, quoiqu'un tas de sots médecins, rompus à l'école des Arabes[12], conseillent le contraire.

Pendant le repas, on continuait la leçon du dîner autant qu'il semblait bon ; le reste du temps se passait en bons propos érudits et utiles.

Après les grâces, ils se consacraient à chanter en musique, à jouer d'instruments harmonieux, ou bien à ces petits tours qu'on fait avec les cartes, dés, ou gobelets et ils demeuraient là à faire bonne chère et à s'amuser parfois jusqu'à l'heure du coucher ; quelquefois ils allaient rendre visite aux assemblées d'érudits ou de gens ayant parcouru les pays étrangers.

En pleine nuit, avant de se retirer, ils allaient sur la terrasse de la maison voir l'allure du ciel, et ils observaient les comètes, s'il y en avait, les figures, situations, aspects, oppositions[13] et conjonctions[14] des astres.

Puis Gargantua récapitulait rapidement avec son précepteur, à la façon des Pythagoriciens[15], tout ce qu'il avait lu, vu, appris, fait et entendu au cours de la journée.

Alors ils priaient Dieu le créateur, L'adorant et proclamant leur foi en Lui, Le glorifiant de Son immense bonté, et, Lui rendant grâce pour le temps passé, se recommandaient à Sa divine bonté pour l'avenir.

Cela fait, ils entraient en repos.

---

12. Rabelais et les humanistes sont hostiles aux médecins arabes, dont les traductions des Grecs seraient très fautives.

13. Distance angulaire de 180 degrés entre deux astres.

14. Alignement de planètes par rapport à un point de la Terre.

15. Membres de l'école fondée par Pythagore (VIe s. av. J.-C.).

Comment Gargantua passait sa journée quand le temps était pluvieux

CHAPITRE XXIV (CHAPITRE XXII éd. 1534)

S'il arrivait que le temps fût pluvieux et instable, la période d'avant dîner se passait comme d'habitude, sinon qu'il faisait allumer un beau grand feu pour adoucir la température. Mais après dîner, au lieu des exercices ils restaient à la maison et étudiaient la peinture et la sculpture, ou remettaient en honneur l'ancien jeu d'osselets tel que l'a décrit Leonicus et comme y joue notre bon ami Lascaris[1]. En y jouant, ils rappelaient à leur mémoire les passages des auteurs anciens où il est fait mention ou bien construit quelque métaphore sur ce jeu. Ou bien ils allaient voir comment on étire les métaux ou comment on fond l'artillerie ; ou ils allaient voir les joailliers, orfèvres et tailleurs de pierreries, ou bien les alchimistes[2] et fondeurs de monnaie, ou les tapissiers, les tisserands, les fabricants de velours, les horlogers, miroitiers, imprimeurs, facteurs[3] d'orgues, teinturiers et autres artisans, et, distribuant largement le vin, étudiaient et observaient l'habileté et l'ingéniosité des métiers.

Ils allaient écouter les conférences publiques, les séances solennelles, les répétitions, les déclamations[4], les plaidoyers des avocats distingués et les sermons des prédicateurs évangéliques[5].

En passant dans les salles d'armes, Gargantua s'exerçait contre les maîtres à toutes les armes, et leur montrait par la pratique qu'il en connaissait autant, sinon plus qu'eux.

Et, au lieu d'herboriser, ils visitaient les boutiques des droguistes[6], herboristes et apothicaires[7], et étudiaient attentivement les

---

1. Leonicus a écrit sur le jeu, en 1530 ; Lascaris a été le professeur de grec de Budé et a aidé à la constitution de la Bibliothèque royale de Fontainebleau.
2. Qui cherchent à transformer le fer en or.
3. Fabricants.
4. Les répétitions et les déclamations sont des exercices rhétoriques très en vogue au XVIe siècle.
5. L'évangélique Gérard Roussel, protégé par la sœur du roi, Marguerite de Navarre, prêche au Louvre pendant le Carême de 1533.
6. Vendeurs d'ingrédients utilisés en pharmacie.
7. Pharmaciens.

fruits, racines, feuilles, semences, onguents[8] exotiques, et aussi la façon dont on les mélangeait.

Ils allaient voir aussi les bateleurs[9], jongleurs et charlatans, et ils étudiaient leurs gestes, leurs ruses, leurs contorsions et leur boniment[10], en particulier ceux de Chauny en Picardie[11], car ils sont par nature grands phraseurs et beaux débiteurs de balivernes.

De retour pour souper, ils mangeaient plus sobrement que les autres jours et des mets plus secs et maigres, afin que l'humidité de l'air, communiquée au corps par contiguïté nécessaire, fût ainsi corrigée, et qu'ils n'éprouvent aucune incommodité de ne pas s'être dépensés comme d'habitude.

C'est ainsi que fut élevé Gargantua ; il continua ainsi jour après jour, en profitant autant qu'on peut supposer que le peut un jeune homme bien doué et formé dans une telle discipline assidûment pratiquée ; apparemment difficile au début, elle se révéla par la suite si douce, légère et plaisante qu'on eût plutôt dit un divertissement de roi que l'apprentissage d'un étudiant.

Toutefois Ponocrates, pour le distraire de cette tension mentale, choisissait une fois par mois une journée bien claire et douce pour quitter la ville le matin et aller à Gentilly ou à Boulogne, Montrouge, Charenton, à Vanves ou à Saint-Cloud[12]. Et là ils passaient toute la journée à faire la meilleure chère qu'ils puissent imaginer, à rire, à s'amuser, à boire à qui mieux mieux, à jouer, chanter, danser, à se rouler dans quelque belle prairie, à dénicher les oiseaux, à prendre des cailles ou à pêcher grenouilles et écrevisses.

Mais, encore qu'une telle journée se passât sans livres ni lectures, elle ne se passait pas sans profit. Car, au milieu d'une belle prairie, ils récitaient par cœur quelques beaux vers des *Géorgiques* de Virgile[13], de Hésiode[14], du *Rustique* de Politien[15], ou composaient quelques

---

8. Pommades.

9. Amuseurs de foire.

10. Discours racoleur destiné à susciter l'intérêt du public.

11. Réputés à l'époque de Rabelais.

12. La campagne où se détend Gargantua a aujourd'hui laissé place à des villes de la banlieue parisienne.

13. Long poème du poète italien Virgile composé entre 37 et 30 av. J.-C. Deux livres sont consacrés à l'agriculture, deux autres à l'élevage.

14. Poète grec du VIIIe s. av. J.-C., auteur notamment d'un long poème intitulé *Les Travaux et les Jours* qui comprend une longue description des travaux des champs.

15. Poème en latin de Politien (1454-1494), humaniste italien, qui sert d'introduction aux poèmes de Virgile et d'Hésiode cités précédemment.

plaisantes épigrammes en latin qu'ils traduisaient en français[1] sous forme de rondeaux[2] et ballades[3].

En banquetant, ils séparaient l'eau du vin coupé, comme l'enseignent Caton, *De l'agriculture*, et Pline, avec un entonnoir de lierre ; ils diluaient le vin dans une bassine pleine d'eau, puis le retiraient avec un entonnoir, versaient l'eau d'un verre dans l'autre[4] ; et ils construisaient plusieurs petits automates, c'est-à-dire des engins qui se meuvent tout seuls.

La Devinière, lieu de naissance de Rabelais, et ses environs, 1699, BnF, Paris.

1. Depuis l'édit de Villers-Cotterets, les poètes se sont lancés dans l'illustration de la langue française et les humanistes prônent le bilinguisme.
2. Poème à forme fixe (voir p. 59).
3. Poèmes à forme fixe composés de strophes égales qui se terminent par un refrain et d'une strophe plus courte, l'envoi.
4. Expérience de séparation du vin et de l'eau, certifiée possible par la vertu du lierre, mais non vérifiée depuis Pline.

Comment se déclencha entre les fouaciers de Lerné et les gens du pays de Gargantua la grande dispute dont on fit de grosses guerres

CHAPITRE XXV (CHAPITRE XXIII éd. 1534)

En ce temps-là – c'était la saison des vendanges, au début de l'automne –, les bergers de la contrée étaient à garder les vignes pour empêcher que les étourneaux[5] ne mangent les raisins.

En même temps les fouaciers de Lerné passaient le grand carrefour, menant dix ou douze charges de fouaces[6] à la ville.

Les bergers leur demandèrent bien poliment de leur en vendre contre bon argent, au prix du marché. Car notez que c'est repas céleste de manger pour déjeuner des raisins avec de la fouace fraîche, surtout des pineaux, des fers, des muscats, de la bicane[7], et des foirards, recommandés pour les constipés ; car ils en chient long comme le bras et souvent, pensant péter, se conchient, ce pourquoi on les appelle les panseurs de vendanges.

Les fouaciers ne voulurent pas accéder à leur requête ; qui pis est, ils les insultèrent d'abondance, les traitant de vermine, brèchedents[8], plaisants rouquins[9], coquins, vauriens, bouseux, michetons[10], pique-assiette, traîneurs de sabre[11], minets mignons[12], singes, limaces, malotrus, nigauds, lourdauds, minables, bouffons prétentieux, crève-la-faim, bouviers[13] d'étrons, bergers de merde, et autres épithètes diffamatoires ; ils ajoutèrent qu'ils n'étaient pas dignes de manger de ces belles fouaces, et qu'ils devaient se contenter de gros pain de son et de tourte[14].

5. Oiseaux.
6. Pains briochés.
7. Différentes variétés de raisins blancs ou noirs qui entrent dans la fabrication du vin de Touraine.
8. Qui ont perdu leurs dents de devant.
9. Pendant longtemps, les roux étaient accusés de porter malheur.
10. Dupes, sots.
11. Fanfarons.
12. Femmelettes.
13. Qui s'occupent des bœufs.
14. Pain de campagne.

Le début de la guerre picrocholine

Entrée dans la troisième partie du roman : la « guerre picrocholine ». La géographie se restreint au pays chinonais, les noms de lieux authentiques dessinent un minuscule conflit, qu'il est de tradition de rattacher à un procès plaidé par le père de Rabelais contre un de ses voisins. Mais il est plus vraisemblable qu'il s'agit d'une satire de l'action de Charles Quint.

À ces insultes, l'un des bergers, nommé Frogier, un homme bien honnête et connu pour être bon garçon, répondit bien doucement :

« Depuis quand les cornes vous ont-elles poussé[1], que vous soyez devenus si arrogants ? Pourtant d'habitude vous nous en donniez volontiers, et maintenant vous refusez ? Ce n'est pas agir en bons voisins, et ce n'est pas comme cela que nous vous traitons quand vous venez acheter notre bon froment[2] dont vous faites vos gâteaux et vos fouaces. Et même nous vous aurions donné de nos raisins par-dessus le marché ; mais, par Dieu ! vous pourriez bien vous en repentir, et vous aurez bientôt affaire à nous. Nous vous rendrons la pareille, rappelez-vous ! »

Alors Marquet[3], grand bâtonnier[4] de la confrérie des fouaciers, lui dit :

« Vraiment te voilà bien dressé sur tes ergots[5] ce matin ; tu as mangé trop de mil[6] hier soir. Viens donc, viens donc, je vais te donner de ma fouace ! »

Frogier s'approcha en toute bonne foi, en tirant quelques sous de sa bourse, croyant que Marquet devait lui déballer de ses fouaces ; mais celui-ci lui donna si violemment de son fouet dans les jambes que les nœuds y restèrent marqués. Puis il voulut s'enfuir ; mais Frogier se mit à crier au meurtre et à la force[7] aussi fort qu'il put ; en même temps il lui jeta un gros bâton qu'il portait sous le bras, qui l'atteignit à la jointure de l'os frontal, en plein sur l'artère temporale, du côté droit, de sorte que Marquet tomba de son cheval, et qu'on l'eût dit plus mort que vif.

Cependant les métayers des environs, qui étaient à gauler[8] les noix, accoururent avec leurs grandes perches et battirent les fouaciers comme du seigle vert. Les autres bergers et bergères, en entendant le cri de Frogier, arrivèrent avec leurs frondes et leurs lance-pierres, et les poursuivirent à grands coups de cailloux qui tombaient si dru qu'on eût dit de la grêle. Finalement ils les rattrapèrent et leur prirent environ quatre ou cinq douzaines de leurs fouaces toutefois

---

1. Depuis quand êtes-vous aussi agressifs ?

2. Blé tendre utilisé pour faire de la farine.

3. Il aurait véritablement existé.

4. Celui qui porte la bannière d'une confrérie religieuse. Mais ici le bâton est plus offensif que religieux.

5. Te voilà bien agressif.

6. Millet, céréale.

7. À l'aide.

8. Les faire tomber de l'arbre pour les récolter.

ils les payèrent au prix habituel et leur donnèrent un cent[9] de noix et trois panerées[10] de bons raisins blancs. Là-dessus, les fouaciers aidèrent à remettre en selle Marquet, qui était vilainement blessé, et s'en retournèrent à Lerné sans poursuivre sur le chemin de Parillé, menaçant haut et fort les bouviers, les bergers et les métayers[11] de Seuillé et de Cinais.

Sur ce, bergers et bergères firent bonne chère avec ces fouaces et ces beaux raisins, et se divertirent au son du biniou[12], en se moquant de ces prétentieux de fouaciers, qui étaient tombés sur un os faute de s'être signés de la bonne main le matin. Et avec de gros raisins chenins ils lavèrent les jambes de Frogier si délicatement qu'il fut bientôt guéri.

Comment les habitants de Lerné, sur l'ordre de leur roi Picrochole assaillirent à l'improviste les bergers de Gargantua

CHAPITRE XXVI (CHAPITRE XXV éd. 1534)

De retour à Lerné, les fouaciers, avant même de boire et de manger, se rendirent aussitôt au Capitole[13] et là, devant leur roi nommé Picrochole, troisième du nom, ils exposèrent leurs doléances[14], montrant leurs paniers brisés, leurs habits déchirés, leurs fouaces pillées, et surtout Marquet blessé grièvement, en disant

9. Un quintal, soit 100 kg.

10. Contenu d'un panier.

11. Cultivateurs.

12. Instrument à vent.

13. À Toulouse, le *capitoli* est le lieu ou siègent les Capitouls, assemblée municipale. Rabelais fait aussi allusion au Capitole de Rome, où montent les triomphateurs, ce qui est une façon d'annoncer l'ambition sans limite de Picrochole.

14. Plaintes.

Picrochole, prince peu recommandable

Le nom de Picrochole désigne la « bile amère » (du grec *picros*, dur, cruel et *kolé*, la bile). Coléreux et irréfléchi, il a tous les défauts des tyrans dénoncés par les humanistes (voir *Le Prince* de Machiavel) : emporté par ses passions, conquérant et brutal, dévoyé par des conseillers flatteurs qu'il paie d'avance.

que tout cela avait été fait par les bergers et métayers de Grandgousier, auprès du grand carrefour par-delà Seuillé.

Picrochole aussitôt entra en un furieux courroux, et sans plus[1] s'enquérir du quoi ni du comment, fit proclamer par tout son pays le ban et l'arrière-ban[2] ; tout le monde, sous peine de la potence, devait se réunir en armes sur la grande place devant le château à l'heure de midi.

Pour parfaire son entreprise, il fit battre tambour tout autour de la ville. Lui-même, pendant qu'on préparait son dîner, alla faire mettre son artillerie sur affût[3], déployer son enseigne et son oriflamme[4], et charger force munitions tant pour la bataille que pour la gueule[5]. En dînant il distribua les commandements. Par décret, le seigneur Grippeminaud[6] fut placé à la tête de l'avant-garde, qui comptait seize mille arquebusiers[7] et vingt-cinq mille chevau-légers[8]. L'artillerie fut confiée au Grand Écuyer Toucquedillon[9] ; on y comptait neuf cent quatorze grosses pièces de bronze, canons, doubles canons, basilics, serpentines, couleuvrines, bombardes, fauconneaux, passe-volants, spiroles et autres pièces[10]. L'arrière-garde fut donnée au duc de Raquedenier[11].

L'oganisation de la bataille

L'armée est organisée en trois corps, et les commandements sont distribués aux chefs : avant-garde mobile souvent de mercenaires, artillerie diversifiée, arrière-garde défensive. Les chevaliers sont lourdement armés.

1. Le texte original dit « sans plus outre » qui fait allusion à la devise de Charles Quint, « plus outre ».

2. Ces « proclamations » permettent le processus de mobilisation : en l'absence d'armée nationale, celle-ci est constituée de l'addition des troupes des seigneurs locaux, convoquées en ban (armée) et arrière-ban, derrière les « bannières » de chaque seigneur. Les mercenaires (soldats payés) sont les seules troupes entraînées quasi permanentes.

3. Support pour les pièces d'artillerie, qui aide à mieux viser.

4. Il y a deux bannières royales : celle personnelle du roi et celle du royaume. L'oriflamme, qu'on ne sort qu'en signe de guerre, est en France conservée à l'abbaye de Saint-Denis.

5. Les munitions pour la gueule sont les vivres.

6. Le Voleur.

7. Soldats qui portent des arquebuses, des armes à feu.

8. Soldats appartenant à la cavalerie légère, souvent employés comme éclaireurs.

9. Le Fanfaron.

10. L'artillerie est l'une des nouveautés les plus célébrées et les plus critiquées de cette époque. Généralement les humanistes opposent son invention à celle, contemporaine, de l'imprimerie civilisatrice : à la fin du roman, la seule sanction que Gargantua inflige aux vaincus est de travailler dans une imprimerie (voir p. 179).

11. Encore un nom de voleur.

Le corps de bataille était mené par le roi et les princes de son royaume.

S'étant sommairement équipés, avant de se mettre en route, ils envoyèrent trois cents chevau-légers sous la conduite du capitaine Engoulevent[12], pour repérer les lieux et voir s'il n'y avait pas quelque embuscade dans la région. Mais, après une recherche minutieuse, ils virent que le pays alentour était paisible et tranquille, sans le moindre rassemblement.

En l'apprenant, Picrochole ordonna que chacun se mît en marche en hâte sous son enseigne.

Alors, sans ordre ni mesure, ils battirent la campagne pêle-mêle, ruinant et pillant partout où ils passaient, n'épargnant pauvre ni riche, lieu sacré ni profane ; ils emportaient bœufs, vaches, taureaux, veaux, génisses, brebis, moutons, chèvres et boucs, poules, chapons[13], poulets, oisons, jars, oies, porcs, truies, gorets[14] ; ils gaulaient[15] les noix, grappillaient les vignes, emportaient les ceps, abattaient tous les fruits des arbres. C'était un désordre comme on n'en avait jamais vu. Et ils ne trouvèrent personne qui leur résistât ; tous se livraient à leur merci, les suppliant d'être traités plus humainement, eu égard au fait qu'ils avaient été de tout temps de bons et aimables voisins, et qu'ils n'avaient jamais commis envers eux d'excès ou de dommage pour mériter d'être ainsi soudainement molestés[16] ; et Dieu les en punirait bientôt. À toutes ces remontrances, ils ne répondaient rien sauf qu'ils voulaient leur apprendre à manger de la fouace.

---

12. Qui avale le vent.

13. Jeunes coqs castrés.

14. Jeunes cochons.

15. Ramassaient à l'aide d'une gaule, un baton.

16. Brutalisés.

Comment un moine de Seuillé[1] sauva l'enclos de l'abbaye du saccage des ennemis

CHAPITRE XXVII (CHAPITRE XXV éd. 1534)

À force de courir partout en pillant et volant, ils arrivèrent à Seuillé, où ils détroussèrent hommes et femmes et prirent tout ce qu'ils purent : rien ne leur était trop chaud ou trop pesant. Bien que la peste ravageât presque toutes les maisons, ils entraient partout, volaient tout ce qu'il y avait ; pourtant jamais aucun n'en fut atteint. Ce qui est un cas bien étonnant : car les curés, vicaires, prêcheurs, médecins, chirurgiens et apothicaires[2] qui allaient visiter, panser, guérir, prêcher et confesser les malades étaient tous morts de l'infection, et ces diables pillards et meurtriers n'en souffrirent aucun mal. D'où vient cela, Messieurs[3] ? Pensez-y, je vous prie.

Le bourg ainsi pillé, ils se rendirent à l'abbaye dans un épouvantable désordre, mais ils la trouvèrent bien protégée et fermée ; aussi l'armée principale poursuivit vers le gué de Vède, laissant là sept enseignes[4] de fantassins[5] et deux cents lances[6], qui se mirent à démolir les murailles de l'enclos pour ravager les vignes.

Les pauvres diables de Moines ne savaient à quel saint se vouer. À tout hasard ils firent sonner le rappel Des Moines au chapitre[7]. Là on décréta de faire une belle procession, renforcée de beaux sermons et de litanies *contre les assauts des ennemis*, et de beaux répons *pour la paix*[8].

Dans l'abbaye il y avait alors un Moine cloîtré, nommé Frère Jean des Entommeures[9], jeune, vigoureux, gaillard, joyeux, bien adroit,

Les Moines, de « pauvres diables » !

L'expression s'applique avec humour aux Moines : un humour grinçant qui condamne fermement leurs vaines pratiques et leurs superstitions.

1. Village près de la Devinière, où naquit sans doute Rabelais.
2. Trois sortes de médecins des âmes (« curés, vicaires, prêcheurs ») et trois sortes de médecins des corps (« médecins, chirurgiens et apothicaires »).
3. La peste et la guerre sont œuvres du diable : les méchants sont donc immunisés.
4. Corps d'infanterie.
5. Soldats d'infanterie, qui combattent à pied.
6. Cavaliers armés d'une lance.
7. Assemblée de moines.
8. Chants religieux dans lesquels alternent un soliste et le chœur.
9. Le nom des Entommeures (des Entameures) signifie « qui fait du hachis de ses ennemis ».

hardi, entreprenant, décidé, grand, maigre, fort en gueule, le nez avantageux, beau débiteur de prières, bel expédieur[10] de messes ; pour tout dire un vrai Moine s'il en fut jamais depuis que le monde moina.

En entendant le vacarme que faisaient les ennemis dans l'enclos des vignes, il sortit pour voir ce qu'ils faisaient. En constatant qu'ils vendangeaient l'enclos dont dépendait leur boisson de toute l'année, il s'en retourne dans le chœur où étaient réunis les autres Moines, tout ahuris comme fondeurs de cloches ; en les voyant chanter *Im, im, im, pe, e, e, e, e, e, tum, um, in, i, ni, mi, co, o, o, o, o, o, rum, um*[11] : « C'est, dit-il, bien chié chanté ! Vertudieu, que ne chantez-vous : Adieu paniers, vendanges sont faites[12] ?

« Je me donne au diable s'ils ne sont dans notre enclos à si bien couper ceps[13] et raisins qu'il n'y restera, cordieu ! rien à grappiller de quatre ans. Ventre saint Jacques ! que boirons-nous alors, nous autres pauvres diables ? Seigneur Dieu, *donne-moi à boire*[14] ! »

Alors le prieur dit :

« Que fait ici cet ivrogne ? Qu'on me le mène en prison. Troubler ainsi le service divin !

– Mais, dit le Moine, le service du vin, faisons en sorte qu'il ne soit pas troublé ; car vous-même, Monsieur le Prieur, vous aimez en boire, et du meilleur, ce que fait tout homme de bien. Jamais honnête homme ne déteste bon vin. Mais ces répons que vous chantez ici ne sont, par Dieu ! pas de saison[15].

10. Qui se débarrasse rapidement, avec une certaine désinvolture.

11. Les moines psalmodient *Impetum inimicorum ne timueritis* (« Ne craignez pas l'assaut des ennemis »). Cette diction peut indiquer soit que les moines marmonnent leurs prières, soit qu'ils tremblent, contrairement à ce qu'ils affirment.

12. Refrain d'une chanson populaire.

13. Pieds de vigne.

14. Les vignes dans l'abbaye n'ont rien de scandaleux en soi : elles sont à l'origine destinées à faire du vin de messe, sang du Christ. La formule employée par Rabelais (« *Da mihi potum* ») était celle des moines copieurs qui réclamaient à boire quand ils avaient fini de calligraphier un ouvrage.

15. Ce n'est pas le moment de chanter.

Frère Jean, un personnage haut en couleur

Frère Jean est certes un moine assez semblable aux autres, mais il s'en distingue aussi. Il est rieur et paillard – la taille de son nez rappelle sa vigueur sexuelle –, il expédie rapidement rites et messes, et l'accumulation d'adjectifs laudatifs souligne son énergie. À peine apparaît-il, qu'il met son courage et sa force au service du bien, combattant les ennemis de Grandgousier et de Gargantua.

« Pourquoi nos prières, au temps de la moisson ou des vendanges, sont-elles si courtes, et si longues pendant l'avent[1] et durant tout l'hiver ? Feu Frère Macé Pelosse, de pieuse mémoire, vrai zélateur[2] (ou je me donne au diable) de notre religion, me dit un jour – je m'en souviens – que c'était pour qu'en cette saison nous puissions bien récolter et faire le vin, et qu'en hiver nous le buvions.

« Écoutez, vous autres, Messires : qui aime le vin, corps de Dieu, me suive ! Car, j'ose le dire, que le feu saint Antoine[3] me brûle s'ils touchent un godet, ceux qui n'auront pas secouru la vigne ! Ventredieu, les biens de l'Église ! Ha, non, non ! Diable ! Saint Thomas d'Angleterre accepta de mourir pour eux[4] : si j'y mourais, ne serais-je pas saint moi aussi ? Mais je n'y mourrai pas, car c'est moi qui vais tuer les autres. » Sur ces paroles, il ôta sa grande robe et se saisit du bâton de la croix, qui était en cœur de sorbier, long comme une lance, tenant bien en main et parsemé de fleurs de lys[5], presque toutes effacées.

Et il sortit ainsi, vêtu de sa casaque[6], le froc[7] accroché à sa ceinture. Et du bâton de la croix il donna si brusquement sur les ennemis, qui, sans ordre, ni enseigne, ni tambour ni trompette[8], grappillaient dans l'enclos – car les porte-drapeau et les porte-enseigne avaient posé leurs drapeaux et leurs enseignes le long des murs, les tambourineurs avaient défoncé leurs tambours pour les emplir de raisin, les trompettes étaient chargés de ceps, chacun de son côté –, il les chargea donc si rudement, sans crier gare, qu'il les renversait comme des porcs, frappant à tort et à travers, selon l'ancienne escrime[9].

Aux uns il écrabouillait la cervelle, aux autres il rompait bras et jambes, à d'autres il démettait les vertèbres du cou, à d'autres il disloquait les reins, ravalait le nez, pochait les yeux, fendait les mâchoires,

1. Période qui précède Noël.
2. Défenseur.
3. Saint Antoine est souvent représenté entouré de flammes, et le « feu saint Antoine » désigne aussi une démangeaison (voir Chap XIII, p. 57).
4. Thomas Becket (1118-1170), évêque de Canterbury, exécuté par le roi Henri II d'Angleterre pour s'être opposé à la mainmise du roi sur l'Église et ses biens. D'ordinaire cependant, les biens de l'Église désignent plutôt ses richesses terriennes et foncières que ses clos de vignes.
5. Frère Jean défend donc Dieu et le roi.
6. Sorte de manteau.
7. Vêtement des moines qui comporte un capuchon et qui couvre les épaules.
8. Soldats chargés d'exécuter les sonneries.
9. Escrime française (par opposition à l'escrime italienne).

renfonçait les dents dans la gueule, défonçait les omoplates, brisait les jambes, déboîtait les hanches, émiettait les tibias[10].

Si quelqu'un voulait se cacher au plus épais des ceps, il lui froissait toute l'épine dorsale et l'éreintait[11] comme un chien.

Si un autre voulait se sauver en fuyant, il lui réduisait la tête en miettes à travers la suture lambdoïde[12].

Si quelque autre grimpait dans un arbre, pensant y être en sûreté, de son bâton il l'empalait par le fondement.

Si quelqu'un de ses connaissances lui criait : « Ha, Frère Jean, mon ami, Frère Jean, je me rends !

– Tu y es, disait-il, bien forcé. Mais tu vas aussi rendre ton âme à tous les diables ! » Et d'un coup il l'étendait.

Et s'il y en avait d'assez téméraires pour lui résister en face, il démontrait là la force de ses muscles. Il leur transperçait la poitrine par le thorax et le cœur. À d'autres, en les frappant au bas des côtes, il retournait l'estomac, ce dont ils mouraient aussitôt. D'autres, il les frappait si férocement au nombril qu'il leur faisait sortir les tripes. À d'autres, à travers les couilles il perçait le boyau culier. Croyez bien que c'était le plus horrible spectacle qu'on ait jamais vu.

Les uns criaient : Sainte Barbe !

d'autres : Saint Georges !

d'autres : Sainte Nitouche !

d'autres : Notre-Dame de Cunault ! de Lorette ! de Bonnes Nouvelles ! de la Lenou ! de Rivière !

Les uns se vouaient à saint Jacques[13] ;

d'autres au saint Suaire de Chambéry[14] – mais il brûla trois mois plus tard, si bien qu'on n'en put sauver un seul brin ;

d'autres à Cadouin ;

d'autres à saint Jean d'Angély ;

---

10. Exemplaires de vocabulaire médical restituant les sources grecques du lexique anatomique, et qui témoignent des savoirs spécialisés de Rabelais.

11. Lui rompait les reins.

12. Jointure entre l'os pariétal et les os occipitaux.

13. Liste de saints divers dont certains sont inventés afin de montrer la confusion entre religion et superstition des soldats de Picrochole.

14. Le suaire de Chambéry, qu'il croit disparu dans l'incendie de 1532, a été en fait transporté à Turin. Cadouin s'enorgueillit aussi d'un suaire.

les autres à saint Eutrope de Saintes, à saint Mesme de Chinon, à Saint Martin de Candes, à saint Cloud de Cinay, aux reliques de Javarsay, et mille autres bons petits saints.

Les uns mouraient sans confession, les autres criaient à pleine voix : « Confession ! Confession ! *J'avoue mes péchés ! Miséricorde ! Je me remets en tes mains, Seigneur !* »

Si forts étaient les cris des blessés que le prieur de l'abbaye sortit avec tous ses Moines ; lorsqu'ils aperçurent tous ces pauvres gens renversés au milieu de la vigne et blessés à mort, ils en confessèrent quelques-uns.

Mais pendant que les prêtres s'amusaient à confesser, les petits moinillons coururent là où était Frère Jean et lui demandèrent en quoi il voulait qu'on l'aide. Il répondit d'égorger ceux qui étaient restés par terre. Aussi, laissant leur grande cape sur une treille à proximité, ils commencèrent à égorger et à achever ceux qu'il avait déjà blessés. Savez-vous comment ? Avec de beaux canifs, c'est-à-dire des petits couteaux dont les petits enfants de notre pays décortiquent les noix.

Puis, muni de son bâton de croix, il gagna la brèche qu'avaient faite les ennemis. Quelques moinillons emportèrent les enseignes et drapeaux dans leur chambre pour en faire des jarretières[1]. Mais quand ceux qui s'étaient confessés voulurent sortir par cette brèche, le Moine les assommait de coups en disant :

« Ceux-ci sont confessés et repentants, ils ont gagné leur pardon : ils s'en vont au Paradis, aussi droit qu'une faucille et que le chemin de Faye[2]. »

Ainsi, par ses exploits, furent déconfits tous ceux de l'armée qui étaient entrés dans l'enclos, au nombre de treize mille six cent vingt-deux.

Jamais l'ermite Maugis, avec son bourdon, ne se porta si vaillamment contre les Sarrasins, dont on raconte l'histoire dans la chanson des quatre fils Aymon, que le Moine face aux ennemis avec le bâton de la croix.

1. Cordons destinés à maintenir les bas (des hommes comme des femmes).

2. Jeu de mots sur le nom Faye, village du Chinonais, qui se prononce *Fé*, comme foi. Le chemin de la foi qui mène au paradis risque d'être tortueux comme une faucille et non pas droit comme l'espèrent les repentis.

Parodie des romans médiévaux

Maugis est le cousin des quatre fils du comte Aymon, dans l'un des livrets de colportage, ces récits véhiculés par la tradition oale. Il extermine les hérétiques comme Frère Jean élimine les soldats de Picrochole. Dans les deux cas, Dieu est avec les héros, et les mauvais assaillants sont du côté du diable.

Comment Picrochole prit d'assaut la Roche-Clermault et le regret et la peine qu'éprouva Grandgousier à entreprendre la guerre

CHAPITRE XXVIII (CHAPITRE XXVI éd. 1534)

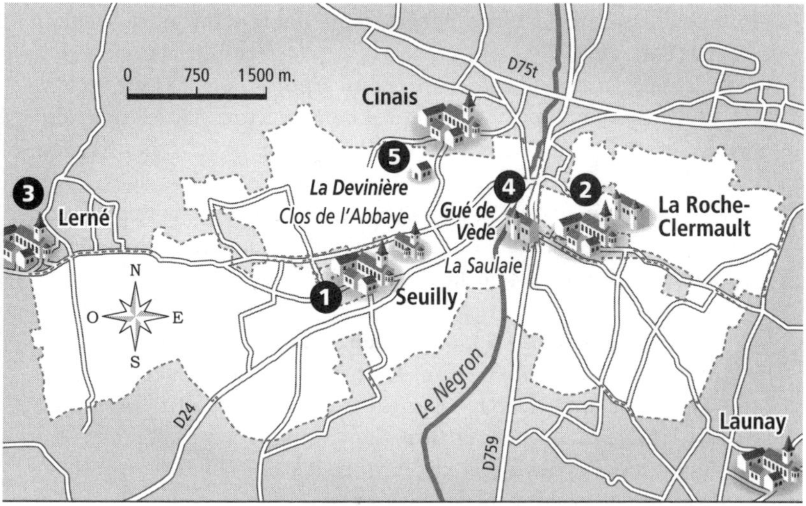

Les guerres picrocholines

1. **Seuilly** : Frère Jean des Entommeures vient de l'abbaye de Seuillé dont le nom rappelle Seuilly.
2. **La Roche-Clermault** : Picrochole se retranche dans le château de La Roche-Clermault. Gargantua le lui reprend avec l'aide de Frère Jean.
3. **Lerné** : fief de Picrochole, où vivent les fouaciers.
4. **Le Gué de Vède** : théâtre de combats, détruit par Gargantua.
5. **La Devinère** : lieu de naissance de Rabelais.

Pendant que le Moine s'escrimait, comme nous l'avons dit, contre ceux qui avaient pénétré dans l'enclos, Picrochole passa en grande hâte le gué de Vède avec ses gens, et assaillit La Roche-Clermault, où il ne rencontra aucune forme de résistance ; comme il était déjà nuit, il décida de faire halte avec ses gens dans la ville, et de s'y remettre de la colère qui l'aiguillonnait.

Au matin, il prit d'assaut les courtines[1] et le château ; il le fortifia solidement et le remplit des provisions nécessaires, dans l'idée de s'y retrancher s'il était par ailleurs assailli. Car l'endroit était bien défendu, tant par l'art des ingénieurs que par la nature de sa position et de son site.

Mais laissons-les là et revenons à notre bon Gargantua, qui est à Paris, appliqué à l'étude des bonnes lettres et des exercices physiques ; et au vieux bonhomme Grandgousier son père, qui après souper se chauffe les couilles à un grand beau feu bien clair, et, en écoutant griller des châtaignes, écrit sur le foyer avec un de ces bâtons brûlés à un bout dont on tisonne[2] le feu, tout en contant à sa femme et à ses gens de belles histoires du temps jadis.

Un des bergers qui gardaient les vignes, nommé Pillot, se rendit ce soir-là près de lui ; il lui raconta par le menu les excès et pillages que commettait Picrochole, roi de Lerné, dans ses terres et domaines, et la façon dont il avait pillé, ruiné et saccagé tout le pays, sauf l'enclos de Seuillé que Frère Jean des Entommeures avait préservé, à son honneur ; pour l'heure ledit roi était à La Roche-Clermault, où il se fortifiait activement, lui et ses gens.

« Hélas ! hélas ! dit Grandgousier, qu'est-ce donc, bonnes gens ? Est-ce que je rêve ou ce qu'on me dit est-il vrai ? Picrochole, mon ami, à qui je suis lié depuis toujours par le sang et la parenté, me vient-il donc assaillir ? Qu'est-ce qui le pousse ? Qu'est-ce qui le presse ? Qu'est-ce qui le conduit ? Qui l'a ainsi conseillé ? Ho ! ho ! ho ! ho ! ho ! Mon Dieu, mon Sauveur, aide-moi, inspire-moi, conseille-moi sur ce qu'il faut faire ! J'affirme, je jure devant Toi – puisses-Tu m'être favorable ! – que jamais je ne lui ai causé de désagrément, ni de dommages à ses gens, ni n'ai pillé ses terres ; au contraire je l'ai secouru de mes gens, de mon argent, de mon

1. Remparts.

2. Remue les bûches dans le foyer.

influence et de mes conseils, chaque fois que j'ai pu y voir son bien. Qu'il m'ait donc offensé à ce point ne peut être que le fait de l'esprit malin[3]. Mon Dieu, Tu connais mon cœur, car à Toi on ne peut rien cacher. Si par hasard il était devenu fou et que Tu me l'aies envoyé pour lui remettre le cerveau d'aplomb, donne-moi le pouvoir et la sagesse de le ramener au joug de Ta sainte volonté en lui imposant une discipline salutaire.

« Ho ! ho ! ho ! Mes bonnes gens, mes amis et fidèles serviteurs, faudra-t-il que je vous importune pour m'y aider ? Hélas ! Mon grand âge ne demandait désormais que repos, et toute ma vie je n'ai recherché que la paix. Mais il faut, je le vois bien, charger de l'armure mes pauvres épaules lasses et faibles, et prendre dans ma main tremblante la lance et la masse d'armes pour secourir et protéger mes pauvres sujets. La raison le veut, car c'est par leur travail que je suis entretenu et par leur sueur que je suis nourri, moi, mes enfants et ma famille[4].

« Cependant, je n'entreprendrai point la guerre sans avoir exploré toutes les voies et moyens de la paix ; c'est à cela que je me résous. »

Il fit donc convoquer son conseil et lui exposa comment l'affaire se présentait ; on conclut qu'on enverrait un homme avisé[5] auprès de Picrochole pour savoir pourquoi il avait aussi brusquement perdu son calme et envahi des terres auxquelles il n'avait aucun droit. Et surtout qu'on enverrait chercher Gargantua et ses gens, afin de protéger et défendre le pays en cette nécessité. Tout cela convint à Grandgousier, qui ordonna qu'on fît ainsi.

Aussi, il envoya sur l'heure le Basque, son laquais, chercher en toute hâte Gargantua, et lui écrivit ce qui suit.

---

3. Diabolique.

4. *Famille* désigne comme en latin l'ensemble des enfants, parents et serviteurs, voire des clients. Rabelais souligne le pacte féodal qui lie les suzerains au peuple, et l'importance du peuple.

5. Prudent et perspicace.

Explication de texte 6

Chapitre XXVIII, de « Hélas ! Hélas ! » à « c'est à cela que je me résous. »
➔ p. 116 à 117, l. 26 à 54

Comment Rabelais dépeint-il le souverain idéal ?

SITUER

1 Quelles sont les causes du conflit qui oppose Picrochole à Grandgousier ?

EXPLIQUER

Premier mouvement ➔ **« Hélas ! Hélas ! » à « Qui l'a ainsi conseillé ? »**

2 Quelle est la modalité de phrase dominante ? Qu'indique-t-elle ?

3 Pourquoi l'agression de Picrochole surprend-elle tant Grandgousier ?

Deuxième mouvement ➔ **« Ho ! Ho ! Ho ! » à « une discipline salutaire. »**

4 À qui Grandgousier s'adresse-t-il désormais ?

5 Quel est le rythme dominant dans ce passage ? Qu'évoque-t-il ?

6 Comment Grandgousier interprète-t-il les actions de Picrochole (l. 38 à 42) ?

Troisième mouvement ➔ **« Ho ! Ho ! Ho ! » à « je me résous. »**

7 Quelles relations le souverain entretient-il avec son peuple ?

8 Quelle image Grandgousier donne-t-il de lui ?

CONCLUSION

9 Comment Grandgousier envisage-t-il la guerre ?

ÉTUDE DE LA LANGUE

Analysez les interrogatives : « Est-ce que je rêve ou ce qu'on me dit est-il vrai ? »

ENQUÊTEZ

Cherchez et commentez des portraits de François Ier.

CARNET DE LECTEUR

Lisez le chapitre XXVI. Comparez l'attitude de Picrochole à celle de Grandgousier.

Chapitre XXVIII, de « Holos ! holos ! (dist Grandgousier) » à « là je me resolus. »

Texte original

« Holos ! holos ! (dist Grandgousier), qu'est cecy, bonnes gens ? Songe je, ou si vray est ce qu'on me dict ? Picrochole, mon amy ancien de tout temps, de toute race et alliance, me vient il assaillir ? Qui le meut ? Qui le poinct ? Qui le conduict ? Qui l'a ainsi conseillé ? Ho ! ho ! ho ! ho ! ho ! Mon Dieu, mon Saulveur, ayde moy, inspire moy, conseille moy a ce qu'est de faire ! Je proteste, je jure davant toy, – ainsy me soys tu favorable ! – sy jamays a luy desplaisir, ne a ses gens dommage, ne en ses terres je feys pillerie ; mais, bien au contrayre, je l'ay secouru de gens, d'argent, de faveur et de conseil, en tous cas que ay peu congnoistre son adventaige. Qu'il me ayt doncques en ce poinct oultrage, ce ne peut estre que par l'esprit maling. Bon Dieu, tu cognoys mon couraige, car à toy rien ne peut estre cele. Si par cas il estoyt devenu furieux et que, pour luy rehabilliter son cerveau, tu me l'eusse ycy envoyé, donne moy et povoir et scavoir le rendre au jouc de ton sainct vouloir par bonne discipline.

« Ho ! ho ! ho ! Mes bonnes gens, mes amys et mes feaulx serviteurs, fauldra il que je vous empesche à me y ayder ? La ! ma viellesse ne requeroyt dorenavant que repous, et toute ma vye n'ay rien tant procure que paix. Mais il fault, je le voy bien, que maintenant de harnoys je charge mes pauvres espaules lasses et foibles, et en ma main tremblante je preigne la lance et la masse pour secourir et guarantir mes pauvres subjectz. La raison le veult ainsi, car de leur labeur je suys entretenu et de leur sueur je suys nourry, moy, mes enfans et ma famille.

« Ce non obstant, je n'entreprandray poinct guerre que je n'aye essaye tous les ars et moyens de paix : là je me resolus. »

La teneur de la lettre que Grandgousier écrivit à Gargantua

CHAPITRE XXIX (CHAPITRE XXVII éd. 1534)

« La ferveur de tes études aurait voulu que je ne t'arrache pas de sitôt a ta quiétude philosophique, si la confiance mise en nos amis et anciens alliés n'avait aujourd'hui trompe la sécurité de ma vieillesse. Mais puisque telle est la fatale destinée que je sois inquiété par ceux-là même sur lesquels je me reposais le plus, force m'est[1] de t'appeler au secours des gens et biens qui te sont confiés par droit naturel.

« Car, de même que les armes brandies sont sans effet s'il n'y a pas saine réflexion a l'intérieur, ainsi sont vaine la recherche et inutile la réflexion qui ne sont pas suivies en temps utile d'une exécution résolue et conduite à bien.

« Mon intention n'est pas de provoquer, mais d'apaiser ; pas d'assaillir, mais de défendre ; pas de conquérir, mais de préserver mes fidèles sujets et mes terres patrimoniales[2], que Picrochole a envahies sans cause ni raison et ou, jour après jour, il poursuit sa folle entreprise au milieu d'excès qu'aucune personne bien née ne peut tolérer.

« J'ai tout fait pour modérer sa colère tyrannique en lui offrant tout ce que je pensais pouvoir le satisfaire, et je lui ai à plusieurs reprises courtoisement fait demander en quoi, par qui et comment il s'estimait outrage ; mais je n'ai eu d'autre réponse que provocation et prétention au droit de disposer de mes terres. J'en ai conclu que Dieu éternel l'a abandonné à son libre arbitre et a son propre jugement, qui ne peut être que méchant s'il n'est pas continuellement guide par la grâce divine ; et que c'est Lui qui, pour le ramener au sentiment du devoir et a résipiscence[3], me l'a envoyé ici sous de funestes auspices[4].

1. Je suis obligé.
2. Il s'agit donc d'une guerre défensive.
3. Prise de conscience de sa faute.
4. Ces auspices sont des présages, mauvais ici (funestes). Grandgousier analyse la conduite humaine en termes évangéliques : le libre arbitre humain a besoin de la grâce. C'est une thèse défendue notamment par Érasme, entre les positions luthériennes (la grâce fait tout) et la croyance en une liberté éclairée.

Sagesse de Grandgousier

La foi de Garandgousier s'exprime avec beaucoup de vigueur au chapitre XXVIII. Ici, c'est sa modération qui frappe. D'un point de vue politique, il cherche la concorde. D'un point de vue religieux, il voit dans l'agression de son ennemi à la fois l'intervention de la grâce divine et l'exercice de sa liberté.

« Aussi, mon fils bien aime, aussitôt que tu pourras, à la lecture de cette lettre, reviens en hâte nous secourir, non pas tant moi (ce que tu dois pourtant par piété filiale) que les tiens, que par devoir tu peux sauver et préserver[5]. L'affaire se fera avec le moins d'effusion de sang possible ; et, si l'on peut, par des moyens plus expédients[6], pièges et ruses de guerre, nous sauverons tout le monde et les renverrons joyeux chez eux.

« Mon très cher fils, que la paix de Christ, notre rédempteur, soit avec toi.

« Salue pour moi Ponocrates, Gymnaste et Eudémon.

« Ce vingt septembre,

« Ton père,

Grandgousier. »

Comment Ulrich Gallet fut envoyé auprès de Picrochole

CHAPITRE XXX (CHAPITRE XXVIII éd. 1534)

La lettre dictée et signée, Grandgousier ordonna qu'Ulrich Gallet[7], maître des requêtes, homme sage et avise, dont il avait reconnu les qualités et le bon conseil en plusieurs affaires litigieuses, se rendit auprès de Picrochole pour lui exposer ce qui avait été décidé.

Le bonhomme Gallet partit sur l'heure et, le gué passe, demanda au meunier quelle était la situation de Picrochole ; il lui répondit que les gens d'armes ne lui avaient laissé ni coq ni poule, qu'ils s'étaient enfermés à La Roche-Clermault, et qu'il ne lui conseillait

5. La situation de Gargantua est définie en termes de nature (devoir filial) et en termes de fonction sociale (il doit défendre ses « affiés »).

6. Ingénieux.

7. Un des avocats de Chinon s'appelle alors Gallet ; il a plaidé dans la cause des marchands de la Loire contre Gaucher de Sainte-Marthe. C'est une des raisons pour lesquelles on a souvent identifié la guerre picrocholine à cette querelle locale dans laquelle la famille de Rabelais se trouvait impliquée.

pas de poursuivre plus loin, de peur du guet[1], car ils étaient dans une rage folle. Il le crut bien volontiers, et pour cette nuit coucha chez le meunier. Le lendemain matin il se rendit, précédé d'un trompette[2], à la porte du château, et demanda aux gardes de le laisser parler au roi dans son propre intérêt. Ces paroles transmises au roi, celui-ci refusa qu'on lui ouvre la porte ; il se rendit sur le rempart et dit à l'ambassadeur : « Qu'y a-t-il de nouveau ? Que voulez-vous ? » Alors l'ambassadeur parla ainsi :

La harangue de Gallet à Picrochole

CHAPITRE XXXI (CHAPITRE XXIX éd. 1534)

« Il ne peut naître de plus juste cause d'affliction parmi les hommes que de recevoir chagrin et dommage de celui dont ils attendaient à juste titre bonne grâce et bienveillance. Et ce n'est pas sans cause (bien que hors de proportion) que beaucoup de ceux à qui cela est arrivé ont estimé qu'une telle indignité avait plus d'importance que leur propre vie et que, ne pouvant par force ou un autre moyen[3] y remédier, ils se sont eux-mêmes privés de la lumière du jour.

« Il ne faut donc pas s'étonner si le roi Grandgousier, mon maître, a été, à ta furieuse agression, saisi d'un grand déplaisir et d'un grand trouble. Il serait stupéfiant qu'il n'ait pas été bouleversé par les excès inouïs que toi et tes gens avez commis sur ses terres et ses sujets, en déployant tous les exemples de cruauté ; ce dont il a une si grande douleur, en raison de la profonde affection dont il chérit ses sujets, qu'aucun mortel ne pourrait en ressentir davantage. Pourtant, au-dessus de ces considérations humaines, ce qui lui est le plus douloureux c'est que ces peines et dommages lui ont été causés

1. Guetteur, garde.
2. Soldat chargé d'exécuter une sonnerie.
3. La ruse.

Un disccours écrit sur le modèle antique

Cette harangue, contrairement à celle de Janotus de Bragmardo au chapitre XVIII, répond à toutes les exigences du modèle cicéronien.

par toi et les tiens ; vous qui aviez, depuis la plus haute Antiquité, toi et tes pères, noué avec lui et ses ancêtres les liens d'une amitié que jusqu'à présent vous aviez, comme un trésor sacré, tous deux inviolablement maintenue, gardée et conservée. C'est si vrai que non seulement lui et les siens, mais les nations barbares, Poitevins, Bretons[4], Manceaux et ceux qui vivent au-delà des mers, dans les îles de Canaries et de Haïti[5], considéraient qu'il n'était pas plus difficile d'abattre le firmament ou d'élever les abîmes au-dessus des nues que de rompre votre alliance ; et ils la redoutaient tant que dans leurs entreprises ils n'ont jamais osé provoquer, irriter ou agresser l'un par crainte de l'autre.

« Il y a plus. Cette amitié sacrée a tant empli la voûte des cieux que rares sont les peuples vivant aujourd'hui sur le continent ou dans les îles de l'Océan qui n'aient aspiré à y être associés par des pactes fixés par vous-mêmes, parce qu'ils tenaient autant à votre alliance qu'à leurs propres terres et domaines. Si bien que de toute éternité il n'y a eu prince ni ligue, si farouches ou orgueilleux soient-ils, qui aient osé attaquer, je ne dis même pas vos terres, mais celles de vos alliés. Et si, par décision hâtive, ils ont inventé contre eux quelque entreprise, aux seuls nom et mention de votre alliance, ils y ont aussitôt renoncé.

« Quelle folie vous prend donc maintenant, toute alliance brisée, toute amitié méprisée, tout droit outre-passé, d'envahir agressivement ses terres, sans avoir été en rien, par lui ou par les siens, lésé[6], irrité ou provoqué ? Où est la fidélité ? Où est la loi ? Où est la raison ? Où est l'humanité ? Où est la crainte de Dieu ? Crois-tu que ces outrages puissent rester cachés aux esprits éternels et au Dieu souverain, qui rétribue au juste prix nos entreprises ? Si tu le crois, tu te trompes, car toute chose viendra à son jugement. Est-ce la fatale destinée et l'influence des astres qui veulent que tu

---

4. Au-delà de l'effet comique qui consiste à nommer les Poitevins ou les Bretons des barbares, il faut signaler que les ducs de Bretagne se sont effectivement rebellés contre la France à la fin du XVe siècle. On peut se demander ce que font les Manceaux dans cette énumération.

5. Allusions aux îles récemment découvertes, et qui sont une propriété du Portugal, donc de Charles Quint. Ce dernier s'enorgueillissait d'un empire sur lequel le soleil ne se couche pas. Le pays de Canarres fait référence aux Canaries, mais c'est aussi un pays légendaire.

6. Victime d'un préjudice.

renonces à ta tranquillité et au repos ? Toute chose connaît son apogée et sa fin. Et quand on est arrivé à son point le plus haut, on est précipité à bas, car on ne peut demeurer longtemps en cet état. C'est la destinée de ceux qui ne savent pas tempérer leur fortune et leur prospérité par la raison et la sagesse[1].

« Mais si c'était vraiment ton destin et que dussent ainsi prendre fin ton bonheur et ton repos, fallait-il donc que ce soit en t'en prenant à mon roi, celui par qui tu étais installé sur le trône ? Si ta maison devait s'écrouler, fallait-il qu'en sa chute elle tombât sur le foyer de celui qui lui avait donné son lustre[2] ? La chose dépasse tellement les limites de la raison, elle est si exorbitante, que l'entendement humain peut à peine la concevoir, et que les étrangers ne voudront pas y croire jusqu'à ce que des manifestations bien visibles et avérées leur fassent comprendre qu'il n'y a rien de saint ni de sacré pour ceux qui se sont affranchis de Dieu et de la Raison pour suivre leurs passions perverses.

« En admettant même que nous t'ayons fait quelque tort, à tes sujets ou à tes domaines, que nous ayons favorisé tes ennemis, que nous ne t'ayons pas secouru en cas de besoin, que nous ayons attenté à ta réputation ou à ton honneur ; ou, plutôt, en admettant que l'esprit calomniateur[3], pour te pousser à mal, ait, par des images fallacieuses[4] et des fantasmes trompeurs, fait naître en toi l'idée que nous avions fait quelque chose d'indigne de notre ancienne amitié, tu aurais dû d'abord t'enquérir de la vérité, puis nous en faire remontrance[5], et nous aurions si bien accédé à tes demandes que tu t'en serais satisfait. Mais, Ô Dieu éternel ! quel est ton dessein ? Voudrais-tu donc, comme un perfide tyran, piller et ruiner le royaume de mon maître ? Le crois-tu donc si lâche et hébété qu'il ne veuille résister à ton injuste agression, ou si dépourvu de gens, d'argent, de conseil et d'expérience militaire, qu'il ne puisse le faire ?

1. La Fortune, souvent représentée comme faisant mouvoir une roue sur laquelle les personnages montent et descendent, est une des représentations du sort : dans l'idéologie de Rabelais, elle est une force, mais pas invincible, et doit être relayée par le vouloir et l'action humaine.
2. Éclat.
3. L'esprit malin, diabolique.
4. Qui cherchent à induire en erreur.
5. Nous faire des reproches.

« Va-t'en donc d'ici immédiatement, et dès demain sois rentré sur tes terres, sans commettre en chemin ni désordre ni violence. Et paie mille besants[6] d'or pour les dommages que tu as commis sur ces terres. Tu en paieras la moitié demain et l'autre aux prochaines Ides de mai[7], en nous laissant d'ici là en otages les ducs de Tournemoule, de Basdefesses et de Menuail, ainsi que le prince de Gratelles et le vicomte de Morpiaille[8]. »

Comment Grandgousier, pour obtenir la paix, fit rendre les fouaces

CHAPITRE XXXII (CHAPITRE XXX éd. 1534)

Là-dessus, le bonhomme Gallet se tut ; mais Picrochole ne répondit à tout ce discours que par « Venez les chercher ! venez les chercher ! Ils ont des belles couilles, bien moulées[9], pour vous en moudre, de la fouace[10] ! »

Gallet s'en retourna donc auprès de Grandgousier, qu'il trouva à genoux, tête nue, prosterné dans un coin de son cabinet, priant Dieu qu'il voulût bien apaiser la colère de Picrochole et le ramener à la raison, sans qu'il fût besoin de la force. Quand il vit le bonhomme de retour, il lui demanda :

« Ha ! mon ami, mon ami, quelles nouvelles m'apportez-vous ?

– Il n'y a rien à faire, dit Gallet ; cet homme est privé de bon sens et abandonné de Dieu.

---

6. Monnaie d'or ou d'argent.

7. Le 15 mai. N'oublions pas que nous sommes en septembre : le délai accordé est donc de plusieurs mois.

8. Les noms sont comiques. Menuail renvoie au menu peuple, aux canailles, la gratelle est une maladie de peau, les morpions, des poux.

9. Texte original : « Ils ont belles couilles, et molles ». Plaisanterie problématique. *Couille molle* désigne usuellement la lâcheté, et convient mal aux paroles agressives de Picrochole. Il y a cependant une équivoque puisque le couillard est une pièce de bois dans un moulin à vent et l'on peut comprendre *molle* comme *mole* (meule).

10. Pain brioché.

– Sans doute, dit Grandgousier, mais, mon ami, quelle raison donne-t-il à ces excès ?

– Il ne m'a donné aucune raison, sinon qu'il m'a dit dans sa colère quelques mots d'une histoire de fouace. Je ne sais pas si l'on n'aurait pas fait tort à ses fouaciers.

– Je veux en avoir le cœur net avant de décider quoi que ce soit sur ce qu'il convient de faire. »

Alors il demanda des éclaircissements sur cette affaire, et découvrit qu'en effet on avait pris de force quelques fouaces aux gens de Picrochole et que Marquet avait reçu un coup de bâton sur la tête ; que toutefois le tout avait été bien payé et que Marquet avait d'abord blessé Frogier d'un coup de fouet dans les jambes[1]. Et tout son conseil fut d'avis qu'il devait se défendre par la force. Pourtant Grandgousier dit :

« Puisqu'il n'est question que de quelques fouaces, je vais essayer de le satisfaire, car il me déplaît trop d'entrer en guerre. »

Il demanda donc combien on avait pris de fouaces et, sur la réponse que c'était quatre ou cinq douzaines, il ordonna qu'on en fît cinq charretées cette nuit même, dont l'une de fouaces faites de bon beurre, beaux jaunes d'œufs, beau safran et belles épices pour la distribuer à Marquet ; à titre de dommages et intérêts, il lui donnait sept cent mille philippus[2] pour payer les barbiers[3] qui l'avaient soigné, et en plus la métairie de la Pomardière[4] en propriété perpétuelle, franche et héréditaire. Pour conduire et convoyer le tout, on envoya Gallet qui, en chemin, fit cueillir près de la Saulaie[5] beaucoup de grands rameaux de joncs et de roseaux ; il en fit disposer autour des charrettes, en donna à chacun des charretiers, et lui-même en tint un dans sa main, voulant ainsi faire comprendre qu'ils ne demandaient que la paix et qu'ils venaient pour l'acheter.

Arrivés à la porte, ils demandèrent à parler à Picrochole de la part de Grandgousier. Picrochole refusa de les laisser entrer ou d'aller leur parler, leur faisant dire qu'il était occupé, mais qu'ils disent ce qu'ils voulaient au capitaine Toucquedillon, qui mettait

1. Référence au coup reçu par le berger Frogier p. 106 (chap. XXV).
2. Pièces d'or.
3. Chirurgiens.
4. La famille de Rabelais possède une propriété qui porte ce nom.
5. Terrain planté de saules.

des pièces en affût[6] sur les murailles. Alors Gallet lui dit : « Seigneur, pour supprimer tout prétexte de dispute et vous enlever toute excuse de ne pas revenir à notre alliance passée, nous vous rendons maintenant les fouaces qui sont l'objet du litige[7]. Nos gens en ont pris cinq douzaines ; elles furent très bien payées ; mais nous aimons tant la paix que nous en rendons cinq charrettes, dont celle-ci pour Marquet, qui a le plus à se plaindre. De plus, pour le satisfaire pleinement, voici sept cent mille philippus que je lui donne, et, pour les dommages auxquels il pourrait prétendre, je lui cède la métairie de la Pomardière, à perpétuité, pour lui et les siens, en franc alleu[8] ; voici le contrat de cession. Et, pour Dieu, vivons désormais en paix, et retirez-vous joyeusement dans vos terres, en cédant cette place où vous n'avez nul droit, comme vous le reconnaissez bien, et soyons amis comme avant. »

Toucquedillon raconta tout cela à Picrochole, et lui aigrit de plus en plus le cœur en lui disant :

« Ces rustres ont grand-peur. Par Dieu, Grandgousier se conchie[9], le pauvre buveur ! Ce n'est pas son affaire d'aller en guerre, mais bien plutôt de vider les flacons. Je suis d'avis que nous gardions ces fouaces et l'argent ; pour le reste, hâtons-nous de nous retrancher ici, pour poursuivre nos succès. Ils croient donc avoir affaire à une dupe, qu'ils veulent vous repaître[10] de ces fouaces ? Voilà ce que c'est : les bons traitements et la grande familiarité que vous leur avez témoignés jusqu'ici vous ont rendu à leurs yeux méprisable : oignez vilain, il vous poindra ; poignez vilain, il vous oindra[11].

– Çà, çà, çà, dit Picrochole, par saint Jacques[12], ils en auront ! Faites comme vous avez dit.

– Il y a une chose, dit Toucquedillon, dont je veux vous prévenir. Nous sommes ici assez mal ravitaillés, et maigrement pourvus de

6. Support pour les pièces d'artillerie, qui aide à mieux viser.
7. Conflit.
8. En toute propriété.
9. Il se souille avec ses excréments.
10. Vous satisfaire.
11. Proverbe : si vous êtes doux avec quelqu'un de méchant, il vous blessera, si vous l'agressez, il sera doux avec vous.
12. Saint Jacques est souvent représenté tel un chevalier qui pourfend ses ennemis : il est le matamore, tueur de Maures.

La perfidie de Toucquedillon

Toucquedillon joue de l'orgueil de Picrochole en suggérant que Grandgousier le méprise pour sa gentillesse et sa faiblesse et pense qu'on peut l'acheter avec quelques brioches.

provisions de gueule[1]. Si Grandgousier nous assiégeait, j'irais dès aujourd'hui me faire arracher toutes les dents, qu'il ne m'en reste que trois, et la même chose à vos gens : elles n'iraient que trop vite à manger nos provisions.

– Nous n'aurons que trop à manger. Sommes-nous ici pour manger ou pour nous battre ?

– Pour nous battre, bien sûr, dit Toucquedillon. Mais de la panse vient la danse[2], et où la faim règne, la force est bannie[3].

– C'est trop jaser ! dit Picrochole. Saisissez ce qu'ils ont amené. »

Aussi ils prirent l'argent, les fouaces, les bœufs et les charrettes, et les renvoyèrent sans rien dire, sinon qu'ils n'approchent plus d'aussi près pour la raison qu'on leur dirait demain. Ainsi sans pouvoir rien faire ils s'en retournèrent devant Grandgousier, et lui racontèrent le tout, ajoutant qu'il n'y avait plus aucun espoir de les ramener à la paix, sinon par vive et forte guerre.

Comment certains gouverneurs de Picrochole, par leurs conseils aventureux, le mirent au comble du danger

CHAPITRE XXXIII (CHAPITRE XXXI éd. 1534)

Les fouaces ainsi pillées, le duc de Menuail, le comte Spadassin et le capitaine Merdaille comparurent devant Picrochole et lui dirent :

« Sire, aujourd'hui nous allons faire de vous le prince le plus heureux et le plus chevaleresque qui ait jamais existé depuis la mort d'Alexandre de Macédoine. Voici comment :

« Vous laisserez ici quelque capitaine en garnison avec une petite troupe de gens pour garder la place, qui nous semble assez forte tant par son site naturel que par les remparts faits selon vos plans.

---

1. Vivres, nourriture.
2. Encore un proverbe, plus populaire cette fois : on ne peut danser (se battre) qu'après avoir mangé.
3. Interdite.

Votre armée, vous la séparerez en deux, comme vous le comprenez bien. Une partie se précipitera sur ce Grandgousier et ses gens. Il en sera facilement déconfit au premier assaut. Là, vous trouverez de l'argent à foison. L'autre partie, pendant ce temps, se dirigera vers l'Aunis, la Saintonge, l'Angoumois[4] et la Gascogne, et aussi le Périgord, le Médoc et les Landes[5]. Sans résistance ils prendront villes, châteaux et forteresses. À Bayonne, Saint-Jean-de-Luz et Fontarabie[6], vous saisirez tous les navires, et, longeant la Galice[7] et le Portugal, vous pillerez toutes les côtes jusqu'à Lisbonne, où vous trouverez tout le renfort d'équipage nécessaire à un conquérant. Corbleu[8], l'Espagne se rendra, car ce ne sont que des lourdauds ! Vous passerez le détroit de Gibraltar, et là vous érigerez deux colonnes plus magnifiques que celles d'Hercule, pour perpétuer à jamais votre mémoire. Et on nommera ce détroit la mer Picrocholine. Passé la mer Picrocholine, voici Barberousse, qui se reconnaît votre esclave[9]…

– Je lui ferai grâce, dit Picrochole.

– Sans doute, dirent-ils, pourvu qu'il se fasse baptiser.

« Et vous attaquerez les royaumes de Tunis, d'Hippone[10], bref toute la Barbarie. En poursuivant votre route[11], vous vous saisirez de Majorque, Minorque, la Sardaigne, la Corse et des autres îles de la mer Ligurienne et Baléare[12]. Longeant la côte à main gauche, vous

4. Régions autour de La Rochelle, Saintes et Angoulême.

5. Régions du Sud-Ouest.

6. Villes du Pays basque.

7. Région d'Espagne.

8. Par le corps de Dieu.

9. Le pirate Barberousse est un allié de l'empire turc, il a chassé les Espagnols d'Alger en 1529 et a pris Tunis en 1534. Il est la bête noire de la marine génoise, alliée de Charles Quint.

10. Principale cité de l'Afrique romaine.

11. Comme au chapitre XXVI, Rabelais emploie « passant outre », référence explicite à la devise de Charles Quint (voir la loupe ci-contre).

12. Partie de la Méditerranée.

Une attaque contre Charles Quint

Ce dialogue s'inspire de la *Vie de Pyrrhus* de Plutarque, un exemple de conquérant mal conseillé et qui finit mal, pour avoir rêvé d'égaler Alexandre, modèle héroïque. Il dénonce le rôle des conseillers, et la folie dans laquelle entraînent les guerres de conquête. Il est aussi une attaque contre Charles Quint et les Habsbourg qui encerclent, en Europe, la monarchie française.

L'ambition démesurée des conquérants

Selon la légende, les colonnes érigées par Hercule marquent le détroit de Gibraltar, limite du monde connu des Grecs. Elles figurent sur l'emblème de Charles Quint avec la devise « plus oultre », « au-delà » pour symboliser son ambition universelle.

dominerez toute la Narbonnaise[1], la Provence et les Allobroges[2], Gênes, Florence, Lucques, et adieu Rome ! Le pauvre Monsieur le Pape meurt déjà de peur…

– Par ma foi, dit Picrochole, je ne lui baiserai pas la pantoufle[3].

– L'Italie prise, voilà Naples, la Calabre, l'Apulie[4] et la Sicile mises à sac, et Malte avec. Je voudrais bien que les plaisants chevaliers, naguère de Rhodes[5], vous résistent, pour les voir pisser de peur !

– J'irais volontiers à Lorette[6], dit Picrochole.

– Non, non. Ce sera au retour. De là nous prendrons la Crète, Chypre, Rhodes et les îles Cyclades, et foncerons sur la Morée[7]. Nous la tenons. Saint Treignant, Dieu garde Jérusalem ! car le sultan[8] ne peut rivaliser avec votre puissance !

– Je ferai donc rebâtir le temple de Salomon[9].

– Pas encore, dirent-ils ; attendez un peu. Ne soyez pas si précipité dans vos entreprises. Savez-vous ce que disait Octavien Auguste ? *Hâte-toi lentement*[10].

Il vous faut d'abord conquérir l'Asie Mineure, la Carie, la Lycie, la Pamphylie, la Cilicie, la Lydie, la Phrygie, la Mysie, la Bithynie, Carrasie, Adalia, Samagarie, Kastamouni, Luga, Sébaste[11], jusqu'à l'Euphrate.

– Verrons-nous Babylone[12] et le mont Sinaï[13] ?

De réelles menaces contre le pape

Le pape a raison d'avoir peur : en 1527, Rome a été mise à sac par les troupes impériales. Le pape est resté prisonnier six mois. De plus, même s'il s'est réconcilié avec Charles Quint, sa politique reste favorable à la France : il vient de promettre la main de sa petite nièce, Catherine de Médicis, à un fils de François Ier.

1. La région de Narbonne.
2. Région des Alpes.
3. Geste d'hommage traditionnel au pape.
4. Région au sud de l'Italie (correspondant aux Pouilles actuelles).
5. Les chevaliers de Malte étaient à Rhodes jusqu'à ce qu'ils en soient chassés par les Turcs.
6. Lieu de pèlerinage en Italie, sur la côte adriatique, où l'on honore la Vierge.
7. Région de l'empire ottoman qui correspond au Péloponèse.
8. Picrochole, comme Charles Quint, veut affronter le sultan Soliman II.
9. Premier temple de Jérusalem. Picrochole veut donc mener une véritable croisade.
10. Cette devise est celle qui a été évoquée à la fin du chapitre VIII et qui, traditionnellement, vante la persévérance et la constance des princes. Rabelais la mentionne à des fins ironiques.
11. Régions d'Asie Mineure. L'ampleur de l'énumération met en valeur la folie de Picrochole.
12. Ville antique de Mésopotamie.
13. Montagne en Égypte.

– Il n'en est pas besoin pour le moment. Ne s'est-on pas déjà assez démené à franchir les monts du Caucase, traverser la mer Caspienne, et chevaucher à travers les deux Arménies[14] et les trois Arabies[15] ?

– Par ma foi, dit-il, nous sommes affolés. Ha, pauvres gens !

– Quoi donc ?

– Que boirons-nous dans ces déserts ?

– Nous avons déjà pourvu à tout. Dans la mer de Syrie vous avez neuf mille quatorze grands navires chargés des meilleurs vins du monde ; ils sont arrivés à Jaffa. Là se trouvaient deux millions deux cent mille chameaux et seize cents éléphants, que vous avez capturés lors d'une chasse auprès de Segelmesse[16], lorsque vous êtes entré en Libye ; vous avez pris de surcroît toute la caravane de La Mecque. Ne vous ont-ils pas fourni du vin en suffisance ?

– Sans doute ! Mais nous ne boirons pas frais.

– Ha ! par la vertu non pas d'un petit poisson, un preux, un conquérant, un prétendant qui aspire à l'empire universel ne peut pas toujours avoir ses aises. Dieu soit loué que vous soyez arrivés, vous et vos gens, sains et saufs jusqu'au Tigre !

– Mais, dit-il, que fait pendant ce temps-là la moitié de notre armée qui a déconfit ce vilain soiffard de Grandgousier ?

– Ils ne chôment pas, dirent-ils. Nous les retrouverons bientôt. Ils vous ont pris Bretagne, Normandie, Flandres, Hainaut, Brabant[17], Artois[18], Hollande et Zélande[19]. Ils ont franchi le Rhin en passant sur le ventre des Suisses et des Lansquenets[20] ; une partie d'entre eux a subjugué[21] le Luxembourg, la Lorraine, la Champagne, la Savoie jusqu'à Lyon ; là ils ont retrouvé vos garnisons de retour des conquêtes navales de la mer Méditerranée, et ils se sont rassemblés en Bohême, après avoir mis à sac la Souabe, le Wurtemberg, la Bavière[22], l'Autriche, la Moravie et la Styrie[23]. De là tous ensemble

---

14. L'Arménie et la Cilicie, où vivent les Arméniens chassés par les Ottomans.

15. Le géographe grec Ptolémée divise la péninsule arabique en trois régions : le sud, plus fertile, le désert au nord-ouest, et la région autour de Pétra (Judée, Syrie, Jordanie).

16. Ville du Maroc aujourd'hui disparue.

17. Régions belges.

18. Région autour d'Arras.

19. Régions des Pays-Bas qui sont toutes des possessions de Charles Quint.

20. Féroces mercenaires d'origine allemande.

21. L'a emporté sur.

22. Régions d'Allemagne.

23. Régions d'Europe centrale.

ils ont hardiment marché sur Lübeck, la Norvège, la Suède, le Danemark, la Gothie[1], le Groenland, les villes de la Hanse[2], jusqu'à l'océan Arctique. Cela fait, ils ont conquis les Orcades[3] et subjugué l'Écosse, l'Angleterre et l'Irlande. De là, franchissant le Sund[4] et la mer Baltique, ils ont vaincu et dominé la Prusse, la Pologne, la Lituanie, la Russie, la Valachie, la Transylvanie et la Hongrie, la Bulgarie, la Turquie, et ils sont à Constantinople.

– Allons les rejoindre le plus tôt possible, car je veux être aussi empereur de Trébizonde[5]. Ne tuerons-nous pas tous ces chiens de Turcs et de Mahométans ?

– Et que diable ferons-nous donc ? Et vous donnerez leurs terres et biens à ceux qui vous auront loyalement servi.

– La raison le veut ainsi. Ce n'est que justice. Je vous donne la Caramanie[6], la Syrie et toute la Palestine.

– Ha ! Sire, c'est bien bon de votre part. Grand merci ! Que Dieu vous accorde toujours la prospérité ! »

Il y avait là un vieux gentilhomme, ayant connu maintes aventures et vrai routier de guerre, nommé Èchephron[7], qui dit en entendant ces propos :

« J'ai bien peur que toute cette entreprise ne ressemble à la fable du pot au lait[8], dont un cordonnier rêvait qu'il le rendait riche ; et quand le pot fut cassé, il n'eut même pas de quoi dîner. Que prétendez-vous par ces belles conquêtes ? Quel sera le but de tant d'épreuves et de tracas ?

– Ce sera, dit Picrochole, de pouvoir nous reposer à l'aise. »

1. Région du sud de la Suède.
2. Ligue hanséatique, association des villes marchandes situées le long de la mer du Nord et de la mer Baltique.
3. Archipel du nord de l'Écosse.
4. Détroit entre le Danemark et la Suède.
5. Cet empire oriental est souvent mentionné dans les romans de chevalerie.
6. Province turque.
7. Son nom vient du mot grec signifiant « prudent ».
8. La laitière, ou ici le cordonnier, rêve de s'enrichir grâce à la vente de son lait mais, emportée par sa rêverie, elle trébuche et casse son pot au lait.

Où Charles Quint s'arrêtera-t-il ?

Les conseillers de Picrochole l'ont d'abord persuadé de marcher sur les traces d'Alexandre le Grand en Orient, puis sur celles des Habsbourg. Les régions citées correspondent en effet au Saint-Empire romain germanique tel que l'a constitué Charles Quint suite à ses batailles et à de subtiles alliances. Au moment où Rabelais écrit *Gargantua*, il prétend reprendre Constantinople aux Turcs, d'où la référence aux croisades.

Èchephron dit alors :

« Ne vaut-il pas mieux nous reposer dès maintenant, sans nous jeter dans ces aventures ?

– Ô par Dieu, dit Spadassin, voici un bon rêveur ! Allons donc nous cacher au coin de l'âtre, et passons-y avec les dames notre vie et notre temps à enfiler des perles ou à filer comme Sardanapale[9] !

– Suffit ! dit Picrochole. Passons. Je ne crains que ces diables de légions de Grandgousier. Et si, pendant que nous sommes en Mésopotamie, ils nous attaquaient sur nos arrières, quel remède ?

– Excellent, dit Merdaille. Un bon petit ordre envoyé aux Moscovites vous donnera aussitôt en campagne cinquante mille combattants d'élite. Ô, si vous m'en confiez la charge – je renie la chair, la mort et le sang ! –, je tuerais un peigne pour un mercier[10] ! Je mords, je rue, je frappe, je tue !

En avant, en avant, dit Picrochole, qu'on se hâte, et qui m'aime me suive. »

Comment Gargantua quitta Paris pour secourir son pays, et comment Gymnaste rencontra les ennemis

CHAPITRE XXXIV (CHAPITRE XXXII éd. 1534)

Au même moment, Gargantua, qui avait quitté Paris dès la lecture de la lettre de son père et arrivait sur sa grande jument, avait déjà passé le pont de la Nonnain[11], avec Ponocrates, Gymnaste et Eudémon, qui pour le suivre avaient pris des chevaux de poste[12]. Le reste de son équipage venait à un rythme de journées normales, portant ses livres et son outillage philosophique.

---

9. Personne riche qui mène une vie de débauche.

10. Inversion comique de l'expression : tuer un mercier pour un peigne (c'est-à-dire pour rien).

11. Sur la Vienne, entre Chinon et La Roche-Clermault.

12. Relais de chevaux placés le long d'une grande route.

Arrivé à Parilly[1], il fut informé par le métayer de Goguet de la façon dont Picrochole s'était retranché à La Roche-Clermault et avait envoyé le capitaine Tripet[2] avec une forte armée assaillir le bois de Vède et Vaugaudry ; ils avaient maraudé[3] jusqu'au Pressoir Billard, et c'était chose inouïe et incroyable les excès qu'ils commettaient dans le pays. Tant et si bien qu'il prit peur et qu'il ne savait pas bien quoi dire ni faire. Mais Ponocrates lui conseilla de se transporter chez le seigneur de La Vauguyon, qui de tout temps avait été leur ami et leur allié, qui leur donnerait plus ample information sur toutes ces affaires ; ainsi firent-ils aussitôt ; ils le trouvèrent tout disposé à les aider, et l'on décida d'envoyer l'un de ses gens pour explorer le pays et savoir la situation des ennemis, afin qu'on pût prendre une décision en fonction de la situation présente. Gymnaste s'offrit à y aller ; on conclut que pour plus de sûreté il emmènerait avec lui quelqu'un qui connaisse les chemins, les voies de traverse[4] et les rivières des environs. Ils partirent donc, lui et Prelinguand, écuyer de Vauguyon, et sans bruit épièrent de tout côté. Pendant ce temps, Gargantua se reposa et se restaura un peu avec ses gens, et fit donner à sa jument un picotin d'avoine, c'est-à-dire soixante-quatorze muids[5].

Gymnaste et son compagnon chevauchèrent tant qu'ils tombèrent sur les ennemis qui, éparpillés et sans ordre, pillaient et dérobaient tout ce qu'ils pouvaient ; de si loin qu'ils l'aperçurent, ils se précipitèrent vers lui en masse pour le détrousser. Aussi il leur cria :

« Messieurs, je suis un pauvre diable ; je vous prie d'avoir pitié de moi. J'ai encore un peu d'argent ; nous le boirons, et le cheval que voici sera vendu pour payer mon don de bienvenue. Et après cela, gardez-moi avec vous, car jamais personne n'a su mieux prendre, larder, rôtir et apprêter, et même, par Dieu ! découper et assaisonner une poule que moi qui vous parle ; et, en guise d'impôt de bienvenue, je bois à tous les bons compagnons. »

---

1. Les différents noms de lieu évoqués ici sont réels : ils sont tous dans la région de Chinon.

2. Tripet, c'est celui qui sera étripé...

3. Commis des pillages.

4. Raccourcis.

5. Le muid équivaut à environ 280 litres.

Alors il sortit sa gourde et, sans y mettre le nez, but assez gaillardement[6]. Les marauds[7] le regardaient, la gueule ouverte d'un bon pied et la langue pendante comme des lévriers, en attendant de boire après lui. Mais là-dessus Tripet, le capitaine, accourut pour voir ce qui se passait. Alors Gymnaste lui offrit sa bouteille en disant :

« Tenez, capitaine, buvez-en hardiment. J'en ai tâté, c'est du vin de La Foye Monjault.

– Quoi, dit Tripet, ce rustaud se moque de nous ! Qui es-tu ?

– Je suis un pauvre diable, dit Gymnaste.

– Ha ! Puisque tu es un pauvre diable, tu peux bien y passer, car le pauvre diable passe partout sans péage ni impôt. Mais ce n'est pas l'habitude que les pauvres diables soient si bien montés. Aussi, monsieur le diable, descendez que je prenne le roussin[8], et s'il ne me porte pas bien, ce sera vous, Maître diable, qui me porterez, car j'aime bien qu'un tel diable m'emporte[9]. »

Comment Gymnaste tua en souplesse le capitaine Tripet et d'autres gens de Picrochole

CHAPITRE XXXV (CHAPITRE XXXIII éd. 1534)

À ces mots, certains soldats prirent peur et se signaient à tour de bras, croyant que c'était un diable déguisé[10]. L'un d'entre eux, nommé Bon Jean, tira son livre de prières de sa braguette[11] et cria à haute voix : « *Saint est le Seigneur !* Si tu viens de par Dieu, parle donc ! Si tu viens de par l'Autre[12], va-t'en donc ! » Et il ne s'en allait pas ; en entendant cela, plusieurs du groupe se séparèrent de la compagnie, observant attentivement Gymnaste.

---

6. D'une manière décidée.

7. Pillards.

8. Cheval trapu qui sert à la guerre ou à la chasse.

9. L'expression figée « Que le diable m'emporte » (qui sert à prêter serment) est ici chargée de sens.

10. Ils sont donc superstitieux.

11. Voir le schéma p. 40.

12. Le diable, qu'il n'ose pas nommer.

Celui-ci fit mine de descendre de cheval ; quand il fut suspendu d'un côté sur l'étrier, il fit souplement le tour des sangles, sa longue épée au côté, et, étant passé sous le cheval, il bondit en l'air et se mit debout sur la selle, le cul tourné vers la tête du cheval. Puis il dit :

« Mon affaire va à l'envers[1]. »

Sur ce, là où il était, il fit une pirouette sur un pied, en tournant sur sa gauche, sans manquer de retrouver son assiette[2], toujours à l'envers. Tripet dit alors :

« Je n'en ferai pas autant à cette heure, et pour cause.

– Bien, dit Gymnaste, j'ai raté ; je vais faire le saut à l'envers. »

Alors, avec une grande agilité, il fit une pirouette comme la précédente en tournant sur sa droite. Là-dessus, il mit le pouce de sa main droite sur l'arçon[3] de la selle et se redressa à la verticale, tout le poids du corps reposant sur les muscles du pouce, et il fit trois tours sur place. Au quatrième tour, renversant le corps sans rien toucher, il se hissa entre les oreilles du cheval en se redressant à la verticale sur le pouce gauche, et dans cette situation fit un tour complet ; puis, en frappant d'un coup de la main droite au milieu de la selle, il se donna une telle impulsion qu'il retomba assis sur la croupe, en amazone.

Cela fait, tranquillement il passa la jambe droite par-dessus la selle, et se mit à califourchon sur la croupe.

« Mais, dit-il, il vaut mieux que je me mette entre les arçons. »

Aussi, s'appuyant sur les pouces des deux mains à la croupe devant lui, il se renversa cul par-dessus tête et se retrouva bien installé entre les arçons. Puis d'un saut périlleux il se projeta en l'air et retomba pieds joints entre les arçons ; là, il tournoya plus de cent fois sur lui-même, les bras en croix, tout en criant à pleine voix : « J'enrage, diables, j'enrage, j'enrage ! Tenez-moi, diables, tenez-moi, tenez ! »

Tandis qu'il voltigeait ainsi, les marauds[4] tout ébahis se disaient l'un à l'autre : « Merdedieu ! c'est un lutin ou un diable déguisé.

---

1. Rabelais écrit « Mon cas va au rebours ». Or *mon cas* signifie « ma situation », mais aussi « mon sexe ».

2. Son équilibre.

3. Pièce de bois qui forme le corps de la selle (une devant, une derrière).

4. Terme méprisant pour désigner des individus d'un rand social inférieur.

Libère-nous du Malin, Seigneur. » Et ils s'enfuirent sur la route, regardant par-derrière eux comme un chien qui emporte une volaille[5].

Alors Gymnaste, voyant la situation tourner à son avantage, descend de cheval, dégaine son épée et chargea à grands coups sur les plus huppés[6] ; il les abattait en tas, blessés, rompus et meurtris, sans que personne lui résistât, dans l'idée que c'était un diable affamé, en raison aussi bien des tours extraordinaires qu'il avait exécutés que des propos que lui avait tenus Tripet en l'appelant *pauvre diable* ; il n'y eut que Tripet qui voulut traîtreusement lui fendre la cervelle de son épée de lansquenet[7] ; mais il avait un casque solide, et il n'en sentit que le choc ; se retournant brusquement, il porta une attaque de pointe en flèche sur Tripet et, pendant que celui-ci se protégeait le haut du corps, il lui porta un coup de taille dans l'estomac, l'intestin et la moitié du foie ; Tripet tomba par terre et, en tombant, rendit plus de quatre potées de soupe, et l'âme au milieu de la soupe.

Là-dessus, Gymnaste se retira, estimant qu'il ne faut pas tenter le hasard jusqu'au bout, et qu'il convient à tous les chevaliers d'user avec précaution de leur chance, sans chercher à la forcer. Remontant sur son cheval, il donne des éperons, filant tout droit vers La Vauguyon avec Prelinguand.

Comment Gargantua détruisit le château du gué de Vède, et comment ils passèrent le gué

CHAPITRE XXXVI (CHAPITRE XXXIV éd. 1534)

Dès qu'il fut arrivé, il raconta comment il avait trouvé les ennemis et le stratagème dont il avait usé, lui tout seul contre leur troupe, affirmant que ce n'était que marauds[8], pillards et brigands, ignorants de toute discipline militaire ; on devait se mettre en route hardiment, car il serait très facile de les assommer comme du bétail.

---

5. Gymnaste s'est donc débarrassé d'une partie de ses ennemis par la ruse. C'était le but de toute cette scène de voltige équestre.

6. Les plus haut placés, donc dangereux.

7. Épée à double tranchant.

8. Voir note 4 page 136.

Gargantua monta donc sur sa grande jument, accompagné comme nous l'avons dit. Trouvant sur son chemin un grand aulne (qu'on appelait communément l'Arbre de saint Martin parce que c'était ainsi qu'avait poussé un bâton que jadis saint Martin avait planté), il dit : « Voici ce qu'il me fallait : cet arbre me servira de bâton et de lance. » Et il l'arracha sans peine de terre, en ôta les branches et l'orna pour son plaisir.

Pendant ce temps, sa jument pissa pour se soulager le ventre, mais en telle abondance qu'elle en fit un déluge de sept lieues ; toute cette pisse dévala jusqu'au gué de Vède, et gonfla tellement la rivière que toute la troupe des ennemis fut épouvantablement noyée, sauf quelques-uns qui avaient pris le chemin vers les coteaux à gauche.

Arrivé au bois de Vède[1], Gargantua fut prévenu par Eudémon qu'il restait quelques ennemis dans le château ; pour en avoir le cœur net, Gargantua cria le plus fort qu'il put :

« Y êtes-vous ou n'y êtes-vous pas ? Si vous y êtes, n'y soyez plus ; si vous n'y êtes pas, je n'ai rien à dire. »

Mais un méchant canonnier qui était au mâchicoulis[2] lui tira un coup de canon qui l'atteignit violemment à la tempe droite ; pourtant il ne lui fit pas plus mal que s'il lui avait jeté une prune.

« Qu'est-ce donc ? dit Gargantua. Vous nous jetez des grains de raisin ? La vendange vous coûtera cher ! » – croyant vraiment que le boulet était un grain de raisin. Ceux qui étaient dans le château occupés à piller, en entendant le bruit, coururent aux tours et forteresses, et tirèrent sur lui plus de neuf mille vingt-cinq coups de fauconneaux[3] et d'arquebuses[4], visant tous la tête ; le tir était si dru qu'il s'écria :

« Ponocrates, mon ami, ces mouches m'aveuglent ; donnez-moi une de ces branches de saule pour les chasser » – croyant que les boulets et pierres d'artillerie étaient des taons.

1. Voir carte p. 115.
2. Balcon en pierre, placé au sommet d'une muraille ou d'une tour dans un château fort.
3. Petits canons.
4. Armes à feu.

La complicité de Gargantua et de sa jument

La grande jument et Gargantua sont les héros de scènes parallèles : il a déjà noyé d'un flot d'urine les Parisiens, noiera les pèlerins, et elle a déjà exterminé les mouches bovines. Ici ils intervertissent, ce qui montre que le chevalier et sa monture sont indissociables. Rabelais s'inspire sans doute des *Grandes chroniques* pour tous ces éléments invraisemblables.

Ponocrates l'informa qu'en fait de taons c'était les coups d'artillerie qu'on tirait du château. Alors il frappa de son grand arbre sur le château, et à grands coups abattit tours et forteresses, et jeta tout par terre. Ainsi furent écrasés et mis en pièces tous ceux qui s'y trouvaient.

En repartant, ils arrivèrent au passage du moulin, et ils virent que tout le gué était couvert de corps[5] en si grand nombre qu'ils avaient obstrué le chenal[6] du moulin : c'était ceux qui avaient péri sous le déluge d'urine de la jument. Ils se mirent à réfléchir à la façon dont ils pourraient passer, vu l'encombrement de ces cadavres. Mais Gymnaste dit :

« Si les diables y sont passés, j'y passerai bien.

– Les diables, dit Eudémon, y sont passés pour en emporter les âmes damnées.

– Saint Treignant ! dit Ponocrates, par conséquent il y passera nécessairement.

– Sans doute, sans doute, dit Gymnaste, ou je resterai en chemin. »

Et, piquant son cheval des deux, il passa hardiment outre[7], sans que jamais son cheval prît peur devant les corps morts. Car il l'avait habitué (selon l'enseignement d'Élien[8]) à ne craindre ni les armes ni les cadavres – non pas en tuant les gens, comme Diomède tuant les Thraces et Ulysse mettant les corps de ses ennemis aux pieds de ses chevaux (ainsi que le raconte Homère), mais en mettant un mannequin dans son foin et en le faisant habituellement passer dessus quand il lui donnait son avoine.

Les trois autres le suivirent sans encombre, sauf Eudémon, dont le cheval enfonça le pied droit jusqu'au genou dans la panse d'un gros et gras vilain qui était noyé là, sur le dos, et ne pouvait l'en retirer ; il demeurait ainsi tout empêtré, jusqu'à ce que Gargantua, du bout de son bâton, enfonce le reste des tripes du vilain dans l'eau, pendant que le cheval levait le pied. Et (ce qui est merveille en médecine chevaline) le cheval fut guéri d'un ulcère qu'il avait à ce pied au simple contact des boyaux de ce gros maroufle[9].

---

5. Les marauds chassés par Gymnaste et noyés par la jument.

6. Conduite d'eau.

7. Nouvelle allusion à la devise de Charles Quint (voir loupe p. 129).

8. Historien du IIe s. ap. J.-C., auteur de *De la nature des animaux*.

9. Grossier personnage.

Comment Gargantua, en se peignant, faisait tomber de ses cheveux les boulets de canon

CHAPITRE XXXVII (CHAPITRE XXV éd. 1534)

Sortis du ruisseau de Vède, ils abordèrent peu après au château de Grandgousier, qui les attendait avec impatience. Arrivés près de lui, ils lui firent fête en grandes embrassades ; jamais on ne vit de gens plus heureux. Car le *Supplément du Supplément des Chroniques* dit que Gargamelle en mourut de joie. Pour ma part, je n'en sais rien, et je ne me soucie ni d'elle ni d'aucune autre femme.

Ce que je sais, c'est que Gargantua, alors qu'il se changeait, en se coiffant de son peigne (qui était long de sept cannes[1] et tout hérissé de grandes dents entières d'éléphant) faisait tomber à chaque coup plus de sept charges de boulets de canon qui lui étaient restés dans les cheveux lors de la destruction du bois de Vède. En voyant cela son père Grandgousier, croyant que c'était des poux, lui dit :

« Eh, mon bon fils, tu nous as donc apporté jusqu'ici des charognards de Montaigu[2] ? Ce n'était pas mon intention que tu t'y installes. »

Ponocrates répondit :

« Seigneur, n'imaginez pas que je l'aie placé dans ce collège de pouilleux qu'on appelle Montaigu. Vu la cruauté sans bornes et la vilenie que j'y ai connues, j'aurais préféré le mettre parmi les mendiants des Saints-Innocents[3]. Car on traite mieux les forçats chez les Maures et les Tartares[4], les criminels dans leur cachot, et même assurément les chiens dans votre maison, que ces malheureux au collège. Et si j'étais roi de Paris, le diable m'emporte si je n'y mettais

La disparition des femmes dans les romans de Rabelais

La disparition de la mère, bien rapidement évoquée, souligne une particularité des récits de Rabelais : les femmes y ont peu de place. Elles peuvent être un objet de plaisanteries sexuelles, mais n'accèdent pas au statut de personnage.

---

1. Ancienne mesure de longueur : enriron 1,25 m.

2. Le Collège de Montaigu est un des plus anciens de Paris. Noël Béda (voir note 1 p. 24) en est le principal. Les humanistes qui y ont fait leurs études lui ont fait la réputation d'un lieu sale, obscurantiste et où la brutalité règle les relations pédagogiques.

3. Le cimetière des Saints-Innocents accueille en effet des mendiants et des marginaux.

4. Peuples de lointaines contrées réputés cruels.

le feu et ne faisais brûler principal et régents[5], qui supportent de voir sous leurs yeux une telle cruauté ! »

Alors, soulevant un des boulets, il dit :

« Ce sont des coups de canon que, il y a peu, votre fils Gargantua a reçus en passant devant le bois de Vède, par la traîtrise de vos ennemis. Mais ils en ont été si bien récompensés qu'ils sont tous morts dans les ruines du château, comme les Philistins par l'invention de Samson, et comme ceux qui furent écrasés sous la tour de Siloé, dont parle Luc, 13[6]. C'est pourquoi je suis d'avis que nous poursuivions, pendant que la chance est pour nous. Car l'Occasion n'a de cheveux que sur le front : quand elle est passée, on ne peut plus la faire revenir ; elle est chauve sur le derrière de la tête et ne se retrouve jamais[7].

– En vérité, dit Grandgousier, ce ne sera pas maintenant car je veux vous faire fête ce soir ; soyez les très bienvenus.»

Cela dit, on apprêta le souper, et de plus on rôtit : seize bœufs, trois génisses, trente-deux veaux, soixante-trois chevreaux de l'été, quatre-vingt-quinze moutons, trois cents cochons de lait à beau moût[8], deux cent vingt perdrix, sept cents bécasses, quatre cents chapons du Loudunois[9] et de Cornouaille[10], six mille poulets et autant de pigeons, six cents gelinottes[11], quatorze cents levrauts[12], trois cent trois outardes[13] et mille sept cents coquelets. Du gibier, on ne put aussi rapidement en trouver, sauf onze sangliers envoyés par l'abbé de Turpenay, et dix-huit bêtes rousses[14] données par le seigneur de Grandmont, avec une quarantaine de faisans qu'envoya le seigneur des Essarts, et quelques douzaines de ramiers[15], d'oiseaux de rivière, sarcelles, butors, courlis, pluviers, oies, bécassines,

---

5. Janotus de Braquemardo formulait un vœu similaire au chapitre XX.

6. Samson écarte les colonnes d'un palais qui s'effondre sur les Philistins ; la tour de Siloé s'effondre sur dix-huit personnes, les tuant.

7. L'Occasion est représentée allégoriquement comme une femme à moitié chauve, avec une longue mèche flottante au vent.

8. Avec une belle sauce au vin.

9. Région de Loudun, célèbre au XVIe siècle pour ses volailles.

10. Bretagne.

11. Oiseaux voisins de la perdrix.

12. Jeunes lièvres.

13. Échassiers que l'on chasse comme un gibier.

14. Jeunes sangliers.

15. Pigeons sauvages.

tadornes, spatules, hérons, héronneaux, foulques, aigrettes, cigognes, canepetières[1], et bonne provision de potages[2].

Rien ne manquait, il y avait vivres en suffisance, qui furent bien apprêtés par Fripesauce, Hochepot et Pilleverjus[3], cuisiniers de Grandgousier.

Janot, Micquel et Verrenet[4] préparèrent fort bien à boire.

Comment Gargantua mangea en salade six pèlerins

CHAPITRE XXXVIII (CHAPITRE XXXVI éd. 1534)

Il faut ici raconteur ce qui arriva à six pèlerins venant de Saint-Sébastien près de Nantes[5] qui, pour s'abriter pendant la nuit de peur des ennemis, s'étaient cachés dans le potager, sur les petits pois, entre les choux et les laitues. Gargantua se sentant quelque peu altéré demanda si l'on pourrait trouver des laitues pour faire une salade. Apprenant qu'il y avait là les plus belles et grandes du pays, aussi grandes que des pruniers ou noyers[6], il voulut y aller lui-même et en emporta dans sa main ce qu'il voulut. Il emporta en même temps les six pèlerins, qui avaient si grand peur qu'ils n'osaient parler ni tousser.

Écoutez bien cette histoire...

Par cette formule empruntée aux romans de chevalerie, Rabelais assume sa digression, comme pour inviter le lecteur à y trouver du plaisir et à en chercher le sens.

1. Longue énumération d'oiseaux qui rappelle l'ambition encyclopédique des humanistes.
2. Viandes bouillies.
3. Un « fripesauce » est un gourmand, qui mange goulûment, un « hochepot » est un ragoût, et « pilleverjus » renvoie au vergus, que l'on obtient en écrasant le raisin.
4. Qui laisse son verre net, donc qui le vide complètement.
5. On se rend à Saint-Sébastien d'Aigne (aujourd'hui Saint-Sébastien-sur-Loire) pour implorer une protection contre la peste.
6. Les laitues du géant Gargantua sont donc géantes. C'est la seule fois que l'environnement s'adapte à la taille du personnage.

Tandis qu'il les lavait d'abord à la fontaine, les pèlerins se disaient à voix basse : « Que faire ? Nous allons nous noyer ici, au milieu de ces laitues. Allons-nous parler ? Mais si nous parlons, il va nous tuer comme espions. » Et comme ils délibéraient ainsi, Gargantua les mit avec les laitues dans un plat de la maison, aussi grand que le tonneau de Cîteaux[7] et, assaisonnés d'huile, de vinaigre et de sel, les mangea pour se rafraîchir avant le souper ; il avait déjà englouti cinq des prisonniers. Le sixième était dans le plat, caché sous une feuille de laitue, sauf son bâton[8] qui apparaissait par-dessus. À cette vue, Grandgousier dit à Gargantua :

« Je crois que c'est là une corne d'escargot ; ne la mangez pas.

– Pourquoi ? dit Gargantua. Ils sont bons tout ce mois. »

Et, tirant à lui le bâton, il enleva en même temps le pèlerin, et le mangea d'un coup. Puis il but un terrible coup de vin pineau[9] ; et ils attendirent le souper.

Les pèlerins ainsi dévorés[10] se dégagèrent des meules de ses dents du mieux qu'ils purent ; ils pensaient qu'on les avait mis dans quelque cul de basse-fosse[11] et, lorsque Gargantua but son grand coup, ils crurent bien se noyer dans sa bouche, le torrent de vin les emportant presque dans le gouffre de son estomac ; pourtant, en sautant à l'aide de leurs bâtons comme les pèlerins de Saint-Michel[12], ils se réfugièrent au bord des dents. Mais par malheur, l'un d'eux, en tâtant de son bâton les environs pour savoir s'ils étaient en sûreté, frappa rudement au défaut d'une dent creuse et blessa le nerf de la mâchoire ; Gargantua en éprouva une très forte douleur et se mit à hurler de la souffrance qu'il endurait. Pour se soulager, il fit apporter son cure-dent et, sortant vers le noyer, vous dénicha bien messieurs les pèlerins. Il agrippait l'un par les jambes, un autre par les épaules, un autre par la besace, un autre par la bourse, l'autre par son écharpe, et le pauvre hère[13] qui l'avait blessé de son bâton,

---

7. La cuve de l'abbaye de Citeaux pouvait contenir, dit-on, trois cents muids, un muid équivalant à 280 litres environ.

8. Les pèlerins se munissent d'un bâton, qui leur sert de bâton de marche et d'arme le cas échéant.

9. Vin blanc.

10. Les géants ont des liens avec les ogres, et ils peuvent avoir une sorte de monde dans leur bouche. C'est déjà le cas dans *Pantagruel*, chap. XXII et XXIII.

11. Cachot souterrain.

12. Allusion, peut-être, aux manifestations de joie des pèlerins à l'approche de leur destination, ici le Mont-Saint-Michel.

13. Misérable.

il l'accrocha par la braguette : ce qui lui fut pourtant une grande chance, car il lui perça une tumeur chancreuse[1] qui le martyrisait depuis qu'ils avaient passé Ancenis.

Ainsi les pèlerins dénichés s'enfuyaient en toute hâte à travers la vigne, et la douleur s'apaisa.

À ce moment, Eudémon l'appela pour souper, car tout était prêt : « Je m'en vais donc, dit-il, pisser ma douleur[2]. »

Et il pissa si copieusement que l'urine coupa la route aux pèlerins, qui furent contraints de franchir ce torrent. De là, passant par l'orée du bosquet, en chemin ils tombèrent tous, sauf Fournillier, dans une trappe qu'on avait creusée pour prendre les loups au filet ; ils s'en échappèrent grâce à l'adresse de Fournillier, qui brisa les lacets et les cordages. Sortis de là, pour le reste de la nuit ils couchèrent dans une cabane près du Coudray. Ils s'y réconfortèrent de leur malheur grâce aux bonnes paroles d'un de la compagnie, nommé Lasdaller[3], qui leur démontra que cette aventure avait été prédite par David dans son psaume : « *Quand les hommes se levèrent contre nous, peut-être nous auraient-ils avalés tout vifs*, quand nous fûmes mangés en salade à la croque-au-sel ; *quand, dans le feu de leur colère, les eaux pouvaient nous submerger*, quand il but le grand coup ; *notre âme a traversé le torrent*, quand nous passâmes la grande rigole ; *peut-être notre âme eût-elle franchi les eaux insupportables*, de son urine dont il nous coupa le chemin. *Béni soit le Seigneur, qui n'a pas fait de nous la proie de leurs dents. Notre âme comme un passereau a échappé au filet des chasseurs*, quand nous tombâmes dans le piège. *Le filet a été rompu* par Fournillier, *et nous avons été libérés. Notre secours*, etc. »

1. Due à une maladie vénérienne.
2. Évacuer ma douleur en pissant (comme s'il était atteint de chaude-pisse, maladie vénérienne).
3. Lasdaller est fatigué (las) d'avancer (d'aller), ce qui est paradoxal pour un pèlerin, ou il peine à aller à la selle...

Un apologue au service de la satire religieuse

Le psaume 123 sert de support à la satire religieuse. À celle des pèlerinages d'abord, dont les humanistes ne croient pas qu'ils vaillent autant qu'un bon repentir. Puis à la manie de chercher dans les Psaumes un brouillon prophétique adapté aux situations personnelles et triviales. Enfin aux lectures et traductions assez curieuses qui sont faites du latin.

Comment le Moine fut fêté par Gargantua et des beaux propos qu'il tint en soupant

CHAPITRE XXXIX (CHAPITRE XXXVII éd. 1534)

Lorsque Gargantua fut à table et qu'on eut englouti les hors-d'œuvre, Grandgousier commença à raconter l'origine et la cause de la guerre déclenchée entre lui et Picrochole ; il en vint à raconter comment Frère Jean des Entommeures avait triomphé dans la défense de l'enclos de l'abbaye, célébrant ce haut fait plus que les prouesses de Camille[4], Scipion[5], Pompée[6], César[7] et Thémistocle[8]. Aussi Gargantua réclama qu'on l'envoyât chercher sur l'heure, afin qu'on se concertât avec lui sur ce qu'il y avait à faire. Sur ce désir, son maître d'hôtel alla le chercher et le ramena joyeusement, muni de son bâton de croix, sur la mule de Grandgousier.

Quand il arriva, on lui fit mille caresses, mille embrassades, mille bonjours :

« Hé, Frère Jean, mon ami !

– Frère Jean, mon bon cousin, Frère Jean de par le diable !

– L'accolade, mon ami !

– Embrassons-nous !

– Viens là, couillon, que je t'embrasse à t'étouffer ! »

Et Frère Jean de rire ! Jamais personne ne fut si courtois ni si gracieux.

« Çà, çà, dit Gargantua, un tabouret ici, près de moi, au haut bout de la table.

– Je veux bien, dit le Moine, puisque vous le voulez ainsi. Page, de l'eau ! Verse, mon enfant, verse ; elle me rafraîchira le foie. Donne-m'en que je me gargarise.

---

4. Marius Furius Camillus, général romain du IVe s. av. J.-C., qui remporta de nombreuses batailles contre les Étrusques.

5. Scipion l'Africain, général romain du IIIe s. av. J.-C., qui remporta des batailles contre les Carthaginois.

6. Pompée, homme politique romain du Ier s. av. J.-C., vainqueur de Mithridate et rival de César.

7. Jules César est notamment l'homme qui conquit la Gaule.

8. Thémistocle est un général grec du VIe s. av. J.-C. qui mena des combats victorieux contre les Perses.

– *La chape enlevée*[1], dit Gymnaste. Ôtons ce froc[2].

– Ho, par Dieu, dit le Moine, mon gentilhomme, il y a un chapitre dans les *Statuts de l'ordre*[3] qui n'admet pas ce cas.

– Merde, dit Gymnaste, merde pour votre chapitre[4]. Ce froc vous brise les épaules ; enlevez-le.

– Mon ami, dit le Moine, laisse-le-moi ; car, par Dieu, je n'en bois que mieux ; il me rend le corps tout joyeux. Si je l'enlève, Messieurs les pages en feront des jarretières[5], comme on me le fit une fois à Coulaines. Et surtout, je n'aurai aucun appétit. Mais si, avec cet habit, je m'assieds à table, je boirai, par Dieu ! à ta santé et à celle de ton cheval, et de bon cœur. Dieu protège la compagnie ! J'avais soupé ; mais ce n'est pas pour cela que je ne mangerai pas, car j'ai un estomac blindé, creux comme le tonneau de saint Benoît[6] et toujours ouvert comme la gibecière[7] d'un avocat. De tout poisson, sauf de la tanche, prenez l'aile de la perdrix. Cette cuisse de levraut est bonne pour les goutteux. À propos, savez-vous pourquoi les cuisses d'une demoiselle sont toujours fraîches[8] ?

– Ce problème, dit Gargantua, ne se trouve ni chez Aristote, ni chez Alexandre d'Aphrodise[9], ni chez Plutarque[10].

– C'est, dit le Moine, pour les trois raisons qui font qu'un lieu est naturellement frais : primo, parce que l'eau y coule tout du long ; secundo, parce que c'est un lieu ombragé, obscur et ténébreux, où jamais ne luit le soleil ; et tertio parce qu'il est continuellement éventé des vents du trou de bise[11], de la chemise, et en plus de la braguette. Et youpi ! Page, à boire ! … Crac, crac, crac… Que Dieu est bon, qui nous donne ce bon pot ! … Je jure Dieu que, si j'avais été au temps de Jésus-Christ, j'aurais bien empêché que les Juifs ne le prennent au jardin des Oliviers[12]. Et que le diable m'emporte si je n'aurais pas

---

1. Formule liturgique, indiquant que l'officiant, le prêtre, doit ôter sa chape, à la fin des offices.
2. Habit religieux.
3. Frère Jean obéit aux statuts de son ordre, mais pour des raisons carnavalesques : chez lui, l'habit d'un Moine fait le bon buveur.
4. Assemblée des moines d'un monastère.
5. Cordons destinés à maintenir les bas (des hommes comme des femmes).
6. Immense tonneau d'un couvent bénédictin de Bologne.
7. Grande bourse qui se porte à la ceinture.
8. Séries de coq-à-l'âne : on passe du poisson au lièvre en passant par la perdrix, et de l'aile à la cuisse de jeune fille.
9. Philosophe grec du IIe s. ap. J.-C.
10. Moraliste grec du Ier s. ap. J.-C.
11. Nom argotique de l'anus.
12. Lieu où Jésus-Christ fut arrêté.

coupé les jarrets de Messieurs les Apôtres, qui s'enfuirent si lâchement après avoir bien soupé en laissant leur bon maître en danger ! Je hais plus que poison un homme qui s'enfuit quand il faut jouer du couteau. Ha, que ne suis-je roi de France pour quatre-vingts ou cent ans ! Par Dieu, je vous châtrerais bien les fuyards de Pavie[13] ! Que la fièvre les étouffe ! Pourquoi ne sont-ils pas morts sur place plutôt que de laisser leur bon prince dans un tel péril ? N'est-il pas meilleur et plus honorable de mourir en se battant bravement que de vivre en fuyant lâchement ? … Nous ne mangerons guère d'oisons cette année… Ha, mon ami, donne-moi de ce cochon… Diable ! il n'y a plus à boire : *germina vite la tige de Jessef*[14]. Je r'nie ma vie, je meurs de souef… Ce vin n'est pas des plus mauvais. Quel vin buviez-vous à Paris ? Le diable m'emporte si je n'y ai pas tenu pendant six mois, à une certaine époque, maison ouverte à tout venant. Est-ce que vous connaissiez Frère Claude de Saint Denis ? Ô le bon compagnon que c'était ! Mais quelle mouche l'a piqué ? Il ne fait rien qu'étudier depuis je ne sais combien de temps. Pour moi, je n'étudie pas. Dans notre abbaye, nous n'étudions jamais, de peur des oreillons. Notre ancien abbé disait que c'est une chose monstrueuse de voir un Moine savant. Par Dieu, monsieur mon ami, *les plus grands clercs ne sont pas les plus savants…* On n'a jamais vu autant de lièvres que cette année[15]. Je n'ai pu trouver nulle part d'autour ou de tiercelet[16]. Monsieur de la Bellonnière m'avait promis un faucon, mais il m'a écrit il y a peu qu'il était tout pantelant. Désormais les perdrix vont nous manger les oreilles. Je ne prends pas de plaisir à la chasse aux pièges, car je m'y ennuie. Si je ne cours pas, si je ne me démène pas, je ne suis pas à mon aise. C'est vrai que, en sautant les haies et les buissons, mon froc y laisse du poil. J'ai découvert un bon lévrier. Je donne au diable si un seul lièvre lui échappe. Un laquais l'amenait à Monsieur de Maulevrier ; je le lui ai pris. Ai-je mal agi ?

---

13. Allusion à la défaite de 1525, où une partie des troupes a abandonné le roi François Ier prisonnier.

14. Plaisanterie reposant sur la quasi homophonie entre « germinavit » et « je renie ma vie » et « Jessef », « j'ai soif » (prononcé *sé*). Frère Jean fait ainsi allusion au rêve de Jessé qui a vu sortir de lui une longue série de descendants jusqu'au Christ. Ce songe est représenté par un arbre dont les fruits sont des personnages, et souvent, cet arbre est une tige de vigne.

15. Nouveau coq-à-l'âne : on est passé de l'ignorance des moines à la chasse.

16. Oiseaux rapaces.

– Mais non, Frère Jean, dit Gymnaste, mais non, par tous les diables, non !

– Alors, dit le Moine, buvons à ces diables pendant qu'ils vivent encore ! Vertudieu ! qu'en aurait fait ce boiteux ? Cordieu ! il prend plus de plaisir quand on lui donne une bonne paire de bœufs !

– Comment, dit Ponocrates, vous jurez, Frère Jean ?

– Ce n'est, dit le Moine, que pour orner mon langage. Ce sont des fleurs de rhétorique cicéronienne. »

Pourquoi les Moines sont rejetés du monde et pourquoi certains ont le nez plus grand que les autres

CHAPITRE XL (CHAPITRE XXXVIII éd. 1534)

« Foi de chrétien ! dit Eudémon, je me prends à rêver, à considérer l'honnêteté[1] de ce Moine ; car il nous divertit fort. Comment se fait-il qu'on rejette les Moines de toutes les bonnes compagnies, en les traitant de trouble-fête, comme les abeilles chassent les frelons de leurs ruches[2] ?

La troupe paresseuse des frelons,

dit Virgile[3],

elles les chassent de leurs demeures. »

Gargantua répondit :

« Il est bien vrai que le froc[4] et la cagoule attirent les opprobres[5], les injures et les malédictions du monde, tout comme le vent appelé Cecias[6] attire les nuages. La raison indiscutable en est qu'ils mangent la merde du monde, c'est-à-dire les péchés et que, comme

1. Le mot « honnêteté » est inattendu, car le Moine n'est pas très proche de ce qu'exigent les lois de la civilité, si on la définit par l'idéal du *Courtisan* de Castiglione.

2. L'inutilité sociale des Moines, ce pour quoi on les oppose aux laborieuses abeilles, est un thème constant des attaques humanistes.

3. Poète latin.

4. Vêtement des moines qui comporte un capuchon et qui couvre les épaules.

5. Déshonneur.

6. Référence mythologique déjà reprise par Érasme.

mange-merde, on les rejette dans leurs latrines, leurs couvents et abbayes, à l'écart de toute conversation policée comme le sont les latrines d'une maison[7]. Et si vous comprenez pourquoi un singe dans une maison est toujours raillé et harcelé, vous comprendrez pourquoi les Moines sont fuis par tous, vieux et jeunes. Le singe ne garde pas la maison comme un chien ; il ne tire pas la charrue comme le bœuf ; il ne produit ni lait ni laine comme la brebis ; il ne porte pas de fardeau comme le cheval. Tout ce qu'il fait, c'est de tout conchier[8] et d'abîmer, ce pourquoi il ne recueille que moqueries et coups de bâton. De la même façon, un Moine (je veux parler de ces Moines oisifs) ne laboure pas comme le paysan, ne défend pas le pays comme l'homme de guerre, ne guérit pas les malades comme le médecin, ne prêche ni n'instruit le peuple comme le bon docteur évangélique[9] ou le pédagogue, n'assure pas les aises et les besoins de la collectivité comme le marchand. C'est pourquoi ils sont raillés et détestés par tous.

– Sans doute, dit Grandgousier, mais ils prient Dieu pour nous.

– Nullement, répondit Gargantua. Tout ce qu'ils font, c'est de déranger tout le voisinage à force de faire tintinnabuler leurs cloches.

– Bien sûr, dit le Moine, une messe, une matine, une vêpre[10] bien sonnées sont à moitié dites.

– Ils marmonnent une masse d'antiennes[11] et de psaumes qu'ils ne comprennent nullement. Ils débitent force patenôtres[12], entrelardées de longs *Je vous salue Marie* sans y penser ni rien y comprendre. Et j'appelle cela moque-Dieu, non prière. Mais que Dieu les aide, s'ils prient pour nous et non par peur de perdre leurs miches et leurs soupes grasses. Tous les vrais chrétiens, de toute

Réflexion sur la prière

Rabelais fait la distinction entre les prières que les prêtres font machinalement parce que c'est leur devoir, et les vraies prières de dévotion, que peut faire n'importe quel bon croyant. La distinction n'est donc plus entre deux ordres, clergé et laïques, mais entre des relations sincères ou non avec Dieu.

7. Les Moines servent de confesseurs et en principe font pénitence pour les péchés du monde, c'est-à-dire pour toutes les impuretés. La comparaison avec les singes est à relier au thème d'un mimétisme mécanique et stupide.

8. Souiller d'excréments.

9. Rabelais valorise le rôle des prêcheurs évangéliques.

10. Messe du matin et messe du soir.

11. Phrases qu'ils répètent jusqu'à ce qu'elles n'aient plus aucun sens.

12. Chapelets, séries de prières.

condition, en tout lieu, en tout temps, prient Dieu, et l'Esprit prie et intercède en leur faveur, et Dieu les prend en grâce. Mais ce n'est pas le cas de notre bon Frère Jean. C'est pourquoi chacun souhaite sa compagnie. Il n'est pas bigot[1] ; il n'est point dépenaillé ; il est honnête, joyeux, décidé, bon compagnon. Il travaille ; il se rend utile ; il défend les opprimés ; il réconforte les affligés ; il aide les malheureux ; il protège l'enclos de l'abbaye.

– Et j'en fais bien plus, dit le Moine ; car, au chœur, tout en expédiant les matines et les messes anniversaires, en même temps je fais des cordes d'arbalète, je polis des flèches et des carreaux[2], je fais des filets et des pièges pour prendre les lapins. Je ne suis jamais oisif. Mais or çà, à boire, à boire, donc ! Apporte les fruits ; ce sont des châtaignes du bois d'Estrocz. Avec du bon vin nouveau, vous voilà bon ordonnateur de pets. Vous n'êtes pas encore bien gais, ici. Par Dieu, je bois à tous les abreuvoirs, comme un cheval de promoteur[3] ! »

Gymnaste lui dit :

« Frère Jean, enlevez donc cette goutte qui vous pend au nez.

– Ha, ha, dit le Moine, serais-je en danger de me noyer, vu que j'ai de l'eau jusqu'au nez ? Non, non. Pourquoi ? Parce qu'elle en sort bien, mais n'y entre pas, car mon nez est bien protégé par la treille[4]. Ô mon ami, celui qui aurait des bottes d'hiver de tel cuir pourrait hardiment pêcher les huîtres, car jamais elles ne prendraient l'eau.

– Pourquoi, dit Gargantua, Frère Jean a-t-il un nez si avantageux ?

– Parce que, répondit Grandgousier, Dieu l'a voulu ainsi, lui qui nous façonne à sa guise, selon son divin choix, comme un potier façonne ses vases[5].

– Parce que, dit Ponocrates, il fut dans les premiers à la foire des nez. Il a pris parmi les plus beaux et les plus grands.

– Holà ! dit le Moine. Selon la vraie philosophie monastique, c'est parce que ma nourrice avait les tétons un peu mous : en

---

1. Croyant qui fait preuve de superstition.

2. Projectiles envoyés par l'arbalète.

3. Les promoteurs ecclésiastiques sont des juges, ils acceptent tous les cadeaux au passage.

4. Vigne que l'on fait pousser contre un support.

5. Grandgousier cite les évangiles (Paul, *Épître aux Romains*, « Dieu modèle chacun comme un potier »).

la tétant, mon nez s'y enfonçait comme dans du beurre, et là il levait et croissait comme la pâte dans le pétrin. Les seins durs des nourrices rendent les enfants camus[6]. Mais gai, gai ! *À la forme du nez se connaît le chemin du septième ciel*[7]... Je ne mange jamais de confitures. Page, à boire ! Avec des rôties ! »

Comment le Moine fit dormir Gargantua, et de ses heures et bréviaire

CHAPITRE XLI (CHAPITRE XXXIX éd. 1534)

Le souper achevé, ils se concertèrent sur l'affaire en suspens ; on conclut que vers minuit on sortirait en embuscade pour savoir les dispositifs de l'ennemi, et qu'en attendant on se reposerait un peu, pour être plus frais. Mais Gargantua ne pouvait dormir, quelle que soit sa position. Alors le Moine lui dit :

« Je ne dors jamais bien à mon aise, sauf quand je suis au sermon ou quand je prie Dieu. Je vous en supplie, commençons, vous et moi, les sept psaumes[8] pour voir si vous ne serez pas bientôt endormi. »

L'idée plut beaucoup à Gargantua et, ayant commencé au premier psaume, dès le *Bienheureux qui*[9]... ils s'endormirent l'un et l'autre. Mais le Moine ne manqua pas de s'éveiller avant minuit tant il était habitué au rythme des matines du cloître[10]. Réveillé, il éveilla tous les autres en chantant à pleine voix :

« Ho, Regnault, réveille-toi, debout,
Ô, Regnault, réveille-toi. »

---

6. Avec le nez court et aplati.

7. La plaisanterie repose sur la croyance populaire selon laquelle la mesure du nez permet de pronostiquer celle du sexe et sa vigueur. De plus, le psaume 122 débute par « J'ai levé les yeux vers toi, Seigneur ».

8. Sept psaumes de la pénitence.

9. *Beati*, premier verset du psaume 31, second des Psaumes pénitentiaux. Il est suspect que le vertueux Gargantua s'endorme grâce aux Psaumes, mais tout va à l'envers avec les mœurs de Frère Jean : on va le voir ensuite avec son hygiène de vie.

10. Elles sont sonnées à minuit, ce qui peut expliquer que Frère Jean s'endorme quand il est au sermon.

Quand tous furent éveillés, il dit :

« Messieurs, on dit qu'on commence les matines en toussant, et le souper en buvant. Faisons le contraire : commençons maintenant nos matines en buvant, et ce soir, au début du souper, nous tousserons à qui mieux mieux. »

Gargantua dit alors :

« Boire si tôt après le sommeil, ce n'est pas un régime prescrit par la médecine. Il faut d'abord se purger l'estomac des superfluités et excréments.

– Voilà de la bonne médecine ! dit le Moine. Que cent diables me patafiolent[1] s'il n'y a pas plus de vieux ivrognes que de vieux médecins ! Faites votre régime autant que vous voudrez, je m'en vais prendre ma purge.

– De quelle purge parlez-vous ?

– De mon bréviaire[2], dit le Moine ; car – tout comme les fauconniers, avant de nourrir leurs oiseaux, leur font dépecer quelque patte de poulet pour les purger de leurs humeurs et les mettre en appétit –, moi, en prenant ce bon petit bréviaire le matin, je me nettoie la gorge, et me voilà prêt à boire.

– Selon quel mode, dit Gargantua, dites-vous ces belles prières ?

– À la mode de Fécamp, dit le Moine, trois psaumes et trois lectures, ou rien du tout si on veut[3]. Je ne m'astreins jamais aux prières : les prières sont faites pour l'homme, et non l'homme pour les prières. C'est pour cela que j'en use comme des étriers ; je les raccourcis ou je les allonge comme bon me semble : *Une brève oraison pénètre les cieux, une longue beuverie épuise les coupes.* Où est-ce donc écrit ?

– Ma foi, dit Ponocrates, je n'en sais rien, mon petit couillon ; mais tu vaux de l'or !

– En cela je vous ressemble, dit le Moine. Mais *Venez que nous buvions*[4]. »

---

1. M'emportent.

2. Sans doute son flacon.

3. Les offices s'adaptent aux saisons, et trois est le minimum des prières prévues. La règle monastique, adaptée aux personnes, n'est plus une règle. On comprend pourquoi à Thélème, il n'y aura ni horloge, ni horaire.

4. Parodie de *Venite adoremus* (« Venez et prions »), verset du rituel des matines (psaume 94).

On apprêta des carbonnades[5] avec force bonnes soupes grasses, et le Moine but à satiété. Certains lui tinrent compagnie, les autres s'en allèrent. Après, chacun commença à s'armer et à se vêtir ; ils armèrent le Moine malgré lui, car il ne voulait d'autres armes que son froc pour se protéger l'estomac et le bâton de la croix dans la main. Pourtant, il fut, selon leurs vœux, armé de pied en cap et monté sur un bon coursier, avec un gros braquemart[6] au côté ; et avec lui Gargantua, Ponocrates, Gymnaste, Eudémon et vingt-cinq des plus hardis de la maison de Grandgousier, tous bien armés, la lance au poing, montés comme saint Georges[7], chacun ayant un arquebusier en croupe.

Comment le Moine encouragea ses compagnons et comment il fut suspendu à un arbre

CHAPITRE XLII (CHAPITRE XL éd. 1534)

Or donc les nobles champions partent vers leurs aventures[8], bien décidés à savoir quel assaut il faudra engager et de quoi il faudra se garder[9] quand viendra le jour de la grande et terrible bataille. Le Moine les encourage en disant :

« Mes enfants, n'ayez crainte ni doute. Je vous conduirai en sûreté. Que Dieu et saint Benoît soient avec nous ! Si j'avais autant de force que de courage, morbleu ! je vous les plumerais comme un canard ! Je ne crains que l'artillerie. Je connais pourtant une oraison que m'a donnée le sous-sacristain de notre abbaye, qui protège de toutes les bouches à feu ; mais elle ne me servira à rien, car je n'y

---

5. Viandes grillées.

6. Une épée, mais renvoie aussi chez Rabelais à la braguette.

7. Saint Georges est un saint chevalier, vainqueur du dragon.

8. On retrouve ici le vocabulaire des romans de chevalerie que parodie Rabelais.

9. Se protéger.

crois pas[1]. Mais mon bâton de croix fera merveille. Par Dieu, celui d'entre vous qui canera[2], je me donne au diable si je ne le fais Moine à ma place et ne l'entortille de mon froc : il guérit de la couardise. N'avez-vous pas entendu parler du lévrier de Monsieur de Meurles qui ne valait rien pour la chasse ? Il lui mit un froc. Cordieu ! il ne laissa plus fuir ni lièvre ni renard, et, en plus, il couvrit toutes les chiennes du pays, lui qui était auparavant éreinté et du nombre des *froids et maleficiés*[3]. »

Tout en vitupérant[4] ainsi, le Moine passa sous un noyer, en allant vers la Saulaie ; la visière de son heaume s'accrocha au moignon d'une grosse branche du noyer. Malgré cela, il donna un vigoureux coup d'éperons à son cheval ; comme celui-ci était ombrageux, il bondit en avant : le Moine, voulant décrocher sa visière, lâche la bride et de la main se suspend aux branches, pendant que le cheval se dérobe sous lui. Ainsi le Moine resta suspendu au noyer, criant à l'aide et au meurtre et dénonçant une trahison.

Eudémon l'aperçut le premier, et, appelant Gargantua, dit : « Sire, venez voir cet Absalon[5] suspendu ! » Gargantua vint, considéra la contenance du Moine et la façon dont il était suspendu, et dit à Eudémon :

« Vous vous trompez en le comparant à Absalon, car Absalon était suspendu par les cheveux ; mais le Moine, qui est tondu, est suspendu par les oreilles.

– Aidez-moi, dit le Moine, par tous les diables ! Est-ce bien le moment de plaisanter ? Vous me faites penser aux prêcheurs de décrétales[6], qui disent que si l'on voit son prochain en danger de mort, on doit, sous peine d'excommunication majeure, l'exhorter

1. Ce sous-sacristain, contrairement à Frère Jean, est superstitieux : il prodigue des formules religieuses magiques qui vous protègent des maladies, accidents, ici blessures par armes à feu.

2. Reculera devant le danger.

3. La rubrique *Des froids et maléficiés* (« des frigides et des impuissants ») est un chapitre que l'on trouve dans tous les ouvrages consacrés aux démons, car les sorcières passent pour « nouer l'aiguillette », ce qui fait soupçonner tout cas d'impuissance d'être dû au diable. Le froc sert de contrepoison, plaisanterie usuelle sur les capacités des Moines (bien reposés et réchauffés, eux).

4. Criant, s'énervant.

5. Selon la Bible, Absalon, fils du roi David, reste accroché à un arbre par les cheveux. Il est alors tué par Joab.

6. Ordonnances du pape.

à se confesser et à se mettre en état de grâce plutôt que de l'aider. Aussi quand je les verrai tomber dans la rivière et prêts à se noyer, au lieu d'aller les chercher et de leur tendre la main, je leur ferai un beau et long sermon *sur le mépris du monde et la fuite du siècle*, et, lorsqu'ils seront raides morts, j'irai les repêcher.

– Ne bouge pas, mon mignon, dit Gymnaste, je vais aller te chercher, car tu es un gentil petit Moine :

Un Moine dans son cloître
Ne vaut pas deux œufs,
Mais quand il est dehors,
Il en vaut bien trente.

« J'ai vu plus de cinq cents pendus, mais je n'en ai jamais vu qui pendouillent de si bonne grâce, et si je l'avais aussi bonne, je voudrais ainsi pendre toute ma vie.

– Aurez-vous bientôt assez prêché ? dit le Moine. Aidez-moi, de par Dieu, puisque de par l'Autre[7] vous ne voulez pas. Par l'habit que je porte, vous vous en repentirez *en temps et lieu choisis.* »

Alors Gymnaste descendit de cheval et, grimpant sur le noyer, souleva le Moine par les aisselles d'une main, et de l'autre décrocha la visière de l'arbre, puis il le laissa tomber par terre et sauta derrière lui.

Dès qu'il fut descendu, le Moine se défit de tout son harnachement[8], et en jeta les pièces l'une après l'autre sur-le-champ, et, reprenant son bâton de croix, il remonta sur son cheval qu'Eudémon avait arrêté dans sa fuite.

Et ils s'en vont gaiement sur le chemin de la Saulaie.

7. Le diable.
8. Équipement.

L'importance d'aider son prochain

Frère Jean souligne l'importance d'aider son prochain autant que de contribuer à son salut. Il se moque de la peur de la damnation pour ceux qui mouraient sans sacrements et du livre très célèbre du pape Innocent III, *Du mépris du monde*, dans lequel on trouve des conseils pour son salut.

Comment l'avant-garde de Picrochole rencontra Gargantua. Et comment le Moine tua le capitaine Tyravant, puis fut fait prisonnier par les ennemis

CHAPITRE XLIII (CHAPITRE XLI éd. 1534)

Picrochole, en entendant le rapport de ceux qui avaient fui en déroute lorsque Tripet fut étripé, fut pris d'un grand courroux en apprenant que les diables avaient fondu sur ses gens ; pendant toute la nuit il tint conseil, Hastiveau et Toucquedillon décrétèrent que sa puissance était telle qu'il pourrait défaire tous les diables d'enfer s'ils y venaient, ce que Picrochole, n'y croyant nullement, n'accepta pas de confiance.

Il envoya donc en reconnaissance, sous la conduite du comte de Tyravant[1], seize cents chevau-légers[2] comme avant-garde, tous bien aspergés d'eau bénite et portant en guise d'enseigne une étole[3] en écharpe, pour que, à tout hasard, s'ils rencontraient les diables, la vertu tant de l'eau grégorienne[4] que des étoles les fasse disparaître et s'évanouir. Ils coururent donc jusqu'aux environs de La Vauguyon et de la Léproserie mais, ne trouvant personne à qui parler, ils repassèrent par les hauteurs et, dans la cabane qui servait d'abri de berger, trouvèrent les cinq pèlerins que, liés et ficelés, ils emmenèrent comme des espions, malgré leurs exclamations, leurs adjurations[5] et leurs prières. Alors qu'ils descendaient vers Seuillé, Gargantua les entendit et dit à ses gens :

« Compagnons, nous voici au contact ; ils sont au moins dix fois plus nombreux que nous : allons-nous les attaquer ?

— Et que diable ferions-nous d'autre ? dit le Moine. La valeur des hommes dépend-elle de leur nombre et non de leur courage et

Une incohérence ?

Pourquoi ne sont-ils plus six ? Rabelais a-t-il interrompu la rédaction de son roman et fait-il preuve d'incohérence ? Ou veut-il que le lecteur reste en éveil et s'interroge ?

1. C'est lui qui doit tirer le premier.
2. Soltats de cavalerie.
3. Ornement liturgique qui a la forme d'une écharpe.
4. Mélange d'eau, de cendre et de vin, pour purifier les églises profanées, selon le rite de saint Grégoire le Grand.
5. Prières, supplications.

de leur hardiesse ? » Puis il s'écria : « À l'attaque, par tous les diables, à l'attaque ! »

En entendant cela, les ennemis pensèrent que c'était assurément des diables, et ils commencèrent à fuir à bride abattue, excepté Tyravant qui, lance en arrêt, frappa de toute sa force le Moine en pleine poitrine ; mais, rencontrant le froc[6] terrifiant, le fer s'émoussa, comme si on frappait une enclume avec une petite bougie. Alors le Moine de son bâton de croix le frappa si rudiment au défaut de l'épaule[7] qu'il l'étourdit et lui fit perdre connaissance et qu'il tomba aux pieds de son cheval. En voyant l'étole qu'il portait en écharpe, le Moine dit à Gargantua :

« Ce ne sont que des prêtres ; ce n'est qu'un commencement de Moine. Par saint Jean, moi je suis un Moine achevé : je vous en tuerai comme des mouches. »

Puis il courut au grand galop à la poursuite des fuyards et, rattrapant les derniers, il les abattait comme seigle vert, frappant à tort et à travers.

Gymnaste demanda aussitôt à Gargantua s'ils devaient les poursuivre. Gargantua répondit :

« Non, car, en bonne stratégie, il ne faut jamais réduire son adversaire au désespoir, parce qu'une telle extrémité décuple ses forces et accroît son courage alors qu'il était abattu et défait ; et il n'y a pas de meilleure chance de salut pour ceux qui sont accablés et épuisés que de n'espérer aucun salut[8]. Combien de victoires ont été arrachées aux vainqueurs par les vaincus, quand ils n'ont pas fait preuve de modération mais ont essayé par tous les moyens de massacrer et détruire totalement leurs ennemis, sans en vouloir laisser un seul pour en porter la nouvelle ! Ouvrez toujours à vos ennemis une porte de sortie, et faites-leur plutôt un pont d'or afin qu'ils s'en aillent.

– Sans doute, dit Gymnaste, mais ils ont le Moine[9].

– Quoi, dit Gargantua, ils ont le Moine ? Sur mon honneur ils vont le payer cher ! Mais, pour parer à toute surprise, ne nous retirons pas encore ; attendons ici en silence, car je crois connaître

---

6. Vêtement des moines qui comporte un capuchon et qui couvre les épaules.

7. Partie du corps qui n'est pas protégée par l'os.

8. Adage rapporté par Érasme, attribué à Alphonse d'Aragon.

9. Jeu de mots sur l'expression « avoir le moine », se laisser berner.

la façon de faire de nos ennemis. Ils se guident sur les circonstances, non sur la réflexion. »

Tandis qu'ils attendaient ainsi sous les noyers, le Moine poursuivait, frappant tous ceux qu'il rencontrait, sans avoir pitié de personne, jusqu'à ce qu'il tombe sur un chevalier qui portait en croupe un des pauvres pèlerins. Comme il voulait le frapper, celui-ci s'écria :

« Ha, Monsieur le Prieur, mon ami, Monsieur le Prieur, sauvez-moi, je vous en prie ! »

En entendant ces paroles, les ennemis se retournèrent et, voyant que ce n'était que le Moine qui provoquait cet incident, le chargèrent de coups comme on charge un âne de bois ; mais il n'en sentait presque rien, surtout quand ils le frappaient sur son froc, tant il avait la peau dure. Puis ils le donnèrent à garder à deux archers et, tournant bride, ne virent personne pour les charger ; ils pensèrent donc que Gargantua s'était enfui avec son groupe. Aussi ils galopèrent vers les Noirettes aussi vite qu'ils purent pour les rattraper, laissant là le Moine avec deux archers pour le garder.

Gargantua entendit le bruit et le hennissement des chevaux et dit à ses gens :

« Compagnons, j'entends le galop des ennemis et j'en aperçois déjà certains qui foncent sur nous. Serrons les rangs, et tenons le chemin fermement. Ainsi nous pourrons les recevoir, pour leur perte et notre honneur. »

Comment le Moine se défit de ses gardes, et comment l'avant-garde de Picrochole fut défaite

CHAPITRE XLIV (CHAPITRE XLII éd. 1534)

En les voyant ainsi partir en désordre, le Moine supposa qu'ils allaient à la poursuite de Gargantua et de ses gens, et il s'attristait grandement de ne pouvoir les secourir. Puis il remarqua l'attitude de ses deux archers de garde, qui auraient volontiers couru rejoindre leur groupe pour faire quelque butin et regardaient sans cesse vers la vallée où ils descendaient. Et il raisonnait, se disant :

« Ces gens-ci sont bien mal au fait des questions militaires, car ils ne m'ont pas demandé ma parole et ne m'ont pas enlevé mon braquemart[1]. »

Aussitôt, il tira ledit braquemart et en frappa l'archer qui le tenait à droite, lui tranchant les veines jugulaires et les artères du cou jusqu'aux glandes à travers le gosier ; en retirant son arme, il lui ouvrit la moelle épinière entre la deuxième et la troisième vertèbre : l'archer en tomba raide mort. Le Moine, poussant son cheval à gauche, courut sur l'autre, qui, voyant son compagnon mort et le Moine en situation favorable, criait à haute voix :

« Ha, Monsieur le Prieur[2], je me rends ! Monsieur le Prieur, mon bon ami, Monsieur le Prieur ! »

Le Moine criait de même :

« Monsieur le Postérieur[3], mon ami, Monsieur le Postérieur, vous en prendrez sur votre postérieur !

– Ha, disait l'archer, Monsieur le Prieur, mon mignon, Monsieur le Prieur, que Dieu vous fasse abbé !

– Par l'habit que je porte, disait le Moine, moi je vous ferai cardinal. Ainsi vous rançonnez les gens d'Église ? Vous allez recevoir à l'instant un chapeau rouge[4] de ma main. »

---

1. Épée qui chez Rabelais désigne aussi la braguette.

2. Le prieur d'un monastère est le supérieur élu, rang qu'on peut ambitionner. Le garde flatte son agresseur en lui attribuant des titres de plus en plus hauts.

3. Jeu de mots : le prieur va devant le postérieur, mais le postérieur, c'est aussi les fesses.

4. Un scalp, soit un chapeau rouge, soit un chapeau de cardinal.

Explication de texte 7

Chapitre XLIV, de « En les voyant » à « un chapeau rouge de ma main. »
➔ p. 158 à 159, l. 1 à 26

Quel portrait Rabelais brosse-t-il de Frère Jean ?

SITUER

1 Diriez-vous qu'il s'agit d'un combat épique ou d'une parodie de combat ?

EXPLIQUER

Premier mouvement ➔ **« En les voyant » à « mon braquemart. »**

2 Quelles sont les motivations des deux gardes ? De Frère Jean ? (l. 1 à 5)

3 Qu'est-ce qui montre que Frère Jean est un habile combattant ?

Deuxième mouvement ➔ **« Aussitôt » à « raide mort. »**

4 Relevez les termes qui relèvent du vocabulaire médical. (l. 11 à 13)

5 Quel est l'effet produit sur le lecteur par ce récit ?

Troisième mouvement ➔ **« Le Moine, poussant son cheval à gauche » à « un chapeau rouge à la main. »**

6 Comment le garde cherche-t-il à se défendre ?

7 Comment voit-on que Frère Jean manie le langage comme son épée ?

CONCLUSION

8 Le portrait de Frère Jean est-il parfaitement élogieux ?

ÉTUDE DE LA LANGUE

Comparez la question « Ainsi vous rançonnez les gens d'Église ? » avec sa formulation dans le texte original. Quelles remarques pouvez-vous faire ?

CARNET DE LECTEUR

Lisez quelques récits de combats épiques (par exemple, le combat de Pâris et Menelas dans l'*Iliade*, ou celui de Lancelot et Méléagant dans *Lancelot ou le Chevalier de la charrette*). Comparez-les avec ce récit.

Explication de texte 7

Chapitre XLIV, de « Le Moyne, les voyant » à « a ceste heure de ma main. »

Texte original

Le Moyne, les voyant ainsy departir en desordre, conjectura qu'ilz allaient charger sus Gargantua et ses gens, et se contristoit merveilleusement de ce qu'il ne les povoit secourir. Puis advisa la contenance de ses deux archiers de guarde, lesquelz eussent voulentiers couru apres la troupe pour y butiner quelque chose et tousjours regardaient vers la vallée en laquelle ilz descendoient. Dadventaige syllogisoit, disant :

« Ces gens icy sont bien mal exercez en faictz d'armes, car oncques ne me ont demande ma foy et ne me ont ouste mon braquemart. »

Soubdain apres, tyra son dict braquemart et en ferut l'archier qui le tenait a dextre, luy coupant entierement les venes jugulares et arteres sphagitides du col, avecques le guargareon, jusques es deux adenes, et, retirant le coup, luy entreouvrit le mouelle spinale entre la seconde et tierce vertebre : la tomba l'archier tout mort. Et le Moyne, detournant son cheval a guauche, courut sus l'aultre, lequel, voyant son compaignon mort et le Moyne adventaige sus soy, cryoit a haulte voix :

« Ha, Monsieur le Priour1, je me rendz ! Monsieur le Priour, mon bon amy, Monsieur le Priour ! »

Et le Moyne cryoit de mesures :

« Monsieur le Posteriour, mon amy, Monsieur le Posteriour, vous aurez suz vos posteres !

– Ha ! (disoit l'archier) Monsieur le Priour, mon mignon, Monsieur le Priour, que Dieu vous face abbe !

– Par l'habit (disoit le Moyne) que je porte, je vous feray icy cardinal. Rensonnez vous les gens de religion ? Vous aurez un chapeau rouge a ceste heure de ma main. »

Et l'archer criait :

« Monsieur le Prieur, Monsieur le Prieur, Monsieur le futur abbé, Monsieur le Cardinal, Monsieur le tout ! Ha ! Ha ! Hélas ! non ! Monsieur le Prieur, mon bon petit seigneur Prieur, je me rends à vous !

– Et moi, dit le Moine, je te rends à tous les diables ! »

Alors d'un coup il lui trancha la tête : il fendit le crâne au-dessus des rochers et lui enleva les deux os pariétaux et la suture sagittale avec une grande partie de l'os frontal[1], lui tranchant les deux méninges et ouvrant profondément les lobes postérieurs du cerveau ; l'archer demeura ainsi, le crâne pendant sur les épaules, retenu par l'arrière par la peau du péricrâne, comme un bonnet de docteur, noir au-dessus, rouge au-dedans. Et il tomba raide mort par terre.

Cela fait, le Moine donne des éperons à son cheval et suit la route prise par les ennemis ; ceux-ci avaient rencontré Gargantua et ses compagnons en chemin, et leur nombre était si réduit, en raison de l'horrible carnage qu'avaient accompli Gargantua avec son grand arbre, Gymnaste, Ponocrates, Eudémon et les autres qu'ils commençaient à se retirer en hâte, effrayés et la raison dérangée, comme s'ils avaient vu la mort en personne devant eux.

Et – comme on peut voir un âne, quand il a au cul un taon[2] junonien ou une mouche qui le pique, courir çà et là au hasard, jetant bas sa charge et rompant son frein et ses rênes, sans respirer ni prendre de repos, et on ne sait qui le pousse, car on ne voit rien qui le touche – ainsi fuyaient ces gens, ayant perdu tout sens, sans savoir pourquoi ils fuyaient, sinon qu'ils sont poursuivis par la terreur panique qu'ils avaient éprouvée.

Le Moine, voyant qu'ils ne pensaient qu'à s'échapper, descend de son cheval et monte sur un gros rocher qui était sur le chemin ; et de son grand braquemart[3] il frappait sur les fuyards à tour de bras, sans se ménager ni s'économiser. Il en tua et renversa tant qu'il rompit son braquemart en deux. Alors il pensa en lui-même qu'il avait assez massacré et tué, et que les autres pouvaient s'échapper pour en porter la nouvelle.

---

1. Seul un médecin peut décrire une telle scène.

2. Comme celui que Junon a envoyé pour persécuter sa rivale changée en génisse.

3. Voir note 1 p. 159.

Il prit donc en main une hache à un de ceux qui gisaient là morts et s'en retourna sur le rocher, se contentant de regarder les ennemis fuir et culbuter parmi les cadavres, sinon qu'il faisait abandonner par tous piques, épées, lances et arquebuses ; et ceux qui portaient les pèlerins ligotés, il les mettait à pied et donnait leurs chevaux aux pèlerins, les gardant avec lui à l'orée du bosquet, en même temps que Toucquedillon, qu'il retint prisonnier.

Comment le Moine ramena les pèlerins, et les bonnes paroles que leur dit Grandgousier

CHAPITRE XLV (CHAPITRE XLIII éd. 1534)

Cette escarmouche[4] achevée, Gargantua se retira avec ses gens, sauf le Moine, et à la pointe du jour ils arrivèrent près de Grandgousier, qui dans son lit priait Dieu pour leur salut et leur victoire ; les voyant tous sains et saufs, il les embrassa avec affection et demanda des nouvelles du Moine. Mais Gargantua lui répondit que sans doute les ennemis tenaient le Moine. « Ils auront donc, dit Grandgousier, une mauvaise surprise », ce qui était bien vrai. C'est pour cela qu'on utilise encore le proverbe *donner le Moine à quelqu'un*[5].

Il ordonna donc qu'on préparât bien à déjeuner pour les restaurer. Quand tout fut prêt, on appela Gargantua ; mais il était si affligé de ne pas voir reparaître le Moine qu'il ne voulait ni boire ni manger.

Soudain le Moine arrive et, à peine passé la porte de la cour, il s'écria : « Du vin frais, du vin frais, Gymnaste, mon ami ! »

Gymnaste sortit et vit que c'était Frère Jean qui amenait cinq pèlerins et Toucquedillon prisonnier. Gargantua sortit à sa rencontre, et ils lui firent le meilleur accueil possible, et le conduisirent

4. Petit combat.

5. *Bailler le Moine* signifie suspendre par les pieds en guise de torture, d'où plus largement porter malheur. *Avoir le Moine* : être trompé (voir note 9 p. 157).

devant Grandgousier, qui l'interrogea sur son aventure. Le Moine lui raconta tout, comment on l'avait pris, comment il s'était défait des archers, la boucherie qu'il avait faite dans le chemin, et comment il avait secouru les pèlerins et ramené le capitaine Toucquedillon. Puis ils se mirent à banqueter joyeusement tous ensemble.

Cependant Grandgousier interrogeait les pèlerins sur leur pays d'origine, d'où ils venaient et où ils allaient.

Lasdaller[1] répondit pour eux tous :

« Seigneur, je suis de Saint-Genou en Berry ; celui-ci est de Palluau ; celui-ci est de Onzay ; celui-ci est d'Aroy ; et lui est de Villebernin[2]. Nous venons de Saint-Sébastien près de Nantes[3], et nous revenons chez nous bien tranquillement.

– Soit, dit Grandgousier, mais qu'alliez-vous faire à Saint-Sébastien ?

– Nous allions lui faire nos dévotions contre la peste.

– Oh, dit Grandgousier, pauvres gens, croyez-vous donc que la peste vienne de Saint-Sébastien ?

– Assurément, dit Lasdaller, nos prédicateurs nous l'affirment.

– Oh, dit Grandgousier, les faux prophètes vous prêchent-ils de telles sornettes ? Ils blasphèment donc les justes et les élus de Dieu en les faisant semblables aux diables qui ne font que mal parmi les humains, tout comme Homère qui écrit que la peste fut répandue dans l'armée des Grecs par Apollon[4] et comme les poètes qui dépeignent un tas de sinistres Jupiters et de dieux malfaisants ? C'est ainsi qu'un cafard déclarait dans ses prêches à Cinais[5] que saint Antoine mettait le feu aux jambes, que saint Eutrope créait les hydropiques[6], saint Gildas les fous et saint Genou les goutteux[7].

1. Lasdaller est un des pèlerins fatigué (las) d'avancer (d'aller).

2. Localités des environs de Châteauroux.

3. Saint-Sébastien d'Aigne (aujourd'hui Saint-Sébastien-sur-Loire).

4. Épisode rapporté dans l'*Iliade*.

5. Près de la Devinière, propriété de la famille de Rabelais.

6. Victimes d'œdèmes.

7. La goutte est une inflammation des articulations.

Contre les superstitions

Les croyances populaires selon lesquelles un saint peut donner la maladie pour laquelle on l'invoque est un sujet d'indignation des humanistes et des réformés. Le lien entre maladie et saints est établi par calembours : « Genou » pour les rhumatismes, « Gildas » pour les « gilles » (les fous), ou en interprétant certains épisodes de leur vie, les flèches du martyr de saint Sébastien donnant la peste, le feu de saint Antoine qui atteint les jambes...

Mais je l'ai si bien puni, bien qu'il me traitât d'hérétique, que depuis ce temps aucun cafard n'a osé pénétrer dans mes terres. Et je suis stupéfait que votre roi[8] les laisse prêcher dans son royaume de tels scandales, car ils sont plus à punir que ceux qui, par magie ou tout autre moyen, auraient répandu la peste dans le pays. La peste ne tue que le corps, mais ces prédications diaboliques infectent les âmes des pauvres et simples gens. »

Alors qu'il parlait, le Moine entra d'un pas décidé et leur demanda :

« D'où êtes-vous, vous autres, mes pauvres ?

– De Saint-Genou, dirent-ils.

– Et comment, dit le Moine, se porte l'abbé Tranchelion[9], le bon buveur ? Et les Moines, quelle chère font-ils ? Cordieu ! ils baisottent vos femmes, pendant que vous êtes en pèlerinage !

– Hin, hen ! dit Lasdaller, je n'ai pas peur pour la mienne car celui qui la verra de jour ne se rompra pas le cou pour aller lui rendre visite la nuit.

– Voilà qui est bien mal joué ! dit le Moine. Elle pourrait être aussi laide que Proserpine[10], elle aura, par Dieu, la grande secousse puisqu'il y a des Moines alentour, car un bon ouvrier met indifféremment toutes les pièces en œuvre[11]. Que j'attrape la vérole si vous ne les trouvez pas engrossées à votre retour. Car rien que l'ombre du clocher d'une abbaye est féconde.

– C'est, dit Gargantua, comme l'eau du Nil en Égypte, si vous en croyez Strabon ; et Pline, au livre VII, chapitre III, estime que c'est de la miche, des habits et des corps[12]. »

Alors Grandgousier dit :

« Allez-vous-en, pauvres gens, au nom de Dieu le créateur, qu'il vous ait à jamais en sa garde. Et dorénavant ne vous laissez pas aller à ces voyages oiseux et inutiles. Entretenez vos familles, travaillez chacun à votre métier, instruisez vos enfants, et vivez comme vous

---

8. Ce n'est pas la première fois que Rabelais critique la faiblesse d'un roi dans le roman.

9. Antoine de Tranchelion fut réellement abbé de Saint-Genou de 1512 à 1520.

10. Déesse des Enfers.

11. Proverbe.

12. Strabon, géographe grec du Ier s. av. J.-C., et Pline, écrivain latin du Ier s. ap. J.-C., prêtent tous deux des pouvoirs exceptionnels au Nil, qui rendrait les femmes fertiles et participerait à la production exceptionnelle de blé (miches), de lin (habits)...

l'enseigne le bon apôtre saint Paul. Ainsi, vous aurez la protection de Dieu, des anges et des saints avec vous, et il n'y aura ni peste ni maladie qui vous fasse du mal. »

Puis Gargantua les mena se restaurer dans la salle ; mais les pèlerins ne faisaient que soupirer, et ils dirent à Gargantua :

« Heureux le pays qui a pour souverain un tel homme ! Nous sommes plus édifiés et instruits par les propos qu'il nous a tenus que par tous les sermons qu'on nous a prêchés dans notre ville.

– C'est, dit Gargantua, ce que dit Platon, au livre V de la *République* : que les États seraient heureux lorsque les rois philosopheraient ou que les philosophes régneraient[1]. »

Puis il fit remplir leurs besaces de vivres et leurs bouteilles de vin, et donna à chacun un cheval pour se soulager durant le reste de la route, et quelques carolus[2] pour vivre.

Comment Grandgousier traita humainement Toucquedillon prisonnier

CHAPITRE XLVI (CHAPITRE XLIV éd. 1534)

Toucquedillon fut présenté à Grandgousier, qui l'interrogea sur les agissements et desseins de Picrochole, et le but qu'il poursuivait par cette agitation désordonnée. Il répondit que son but et son dessein étaient de conquérir tout le pays, s'il pouvait, en raison de l'injustice faite à ses fouaciers.

« C'est trop d'ambition, dit Grandgousier : qui trop embrasse mal étreint. Ce n'est plus le temps de conquérir ainsi les royaumes au grand dam de son frère en chrétienté[3]. Cette imitation des

1. Rabelais complète Platon par des recommandations plus chrétiennes, où le mot philosophie devient amour de la vraie sagesse. Le programme de gouvernement proposé aux rois chrétiens développe souvent cette association.

2. Pièces d'argent.

3. Érasme, dans son *Institution du Prince chrétien*, stipule que ces comportements sont inacceptables sous le règne de l'Évangile. De plus, le refus des guerres entre chrétiens est un des arguments des papes pour pousser à la croisade contre l'ennemi commun.

anciens héros, les Hercule, Alexandre, Hannibal, Scipion, César et autres, s'oppose aux préceptes de l'Évangile, qui nous ordonne de garder, protéger, régir et administrer chacun ses domaines, et non pas d'envahir par la force les autres ; et ce que les Sarrasins[4] et les Barbares appelaient jadis prouesses, nous l'appelons maintenant brigandages et méchancetés. Il aurait mieux fait de se maintenir dans son domaine, en le gouvernant comme un bon roi, que d'attaquer le mien, en le pillant comme un ennemi ; car en le gouvernant bien il l'aurait grandi, en me pillant il sera détruit.

« Allez-vous-en, au nom de Dieu, entreprenez un bon travail ; remontrez[5] à votre roi les erreurs que vous reconnaissez, et ne le conseillez jamais en fonction de votre intérêt personnel, car le bien de chacun se perd dans le désastre commun. Quant à votre rançon, je vous en fais remise totalement[6], et je veux qu'on vous rende vos armes et votre cheval.

« C'est ainsi qu'il faut agir entre voisins et anciens amis, car le différend qui est entre nous n'est pas vraiment une guerre ; ainsi Platon refusait qu'on parle de guerre, mais de sédition, quand les Grecs prenaient les armes les uns contre les autres ; et si par malheur cela arrivait, il recommande qu'on use de la plus grande modération. Si vous l'appelez guerre, elle n'est que superficielle, elle n'est point ancrée au tréfonds de nos cœurs ; car nul d'entre nous n'est outragé dans son honneur, et il n'est question, finalement, que de réparer une faute commise par nos gens, je veux dire les vôtres et les nôtres ; bien que vous la sachiez, au demeurant, vous auriez dû la laisser passer, car les personnages en cause étaient plus à mépriser qu'à garder en mémoire, surtout qu'on les dédommageait au juste prix, comme je m'y suis offert. Dieu estimera à sa juste valeur notre différend, et je supplie qu'il m'enlève la vie et me dépouille de mes biens plutôt que de l'offenser, moi ou les miens. »

4. Les musulmans.

5. Exposez-lui ce qui est blâmable dans son comportement.

6. Ce n'est pas ce qu'a fait Charles Quint qui réclame une rançon très importante pour libérer François Ier. François Ier n'en a versé que la moitié, l'autre représentant la « dot » de la reine Éléonore, sœur de Charles Quint qu'il épousait par le même traité.

Des modèles ?

Grandgousier condamne ces « modèles » alors qu'il faisait l'éloge de Frère Jean en employant les mêmes références (chap. XXXIX). Mais Frère Jean défendait ses propres terres quand Picrochole est un envahisseur. Toutefois, le Moine faisait aussi preuve de « méchanceté » (chap. XLIV).

Ces paroles dites, il appela le Moine et en présence de tout le monde lui demanda :

« Frère Jean, mon bon ami, est-ce vous qui avez capturé le capitaine Toucquedillon ici présent ?

– Sire, dit le Moine, il est présent ; il est adulte et sensé ; j'aime mieux que vous l'appreniez de sa bouche que de la mienne. »

Alors Toucquedillon dit :

« Seigneur, c'est lui en vérité qui m'a pris, et je me déclare sans détour son prisonnier.

– L'avez-vous mis à rançon ? dit Grandgousier au Moine.

– Non, dit le Moine. Je ne m'en soucie pas.

– Combien voudriez-vous de sa capture ?

– Rien, rien, dit le Moine ; ce n'est pas cela qui me conduit. »

Alors Grandgousier ordonna que, en présence de Toucquedillon, on compte au Moine soixante-deux mille saluts[1] pour cette prise ; ce qui fut fait pendant qu'on offrait une collation audit Toucquedillon ; Grandgousier lui demanda s'il voulait rester avec lui ou s'il préférait revenir à son roi[2].

Toucquedillon répondit qu'il prendrait le parti qu'il lui conseillerait.

« Alors, dit Grandgousier, retournez à votre roi, et Dieu soit avec vous. »

Et il lui donna une belle épée de Vienne, avec un fourreau d'or orné de belles guirlandes d'orfèvrerie, et un collier d'or pesant sept marcs, garni de fines pierreries, estimé cent soixante mille ducats, plus dix mille écus en don gracieux. Sur ce, Toucquedillon monta sur son cheval. Pour assurer sa sécurité, Gargantua lui donna trente hommes d'armes et cent vingt archers sous la conduite de Gymnaste, pour le conduire jusqu'aux portes de La Roche-Clermault, s'il en était besoin.

1. Pour le dédommagement de Frère Jean, comme pour le don à Toucquedillon, les prix sont à la taille des géants : il y va de plusieurs millions.

2. Il peut en effet être dangereux de retourner auprès de Picrochole qui pourrait vouloir se venger de celui qui apparaîtra couvert d'or, comme un traître.

Le rachat des prisonniers

La pratique du rachat des prisonniers est normale, et c'est même une façon de faire fortune. Grandgousier va à l'encontre des traditions en refusant de faire payer le prisonnier, mais il reste un bon suzerain en dédommageant Frère Jean.

Après son départ, le Moine rendit à Grandgousier les soixante-deux mille saluts qu'il avait reçus, en disant :

« Sire, ce n'est pas l'heure de faire de tels dons. Attendez la fin de cette guerre, car on ne sait ce qui pourrait survenir, et une guerre menée sans une bonne réserve d'argent n'a qu'un souffle de force. L'argent est le nerf de la guerre.

– Alors, dit Grandgousier, c'est à la fin que je vous récompenserai, ainsi que tous ceux qui m'auront bien servi. »

Comment Grandgousier envoya chercher ses légions et comment Toucquedillon tua Hastiveau, puis fut tué sur l'ordre de Picrochole

CHAPITRE XLVII (CHAPITRE XLV éd. 1534)

Au même moment, ceux de Bessé, du Vieux-Marché, du bourg Saint-Jacques, du Raineau, de Parillé, de Rivière, des Roches-Saint-Paul, du Vaubreton, de Pontille, du Bréhemont, du Pont-de-Clan, de Cravant, de Grandmont, des Bourdes, de La Ville-au-maire, de Segré, d'Ussé, de Saint-Louans, de Panzoult, des Coudreaux, de Verron, de Coulaines, de Chouzé, de Varennes, de Bourgueil, de l'Île-Bouchard, du Croulay, de Narsay, de Candé, de Montsoreau et autres lieux voisins[3], envoyèrent par devant Grandgousier des ambassades pour lui dire qu'ils étaient avertis des torts que lui causait Picrochole, et que, selon leur ancienne alliance, ils lui offraient toute leur assistance, aussi bien en hommes qu'en argent et autres fournitures de guerre.

La somme qu'ils lui offraient tous se montait, selon les promesses faites, à cent trente-quatre millions en or. Il y avait

3. Tous les villages sont dans le Chinonais ; on voit mal en termes réalistes où caser le nombre des soldats sur les espaces ainsi dessinés, ni d'où vient la fabuleuse richesse de leur contribution (près de cent fois l'impôt royal annuel).

quinze mille hommes d'armes, trente-deux mille chevau-légers[1], quatre-vingt-neuf mille arquebusiers, cent quarante mille mercenaires[2], onze mille deux cents canons[3], doubles canons, basilics et spiroles[4], et quarante-sept mille sapeurs[5] ; le tout payé et ravitaillé pour six mois. Cette offre, Gargantua ne l'accepta ni ne la refusa ; il les remercia chaleureusement, et dit qu'il mènerait cette guerre de telle façon qu'il ne serait pas nécessaire de déranger tant de braves gens. Il se contenta de faire amener en bon ordre les légions qu'il entretenait habituellement dans ses places de La Devinière, de Chavigny, de Gravot et de Quinquenais, qui se montaient à douze cents hommes d'armes, trente-six mille fantassins[6], treize mille arquebusiers, quatre cents grosses pièces d'artillerie et vingt-deux mille sapeurs ; tous enrégimentés, si bien munis de trésoriers, vivandiers, maréchaux-ferrants[7], armuriers et autres personnes nécessaires au train de bataille, si bien instruits en l'art militaire, si bien armés, si disciplinés et bien rangés sous leurs enseignes[8], si prompts à comprendre et à obéir à leurs capitaines, si lestes à la course, si vaillants à l'assaut, si prudents dans les reconnaissances, qu'ils ressemblaient plus à un ensemble d'orgues ou à un mécanisme d'horlogerie qu'à une armée ou à une milice.

À son arrivée, Toucquedillon se présenta à Picrochole et lui exposa ce qu'il avait fait et vu. Pour finir, il lui conseillait véhémentement la réconciliation avec Grandgousier qu'il avait trouvé le meilleur homme du monde, ajoutant qu'il n'y avait ni profit ni raison à molester[9] ainsi ses voisins, dont ils n'avaient jamais reçu que du bien ; que d'ailleurs ils ne sortiraient de cette entreprise qu'à leur détriment ; car la puissance de Picrochole n'était pas telle que

1. Soltats de cavalerie.
2. Soldats qui vendent leurs services.
3. Soldats chargés de transporter et de manœuvrer les canons.
4. Les basilics et les spiroles sont des pièces d'artillerie ; par métonymie, ces termes désignent les soldats qui en sont responsables.
5. Soldats chargés de creuser des tranchées.
6. Soldats à pied.
7. Qui ferrent les chevaux.
8. Drapeaux.
9. Brutaliser.

Le débat sur l'armée

La question de la composition de l'armée est posée dans les traités de bon gouvernement. Une armée de mercenaires professionnels, mais pillards et versatiles si l'adversaire les paie mieux, est-elle fiable ? Sinon, comment entretenir une armée de métier ? La garde de Gargantua est à peu près égale à l'armée de François Ier, mais elle est mieux équipée, ce qui l'empêche de devenir pillarde.

Grandgousier ne puisse facilement les vaincre. Il n'eut pas plus tôt achevé que Hastiveau s'écria :

« Bien malheureux le prince qui est servi par des gens si facilement corrompus, tels que Toucquedillon ; je vois son cœur si changé qu'il se serait volontiers allié à nos ennemis pour nous combattre et nous trahir, s'ils avaient voulu le garder. Mais, comme le courage est estimé de tous, qu'ils soient amis ou ennemis, de même la méchanceté est partout reconnue et soupçonnée ; et, en admettant que les ennemis s'en servent à leur profit, ils n'en ont pas moins en horreur les méchants et les traîtres. »

À ces mots, Toucquedillon, hors de lui, tira son épée et en transperça Hastiveau un peu au-dessus du sein gauche, ce dont il mourut sur-le-champ ; et, retirant son épée, il dit nettement : « Ainsi périsse quiconque calomniera les loyaux serviteurs ! »

Picrochole entra brusquement en fureur et, voyant l'épée et le fourreau[10] tachés de sang, il dit : « T'avait-on donc donné cette arme pour tuer devant moi si méchamment mon bon ami Hastiveau ? »

Et il ordonna à ses archers de le mettre en pièces, ce qui fut aussitôt fait si cruellement que la chambre était toute pavée de sang. Puis, il fit inhumer avec les honneurs le corps de Hastiveau, et jeter celui de Toucquedillon par-dessus les murailles dans le fossé. Toute l'armée eut bientôt connaissance de ces forfaits ; plusieurs commencèrent à murmurer contre Picrochole, si bien que Grippeminaud lui dit :

« Seigneur, je ne sais ce qu'il adviendra de cette entreprise. Je vois vos gens peu rassurés. Ils constatent que nous sommes ici mal ravitaillés, et déjà bien affaiblis par deux ou trois sorties. De plus, il arrive de grands renforts à votre ennemi. Si nous sommes assiégés, je ne vois pas comment ce ne serait pas notre défaite complète.

– Merde, merde ! dit Picrochole. Vous ressemblez aux anguilles de Melun : vous criez avant même qu'on vous écorche[11]. Laissez-les seulement venir. »

10. Ces armes ont été offertes par Grandgousier.

11. Proverbe compréhensible, mais sans rapport avec les mœurs des anguilles.

Un soldat au caractère changeant

Même si Hastiveau parle pour flatter Picrochole, il a raison ! Le discours de Toucquedillon a bien changé depuis le chapitre XXXIII. De plus, il n'est revenu qu'à la demande de Grandgousier.

Comment Gargantua assaillit Picrochole dans la Roche-Clermault et défit l'armée dudit Picrochole

CHAPITRE XLVIII (CHAPITRE éd. 1534)

Gargantua reçut toute autorité sur l'armée. Son père resta dans son fort et, les encourageant par de bonnes paroles, promit de grandes récompenses à ceux qui feraient des prouesses. Ils gagnèrent le gué de Vède, et sur des bateaux et des ponts légèrement construits, le franchirent[1] d'une traite. Puis, en examinant le site de la ville, qui était sur un lieu escarpé et bien défendu, Gargantua tint conseil cette même nuit sur ce qu'il convenait de faire. Gymnaste lui dit :

« Seigneur, c'est la nature et le tempérament des Français de n'avoir de valeur qu'au premier assaut : alors ils sont plus vaillants que tous les diables. Mais s'ils piétinent, ils valent moins que des femmelettes[2]. Je suis d'avis que, sur l'heure, après que vos gens se seront un peu reposés et rassasiés, vous fassiez donner l'assaut. »

L'avis fut trouvé bon. Aussi Gargantua déploya toute son armée, plaçant les troupes de réserve du côté de la montée. Le Moine prit avec lui six enseignes[3] de fantassins et deux cents hommes d'armes ; en toute hâte il traversa le marais, et gagna au-dessus du Puy jusqu'au grand chemin de Loudun.

Cependant l'assaut se poursuivait. Les gens de Picrochole ne savaient pas s'il valait mieux faire une sortie pour les recevoir ou garder la ville sans bouger. Mais lui fit[4] une furieuse sortie avec une bande d'hommes d'armes de sa maison ; il fut reçu et accueilli par de grands coups de canon qui tombaient comme grêle le long des coteaux, et les Gargantuistes se retirèrent en contrebas pour laisser la place à l'artillerie[5]. Ceux de la ville la défendaient du mieux qu'ils pouvaient, mais leurs traits[6] passaient trop haut sans blesser

1. Rabelais emploie « passerent outre » : référence ironique, une fois encore, à la devise de Charles Quint.
2. Jugement de Tite-Live, auteur latin, sur les Gaulois, répété par les Italiens sur les soldats français.
3. Soldats qui marchent sous une « enseigne », un drapeau.
4. Picrochole.
5. Ce n'est pas la victoire d'un héros, mais celle d'une armée.
6. Projectiles.

personne. Certains de la bande, rescapés du bombardement, attaquèrent bravement nos gens, mais sans grand résultat, car ils furent pris au milieu de nos rangs et renversés. En voyant cela, ils voulaient se retirer ; mais pendant ce temps, le Moine avait coupé le passage, et ils s'enfuirent sans ordre ni discipline. Certains de chez nous voulaient leur donner la chasse, mais le Moine les retint, craignant que, en poursuivant les fuyards, ils ne rompent leurs rangs et que ceux de la ville n'en profitent pour les charger. Puis, après avoir attendu un peu et constatant que nul ne se présentait, il envoya le duc Phrontiste[7] presser Gargantua d'avancer pour gagner le coteau à gauche et empêcher Picrochole de faire retraite par ce passage. C'est ce que fit en toute hâte Gargantua, y envoyant quatre légions de la compagnie de Sébaste[8]. Mais ils ne purent gagner le haut avant de tomber face à Picrochole et à ceux qui s'étaient éparpillés avec lui. Alors ils les chargèrent rudement, non sans subir de grands dommages de ceux qui étaient sur les murailles, à grands coups de flèche et d'artillerie. Ce que voyant, Gargantua se rua à leur secours en force, et son artillerie commença à balayer toute cette section de murailles, si bien que toutes les forces de la ville y furent appelées.

Le Moine, voyant que le côté de la ville qu'il assiégeait était vide de gens et de gardes, fonça bravement vers le fort et fit tant qu'il l'escalada, lui et certains de ses gens, pensant que ceux qui arrivent au combat à l'improviste produisent plus de crainte et de frayeur que ceux qui luttent face à face. Toutefois il ne fit aucun bruit jusqu'à ce que tous les siens aient gagné les murailles excepté les deux cents hommes d'armes qu'il laissa au-dehors en cas de besoin. Alors, poussant tous ensemble des cris terrifiants, sans rencontrer de résistance ils tuèrent les gardes de la porte et l'ouvrirent aux hommes d'armes ; et ils coururent impétueusement vers la porte d'Orient, où régnait le désordre et bousculèrent par-derrière toute leur troupe ; se voyant assiégés de tous les côtés et les Gargantuistes maîtres de la ville, ils se rendirent à la merci du Moine.

Le Moine leur fit rendre leurs armes, et les fit enfermer dans les églises, saisissant tous les bâtons de croix et plaçant des gens aux

---

7. En grec, le prudent.

8. En grec, le respectable.

portes pour les empêcher de sortir. Puis, ouvrant la porte orientale, il sortit au secours de Gargantua.

Picrochole pensait que c'était le secours qui lui venait de la ville, et présomptueusement il se hasarda en avant, jusqu'à ce que Gargantua s'écrie : « Frère Jean, mon ami, Frère Jean, soyez le bienvenu. »

Alors Picrochole et ses gens, comprenant que tout était désespéré, prirent la fuite de tous côtés. Gargantua les poursuivit jusqu'auprès de Vaugaudry, tuant et massacrant, puis il fit sonner la retraite.

Comment Picrochole fuyant ne rencontra que malchance, et ce que fit Gargantua après la bataille

CHAPITRE XLIX (CHAPITRE XLVII éd. 1534)

Picrochole, désespéré, s'enfuit vers l'Île-Bouchard ; sur le chemin de Rivière, son cheval broncha[1] à terre, ce dont il fut si indigné que, de colère, il le tua d'un coup d'épée. Puis, ne trouvant personne pour lui fournir une autre monture, il voulut prendre un âne du moulin qui se trouvait près de là ; mais les meuniers le rouèrent de coups et le dépouillèrent de ses vêtements, ne lui donnant pour se couvrir qu'une méchante souquenille[2]. Ainsi partit le pauvre colérique ; en passant l'eau à Port-Huault, alors qu'il racontait ses mésaventures, une vieille sorcière lui révéla que son royaume lui serait rendu à la venue des coquecigrues[3].

Depuis, on ne sait ce qu'il est devenu. On m'a dit pourtant qu'il est aujourd'hui pauvre journalier à Lyon, aussi irascible qu'avant, et qu'il ne cesse de s'inquiéter auprès des étrangers de la venue des coquecigrues, dans l'espoir d'être, selon la prophétie de la vieille, réintégré certainement dans son royaume à leur arrivée.

---

1. Trébucha.
2. Vêtement de paysan.
3. Mot imaginé par la fusion de noms d'oiseaux liés à la divination.

Après leur retraite, Gargantua commença par recenser ses gens et découvrit qu'il n'y en avait que peu qui avaient péri dans la bataille, sauf quelques fantassins du régiment du capitaine Tolmère[4], et Ponocrates, qui avait pris un coup d'arquebuse dans le pourpoint[5]. Il les fit se restaurer tous par régiments, ordonnant aux trésoriers que le repas leur fût défrayé et payé, et qu'on ne commît aucun dégât dans la ville, puisqu'elle lui appartenait ; et qu'après le repas ils se rassemblent tous sur la place devant le château ; là, ils seraient soldés pour six mois. Ainsi fut fait. Puis il fit venir devant lui, sur la place, tous ceux qui restaient de la troupe de Picrochole ; et là, en présence de ses princes et capitaines, il leur parla ainsi :

Le discours que Gargantua adressa aux vaincus

CHAPITRE L (CHAPITRE XLVIII éd.. 1534)

« Nos pères, aïeux et ancêtres, aussi loin qu'on s'en souvienne, ont toujours eu la sagesse innée de préférer, pour commémorer les victoires et triomphes remportés dans les batailles qu'ils ont livrées, graver leurs trophées[6] et monuments dans les cœurs des vaincus en leur faisant grâce, que les ériger en pierre dans les terres conquises : car ils estimaient davantage la reconnaissance vivante des humains acquise à force de générosité que les muettes inscriptions des arcs, colonnes et pyramides, sujettes aux intempéries et à la malveillance de n'importe qui.

« Vous devez bien vous rappeler la mansuétude dont ils firent preuve envers les Bretons à la journée de Saint-Aubin-du-Cormier et à la destruction de Parthenay[7]. Vous avez appris et donc admiré

4. En grec, l'audacieux.

5. Cette blessure n'est plus mentionnée par la suite.

6. Les trophées sont fabriqués à partir des dépouilles des vaincus. Gargantua préfère leur faire grâce et graver les objets qui symbolisent sa victoire.

7. Batailles locales entre les troupes royales et les Bretons, en 1487 et 1488, au moment où le duché de Bretagne n'est pas encore réuni à la couronne de France, « nos pères » désignant ici Charles VIII, dont Gargantua est le « descendant ».

le traitement généreux qu'ils réservèrent aux Barbares de Spagnola[1], qui avaient pillé, ruiné et saccagé les côtes de l'Olonnais et du Talmondois[2].

« Le ciel a été tout rempli des louanges et actions de grâce que vous-mêmes et vos pères avez adressées après qu'Alpharbal[3], roi de Canarie, insatiable dans ses entreprises, eut envahi furieusement l'Aunis, piratant dans toutes les îles d'Armorique et les régions voisines. Il fut, en loyal combat naval, pris et vaincu par mon père, que Dieu ait en sa sainte garde et protection.

« Mais quoi ? Alors que les autres rois et empereurs, même ceux qui se font appeler catholiques[4], l'auraient misérablement traité, rudement emprisonné et rançonné de façon exorbitante, lui le traita courtoisement, le logea avec lui dans son palais, et par une incroyable bonté d'âme le renvoya muni d'un sauf-conduit, chargé de cadeaux, chargé de bienfaits, chargé de toutes les marques de l'amitié. Qu'en est-il résulté ? Revenu dans ses terres, ce roi fit assembler tous les princes et états de son royaume, leur exposa l'humanité qu'il avait reconnue chez nous, et les pria de délibérer là-dessus de façon que le monde entier ait l'exemple, répondant à celui de notre générosité courtoise, de la courtoisie généreuse qui résidait en eux. Ils décidèrent alors à l'unanimité de nous offrir la totalité de leurs terres, domaines et royaume, pour en user à notre guise. Alpharbal lui-même revint aussitôt avec huit grands navires de transport, apportant les trésors non seulement de sa maison et de son patrimoine, mais de presque tout le pays ; car, tandis qu'il s'embarquait pour faire voile par vent d'ouest nord-est[5], chacun y jetait en masse or, argent, bagues, joyaux, épices, drogues[6] et parfums, perroquets, pélicans, singes, civettes[7], genettes[8], porcs-épics. Nul n'était réputé fils de bonne famille s'il n'y jetait ce qu'il avait d'unique. Dès qu'il fut arrivé, le roi voulut baiser les pieds de mon père ; cela ne parut pas

---

1. Spagnola est le nom que donne Christophe Colomb à Haïti. Les Barbares de Spagnola pourraient donc être les Espagnols.

2. En Vendée.

3. Nom inventé.

4. Allusion au « très chrétien » roi Charles Quint qui a emprisonné et rançonné son ennemi, puis pris ses deux fils en otage jusqu'au versement de l'or.

5. Le vent est tout aussi exceptionnel que ce que transportent les navires...

6. Plantes aromatiques et pharmaceutiques.

7. Mamifères ressemblant à des chats qui dégagent une forte odeur.

8. Petit mammifère recherché pour sa fourrure.

digne et ne fut pas toléré, mais on l'embrassa courtoisement. Il offrit ses présents ; on ne les agréa pas[9], comme excessifs. Il se reconnut esclave et serf volontaire, lui et sa descendance ; on ne l'accepta pas, comme disproportionné. Il céda, en vertu du décret des États, ses terres et son royaume, offrant les documents de cession et de transfert, signés, scellés et ratifiés par qui de droit ; ce fut totalement refusé, et les contrats jetés au feu. Finalement mon père commença à gémir de pitié et à pleurer abondamment, en considérant la bonne volonté et la candeur des Canarriens ; par des paroles choisies et des sentences appropriées il minimisait la portée de ses bons procédés, disant qu'il ne leur avait rien fait qui valût un bouton de culotte et que, s'il leur avait témoigné quelque honnêteté, c'est qu'il était tenu de le faire. Mais Alpharbal renchérissait d'autant. Quel en fut le résultat ? Au lieu que, pour sa rançon, prise par contrainte, nous aurions pu tyranniquement exiger deux millions d'écus en retenant pour otages ses fils aînés, ils se sont faits d'eux-mêmes tributaires perpétuels, s'engageant à nous verser chaque année deux millions d'or fin à vingt-quatre carats. Ils nous ont été payés la première année ; la seconde, de leur propre volonté, ils ont payé deux millions trois cent mille écus ; la troisième, deux millions six cent mille ; la quatrième, trois millions ; et les sommes augmentent tant, de leur plein gré, que nous serons contraints de leur interdire de plus rien nous apporter. C'est là le propre de la générosité, car le temps, qui use et diminue toutes choses, augmente et accroît les bienfaits, parce qu'un procédé généreux à l'égard d'un homme raisonnable fructifie continuellement par la reconnaissance et le souvenir du bienfait[10].

« Ne voulant donc nullement dégénérer de la bienveillance héréditaire de mes parents, aujourd'hui je vous pardonne et vous délivre, et vous rends libres et indépendants comme avant. De plus, au sortir du château, vous recevrez chacun trois mois de solde, pour pouvoir vous retirer dans vos maisons et foyers ; et six cents hommes d'armes et huit mille fantassins[11], sous la conduite de mon écuyer Alexandre, vous conduiront en lieu sûr, afin que vous ne soyez pas molestés[12] par les paysans. Dieu soit avec vous !

9. On ne les accepta pas parce que ces cadeaux étaient excessifs.

10. Ainsi, l'homme raisonnable semble naturellement porté vers la bonté et la générosité.

11. Soldats à pied.

12. Brutalisés.

« Je regrette de tout mon cœur que Picrochole ne soit pas ici. Car je lui aurais fait comprendre que c'est contre ma volonté et sans espoir d'accroître mon bien ou ma réputation qu'a été faite cette guerre. Mais puisqu'il est perdu et qu'on ne sait où ni comment il a disparu, je veux que son royaume revienne en entier à son fils ; comme celui-ci est vraiment trop jeune (il n'a pas encore cinq ans), il sera gouverné et instruit par les princes âgés et les sages du royaume. Mais, parce qu'un royaume ainsi à l'abandon serait facilement ruiné, si l'on ne réfrénait la convoitise et l'avidité de ses gérants, j'ordonne et je veux que Ponocrates soit nommé, au-dessus de tous ces gouverneurs, surintendant avec toute l'autorité requise, et qu'il veille sur l'enfant jusqu'à ce qu'il le reconnaisse apte à pouvoir gouverner et régner par lui-même[1].

« Mais je considère que trop de facilité et de laxisme à pardonner aux malfaisants leur donne l'occasion de recommencer leurs méfaits d'autant plus facilement qu'ils croient malignement qu'on leur fera toujours grâce.

« Je remarque que Moïse, l'homme le plus doux qu'il y ait eu de son temps sur cette terre, punissait sévèrement les mutins et les séditieux[2] du peuple d'Israël.

« Je remarque que Jules César était un empereur si débonnaire[3] que Cicéron[4] dit de lui que sa fortune n'avait rien de plus grand que de pouvoir épargner et pardonner à tous, et sa vertu rien de meilleur que de le vouloir toujours ; pourtant, malgré cela, en certaines circonstances il punit rigoureusement les auteurs de rébellion.

« Suivant ces exemples, je veux que vous me livriez avant de partir : d'abord ce beau Marquet[5], qui a été la source et la cause première de cette guerre par sa vaine présomption[6] ; deuxièmement ses compagnons fouaciers, qui négligèrent de corriger aussitôt sa folie ; et enfin tous les conseillers, capitaines, officiers et familiers de Picrochole qui l'auraient incité, encouragé ou poussé à franchir ses frontières pour venir ainsi nous inquiéter. »

---

1. Tout en œuvrant pour le bien, Gargantua assure ainsi sa mainmise sur ce royaume.

2. Révoltés.

3. Très bon.

4. Homme politique et orateur du Ier s. av. J.-C.

5. Voir chapitre XXV.

6. Orgueil.

Comment les vainqueurs gargantuistes furent récompensés après la bataille

CHAPITRE LI (CHAPITRE XLIX éd.. 1534)

Après le discours de Gargantua, on lui livra les séditieux[7] qu'il réclamait, sauf Spadassin, Merdaille et Menuail[8], qui s'étaient enfuis six heures avant la bataille, et deux fouaciers qui avaient péri dans la journée. Gargantua ne leur fit d'autre mal que de les mettre à serrer les presses dans l'imprimerie qu'il avait récemment établie[9].

Ceux qui étaient morts, il les fit enterrer avec tous les honneurs dans la vallée des Noirettes et au camp de Brûlevieille. Les blessés, il les fit panser et soigner dans son grand hôpital. Ensuite il s'occupa des dommages faits à la ville et à ses habitants, les faisant indemniser de tous leurs frais sur la seule foi d'une déclaration par serment ; et il fit bâtir un château fort, y plaçant gens d'armes et guet pour pouvoir mieux se défendre à l'avenir contre les attaques subites.

En partant, il remercia gracieusement tous les soldats de ses légions qui avaient participé à la défaite des ennemis, et les renvoya prendre leurs quartiers d'hiver dans leurs garnisons, sauf certains soldats de la légion décumane[10], qu'il avait vus faire quelques prouesses au cours de la journée, et les capitaines des régiments, qu'il emmena avec lui auprès de Grandgousier.

En les voyant arriver, le bon homme fut si joyeux qu'on ne pourrait le décrire. Aussi il leur offrit un festin, le plus magnifique, le plus abondant et le plus délicieux qu'on ait jamais vu depuis le temps du roi Assuérus[11]. Au sortir de la table, il distribua entre tous tout le parement[12] de son buffet, qui pesait un million huit cent mille besants d'or[13] en grands vases de style antique, en grands pots, grands

7. Ceux qui se sont révoltés.

8. Ce sont les trois mauvais conseillers du chapitre XXXIII.

9. Gargantua leur fait donc faire une activité utile en compensation de leurs mauvaises actions.

10. Le terme désignait la légion d'élite de l'armée romaine.

11. Roi perse dans le livre d'Esther de la Bible. Il fait servir aux puissants du royaume un immense festin qui dura plusieurs mois.

12. Ce qui sert à décorer.

13. Sommes et valeurs gigantesques (à titre de comparaison, la rançon de Saint Louis a été de 200 000 besants).

bassins, grandes tasses, coupes, gobelets, candélabres, hanaps[1], nefs, vases et autres éléments de vaisselle, tout en or massif, sans compter les pierreries, l'émail et la façon, dont le prix, selon l'estimation unanime, excédait celui du métal. Puis il leur fît compter à chacun, prélevés sur ses coffres, douze cent mille écus comptant. Et en plus à chacun d'eux il donna en bail perpétuel (sauf s'ils mouraient sans héritiers) ses châteaux et terres attenantes, à la convenance de chacun : à Ponocrates il donna La Roche-Clermault, à Gymnaste Le Coudray, à Eudémon Montpensier, Le Rivau à Tolmere, à Ithybole Montsoreau, à Acamas Candé, Varennes à Chironacte, Gravot à Sebaste, Quinquenais à Alexandre, Ligré à Sophrone, et ainsi de suite pour ses autres places.

Comment Gargantua fit bâtir pour le Moine l'abbaye de Thélème

CHAPITRE LII (CHAPITRE L éd. 1534)

Il ne restait que le Moine à doter ; Gargantua voulait le faire abbé de Seuillé, mais il refusa. Il voulut lui donner l'abbaye de Bourgueil ou de Saint-Florent[2], celle qui lui conviendrait le mieux ou les deux ensemble s'il le souhaitait. Mais le Moine lui répondit d'un ton péremptoire qu'il ne voulait pas se charger de Moines ni les gouverner :

« Car comment, disait-il, pourrais-je gouverner autrui, moi qui ne saurais me gouverner moi-même[3] ? S'il vous paraît que je vous ai rendu et pourrais encore vous rendre à l'avenir un service agréable, accordez-moi de créer une abbaye à mon gré. »

1. Grandes coupes, munies d'un couvercle.
2. Deux riches abbayes bénédictines d'Anjou.
3. Excluant toute discussion.

Des noms grecs et des lieux familiers

En bon humaniste, Rabelais donne aux compagnons de Gargantua des noms grecs : Tolmere « audacieux », Ithybole « lancé en ligne droite », Acamas « infatigable », Chironacte « qui travaille de ses mains », Sébaste « prudent », Sophrone « sage ». Et les lieux se situent tous dans la région où est né Rabelais.

La demande plut à Gargantua, qui lui offrit tout son pays de Thélème,[4] le long de la Loire, à deux lieues de la grande forêt de Port-Huault. Frère Jean demanda à Gargantua de pouvoir organiser son Ordre à l'inverse de tous les autres[5].

« Alors, dit Gargantua, d'abord il ne faudra pas y bâtir de murailles autour, car toutes les autres abbayes sont fièrement murées.

– Sans doute, dit le Moine, et pour cause : où il y a des murs devant et derrière, il y a force murmures, jalousie et complots mutuels. »

De plus, vu que dans certains couvents ici-bas il est d'usage, si des femmes y entrent (je veux parler des femmes prudes et chastes), de nettoyer les endroits par où elles sont passées, on ordonna que, si des religieux ou religieuses y entraient par hasard, on nettoierait minutieusement tous les endroits par où ils seraient passés. Et, parce que dans tous les couvents de ce monde tout est mesuré, limité et réglé par les heures[6], on décida qu'il n'y aurait là ni horloge ni cadran solaire, mais que toutes les activités seraient faites au gré des occasions et des circonstances ; car Gargantua disait que la plus sûre perte de temps qu'il connût était de compter les heures – car quel profit en retire-t-on ? – et la plus grande chimère du monde était de se gouverner au son d'une cloche et non selon les préceptes du bon sens et de la raison. De même, parce que en ce temps-là on ne faisait entrer en religion que les femmes borgnes, boiteuses, bossues, laides, contrefaites, folles, insensées, difformes et tarées ; et

---

4. Thélème signifie « volonté » terme polysémique. D'une part, c'est un terme religieux (Ecclésiaste, V, 3 et Matthieu, 7, 21) : la volonté en ce sens est l'orientation libre de l'homme vers Dieu, mieux que le désir du bien, la coopération de l'homme à son salut. C'est aussi le nom d'une des nymphes qui mènent Poliphile au royaume de Liberté dans *Le Songe de Poliphile* de Colonna, mystérieux ouvrage de la Renaissance sur l'architecture et l'art des jardins. Cette pluralité d'orientations fait de l'abbaye de Thélème un endroit à part du reste de la fiction.

5. L'abbaye de Thélème est donc une contre-abbaye.

6. Frère Jean refuse tous les instruments de mesure du temps, qui sont alors en train de devenir usuels dans les palais, où ils représentent le luxe. Il s'oppose ainsi à tout ce qui impose une évaluation objective des actions au lieu de laisser l'individu agir selon sa volonté.

que les hommes catarrheux[1], mal nés, niais et ceux dont on voulait se débarrasser[2]…

« À propos, dit le Moine, une femme qui n'est ni belle ni bonne, à quoi sert-elle[3] ?

– À mettre au couvent, dit Gargantua.

– Bien sûr, dit le Moine, et à faire des chemises. »

… on décida qu'on n'accepterait là que des femmes belles, bien formées et bien nées ; et les hommes beaux, bien formés et bien nés.

De même, parce que dans les couvents de femmes les hommes n'entraient que secrètement et clandestinement, on décida que les femmes ne seraient là que si les hommes y étaient, et les hommes que s'il y avait les femmes.

De même, parce que aussi bien les hommes que les femmes, une fois entrés au couvent, après l'année de noviciat[4], étaient forcés et contraints d'y demeurer à perpétuité leur vie durant, on décréta qu'aussi bien les hommes que les femmes qui y seraient accueillis en sortiraient quand bon leur semblerait, librement et entièrement.

De même, parce que d'habitude les religieux faisaient trois vœux, chasteté, pauvreté et obéissance, on décida que là on pourrait être honnêtement marié, que chacun serait riche et vivrait librement.

Quant à l'âge légal, les femmes étaient accueillies de dix à quinze ans, les hommes de douze à dix-huit[5].

---

1. Victimes d'une inflammation des voies respiratoires.

2. Parce qu'ils sont les derniers nés, par exemple, et qu'ils n'ont aucun héritage.

3. Plaisanterie difficile à retranscrire qui joue sur la prononciation similaire de « t-elle » et « toile (à chemise) ».

4. Préparation à la vie religieuse.

5. Rabelais s'oppose aux vœux forcés et perpétuels. Mais tout en instituant la liberté sociale et financière, il destine le lieu d'abord à des adolescents qui sont par la loi sous puissance paternelle jusqu'à 25 ans. Il n'y a pas non plus, comme on voit, de liberté sexuelle à la mesure des plaisanteries.

Comment fut bâtie et dotée l'abbaye des Thélémites

CHAPITRE LIII (CHAPITRE LI éd. 1534)

Pour la construction et l'aménagement de l'abbaye, Gargantua fit livrer comptant deux millions sept cent mille huit cent trente et un moutons de haute laine[6], et assigna chaque année, jusqu'à ce que tout fût achevé, sur la recette de la Dive[7], sept cent soixante-neuf mille écus au soleil[8]. Pour sa fondation et son entretien, il donna en rente perpétuelle deux millions trois cent soixante-neuf mille cinq cent quatorze nobles à la rose[9], garantis et amortis, et payables chaque année à la porte de l'abbaye ; et il leur en délivra de belles lettres patentes[10].

Le bâtiment était de forme hexagonale[11] ; à chaque angle était construite une grosse tour ronde de soixante pas de diamètre, toutes de même grosseur et configuration. La Loire coulait au nord ; la tour construite à son pied était appelée Arctice ; en allant vers l'est, la suivante s'appelait Calaer ; ensuite Anatole ; après, Mesembrine ; la suivante, Hespérie ; la dernière, Cryère[12]. Entre chaque tour il y avait une distance de trois cent douze pas. Le tout était formé de six étages, les caves creusées sous terre comptant pour un. Le second était voûté en anse de panier ; le reste était couvert de gypse de Flandre travaillé en cul-de-lampe[13], le toit couvert d'ardoise fine, avec un revêtement de plomb orné de petits personnages et animaux bien assortis et dorés, avec des gouttières saillant de la muraille entre les croisées[14], peintes mi-parties d'or et d'azur, par où les eaux coulant

6. Pièces d'or sur lesquelles est frappée l'image d'un « Agnus dei ».

7. La Dive est une rivière locale, où il n'y a pas de trafic marchand pour payer des taxes ; mais le lecteur tend à penser à la Dive Bouteille.

8. Pièces d'or frappées d'un soleil.

9. Monnaie anglaise.

10. Lettres royales qui accordent une faveur à un sujet.

11. Construction géométrique à 6 côtés, comme les ingénieurs de la Renaissance commencent à concevoir les bâtiments. Thélème ressemble à Chambord, édifié à partir de 1519 selon les plans de Vinci. Ce château est construit sur des carrés marqués par des tours ; les appartements privés sont organisés en rond, reliés par de grandes salles.

12. Les tours ont des noms grecs : Artice (septentrionale), Calaer (bel air), Anatole (orientale), Mesembrine (méridionale), Hesperie (occidentale) et Cryere (glacée).

13. Pierres saillantes sculptées.

14. Fenêtres.

à terre aboutissaient à de grands canaux qui tous conduisaient à la rivière qui passait sous le logis.

Le bâtiment était cent fois plus magnifique que le château de Bonnivet[1] ; car il y avait neuf cent trente-deux chambres, chacune munie d'une arrière-chambre, d'un cabinet, d'une garde-robe, d'une chapelle, et débouchant sur une grande salle. Entre chaque tour, au milieu du corps de logis, il y avait un escalier en vis brisée dont les marches étaient en marbre serpentin[2], longues de vingt-deux pieds, hautes de trois doigts, en volées de douze séparées par des paliers. À chaque palier, il y avait deux beaux arcs de style antique par où on recevait la lumière du jour et par lesquels on entrait dans un cabinet à claire-voie[3], de la même largeur que l'escalier. Et on montait jusque sur le toit, où l'on aboutissait à un pavillon. Par ces escaliers on accédait des deux côtés dans de grandes salles et des salles aux chambres.

De la tour Arctice jusqu'à Cryère, il y avait de belles bibliothèques, avec des ouvrages en grec, latin, hébreu, français, italien et espagnol, répartis dans les divers étages selon les langues.

Au milieu il y avait un escalier magnifique, dont l'entrée se faisait du dehors par un arc large de seize toises[4]. Il était si harmonieusement construit et si large que six hommes d'armes, la lance sur la cuisse, pouvaient y monter de front jusqu'au dessus du bâtiment.

De la tour Anatole jusqu'à Mesembrine il y avait de belles grandes galeries, décorées de peintures des anciennes prouesses, de légendes et de descriptions de la Terre. Au milieu un escalier et une porte semblables à ceux que nous avons décrits du côté du fleuve. Sur la porte était écrit, en grosses lettres anciennes[5], ce qui suit :

Architecture

La disposition des appartements, là encore semblable à celle de Chambord, fait problème à cause de l'absence de cuisine (mais il y a des cuisines collectives) qu'on trouve peu conforme aux goûts pantagruelistes, et de la présence de chapelles personnelles, dont on ne sait s'il faut entendre des oratoires ou des « petites pièces ». L'escalier à vis est une curiosité commune à Blois et (en double vis) à Chambord.

1. Le château de Bonnivet, près de Poitiers, est alors le plus complet des châteaux en cours de construction.

2. Vert.

3. Ouverts sur l'extérieur par un système de persiennes.

4. Une toise mesure un peu moins de deux mètres.

5. Capitales romaines et non pas gothiques.

L'inscription gravée

CHAPITRE LIV (CHAPITRE LII éd. 1534)

Ici n'entrez pas[6], hypocrites, bigots[7],
Vieux papelards, souffreteux, boursouflés,
Tartufes[8], badauds, plus que n'étaient les Goths[9]
Ou Ostrogoths, précurseurs des magots[10] ;
Mendiants, cagots[11], cafards empantouflés,
Gueux déguisés, frocards[12] bons à siffler,
Bafoués, enflés, allumeurs de disputes,
Allez ailleurs pour vendre vos abus.

Vos abus méchants
Rempliraient mes champs
De méchancetés ;
Et par fausseté
Troubleraient mes chants
Vos abus méchants.

Ici n'entrez pas, docteurs brouteurs de foin,
Clercs, basochiens[13], mangeurs du populaire[14],
Officiaux, scribes[15] et pharisiens[16],
Juges anciens, qui conduisez en terre
Ainsi que chiens les bons paroissiens.
Un échafaud sera votre salaire :
Allez-y braire, ici n'est nul excès
Dont en vos cours on dût faire procès.

L'inscription : une poésie savante

Cette inscription s'apparente aux poèmes des Grands Rhétoriqueurs, poètes de cour de la fin du XVe et du début du XVIe siècle, dont la poésie complexe se caractérise par l'accumulation de procédés.

6. La porte sépare un monde du mal d'un monde du pur bien moral. La liste évacue les moines et les vendeurs de superstitions, puis les juges abusifs, les usuriers avares, les maris jaloux et querelleurs...

7. Croyants qui font preuve de superstition.

8. Hypocrites.

9. Envahisseurs du Ve siècle.

10. Singes.

11. Intolérants.

12. Moines (terme péjoratif).

13. Membres de l'association des clercs du Parlement de Paris.

14. Qui se nourrit de la misère du peuple.

15. Greffiers, secrétaires.

16. Juifs rigoristes du IIe s. av. J.-C., puis personnes qui ne s'attachent qu'à l'aspect formel de la religion.

Procès et débats
Ici n'entrent pas,
Où l'on vient s'ébattre.
Qu'à vous pour débattre
Soient à pleins cabats
Procès et débats.

Ici n'entrez pas, usuriers[1] avares,
Bouffeurs, suceurs, qui toujours amassez,
Grippeminaults[2], avaleurs de brouillards[3],
Courbés, camards[4], qui dans vos coquemards[5]
De mille marcs n'auriez pourtant assez.
C'est sans scrupule que vous ramassez
Et entassez, flemmards à laide face ;
La male mort aussitôt vous défasse.

Face non humaine
Ont ces gens qu'on mène
Braire ailleurs : ici
Ce n'est pas permis ;
Quittez ce domaine,
Face non humaine.

Ici n'entrez pas, rassotés[6] mâtins[7],
Ni soir ni matin, vieux barbons jaloux ;
Ni vous non plus, séditieux mutins[8],
Larves, lutins, courtisans de Danger[9] chagrin,
Grecs ou latins, plus à craindre que loups ;
Ni vous, galeux, vérolés jusqu'à l'os ;
Portez vos chancres[10] se repaître ailleurs,
Couverts de croûtes, chargés de déshonneur.

Les Thélémites

Après les exclus, ceux qui seront accueillis dans l'abbaye seront les courtisans, bien nés et évangéliques.

1. Qui prêtent de l'argent à très fort intérêt.
2. Voleurs.
3. Expression méprisante pour désigner les juges.
4. Qui a le nez aplati. La camarde est aussi une expression pour désigner la mort.
5. Bouilloires de terre ou de métal.
6. Sots.
7. Chiens de garde
8. Ceux qui se rebellent.
9. Danger est le mari jaloux de la Dame du *Roman de la Rose* de Jean de Meung et Guillaume de Lorris.
10. Maladies vénériennes.

Honneur, gloire et joie,
Sont ici de droit
Par joyeux accords ;
Tous sont sains de corps :
Aussi on leur doit
Honneur, gloire et joie.

Ici entrez, soyez les bienvenus
Et fêtés, vous, les nobles chevaliers !
Voici le lieu où les bons revenus
Sont bien perçus, afin que par milliers,
Grands et petits, soyez entretenus.
Vous serez mes familiers bien-aimés,
Gaillards, lurons, joyeux, plaisants, mignons,
En général tous les bons compagnons.

Compagnons gentils,
Sereins et subtils,
Sans méchanceté,
De l'urbanité[11]
Voici les outils,
Compagnons gentils.

Ici entrez, vous par qui le saint Évangile
Est activement prêché, quoi qu'on gronde ;
Ici vous aurez refuge et asile
Contre l'erreur ennemie, qui distille
Par sa plume le poison sur le monde :
Entrez, pour qu'on fonde ici la foi profonde,
Puis confonde, par le livre et par la parole
Les ennemis de la sainte Parole !

Que Parole sainte
Ne soit point éteinte
En ce lieu très saint ;
Que tous en soient pleins,
Que toutes aient au sein
La Parole sainte.

---

11. Politesse, délicatesse.

Ici entrez, dames de haut parage[1],
Sans hésiter ! Entrez-y de bon cœur
Fleurs de beauté au céleste visage,
Au corps bien fait, au maintien prude et sage :
Par ce passage est le séjour d'honneur.
Le grand seigneur, du lieu le donateur
Et bienfaiteur, pour vous l'a ordonné,
Et pour le tout, beaucoup d'or a donné.

L'or donné par don
Fait que l'on pardonne
À celui qui donne,
Et il récompense
Tout homme de sens,
L'or donné par don.

Comment était bâti le manoir des Thélémites

CHAPITRE LV (CHAPITRE LIII éd. 1534)

Au milieu de la cour intérieure, il y avait une magnifique fontaine de bel albâtre[2] ; au-dessus les trois Grâces, avec des cornes d'abondance, qui rejetaient l'eau par les seins, la bouche, les oreilles, les yeux et autres ouvertures du corps.

Le corps du logis au-dessus de la cour reposait sur de gros piliers de calcédoine[3] et de porphyre[4], avec de beaux arcs à l'antique, entre lesquels il y avait de belles galeries, longues et larges, décorées de peintures, de cornes de cerfs et autres ornements.

Le logis des dames s'étendait de la tour Arctique jusqu'à la porte de Mesembrine. Les hommes occupaient le reste. Devant le logis des dames, afin qu'elles puissent s'ébattre, il y avait, entre les deux

1. Nobles, de haute naissance.
2. Matériau blanc.
3. Roche composée de quartz bleu.
4. Roche magmatique.

premières tours, les lices[5], le manège, le théâtre et les piscines, avec de merveilleux bains à trois étages, bien pourvus de tout le nécessaire et de quantité d'eau de myrte[6].

Le long de la rivière il y avait le beau jardin d'agrément, et en son centre un beau labyrinthe. Entre les deux tours suivantes il y avait les terrains de jeu de paume[7] et de ballon. Du côté de la tour Cryère, il y avait le verger, plein de tous les arbres fruitiers, disposés en quinconce. Au bout il y avait un grand parc, foisonnant de bêtes sauvages.

Entre les deux dernières tours, il y avait les buttes pour s'exercer à l'arquebuse[8], à l'arc et à l'arbalète ; les cuisines, en dehors de la tour Hespérie, à un seul étage ; l'écurie au-delà des cuisines, et, devant, la fauconnerie, gérée par des autoursiers[9] experts, qui était chaque année approvisionnée par les Crétois, Vénitiens et Sarmates en toutes sortes d'oiseaux de choix : aigles, autours[10], sacres[11], laniers[12], faucons, éperviers, émerillons[13] et d'autres, si bien dressés et domestiqués que, lorsqu'ils quittaient le château pour s'ébattre aux champs, ils capturaient tout ce qu'ils rencontraient. Le chenil était un peu plus loin en allant vers le parc.

Toutes les salles, chambres et cabinets étaient tapissés diversement selon les saisons de l'année. Tout le carrelage était recouvert de drap vert. Les lits étaient tendus de broderie. Dans chaque arrière-chambre il y avait un miroir de cristal[14], enchâssé d'or fin et garni de perles, si grand qu'on pouvait s'y voir en entier. À la sortie des salles du logis des dames, il y avait les parfumeurs et les coiffeurs, entre les mains desquels passaient les hommes quand ils rendaient visite aux dames, et qui, chaque matin, apportaient dans les chambres des dames l'eau de fleur d'oranger et de myrte, sans compter une précieuse cassolette fumante de drogues[15] aromatiques.

---

5. Espaces où se déroulent les tournois.
6. Eau florale.
7. Jeu d'extérieur, ancêtre du tennis.
8. Armes à feu.
9. Qui dressent les oiseaux pour la chasse.
10. Oiseaux rapaces.
11. Variété de faucons.
12. Faucons femelles dressés pour la chasse.
13. Autre variété de faucons.
14. Les miroirs dans les demeures n'existent que depuis peu.
15. Plantes.

Comment étaient vêtus les religieux et religieuses de Thélème

CHAPITRE LVI (CHAPITRE LIV éd. 1534)

Au début de la fondation, les dames s'habillaient selon leur plaisir et leur libre choix. Par la suite, elles reçurent la règle suivante :

Elles portaient des bas teints d'écarlate ou de cochenille[1], qui montaient précisément de trois doigts au-dessus du genou, et dont la lisière était joliment brodée et ajourée. Les jarretières[2] étaient de la couleur des bracelets, enserrant le genou par au-dessous et au- dessus ; les souliers, escarpins et pantoufles étaient de velours cramoisi, rouge ou violet, échancrés en barbe d'écrevisse[3].

Sur leur chemise elles revêtaient un beau corset de belle faille[4] de soie. Par-dessus elles mettaient un vertugadin[5] de taffetas blanc, rouge, fauve ou gris, etc. ; par-dessus la jupe de taffetas d'argent rebrodé d'or fin à points d'aiguille ou, selon l'humeur et le temps, de satin, de damas[6] ou de velours, orangé, fauve, vert, gris cendré, bleu, beige, rouge carmin, blanc ; ou de drap d'or, de toile d'argent, de tissu galonné ou brodé, en fonction des fêtes.

Les robes, selon la saison, étaient de toile d'or rehaussée d'argent, de satin rouge à galons d'or, de taffetas blanc, bleu, noir ou fauve, de serge de soie, de faille de soie, de velours, de drap d'argent, de toile d'argent, de fil d'or, de velours ou de satin rebrodé d'or en dessins variés.

En été, certains jours, au lieu des robes elles portaient de belles mantilles[7], aux mêmes ornements, ou des casaques[8] à la morisque de velours violet rehaussé d'or sur des broderies d'argent ou avec

L'habit fait le Thélémite

Cette description rappelle le chapitre sur les habits de Gargantua. Notons que ces vêtements ne répondent pas tant que ça à un « libre choix ». Ils sont « reformés », soumis à une « règle » qui rappelle bien sûr la Réforme religieuse.

1. Rouge carmin.
2. Cordons destinés à maintenir les bas (des hommes comme des femmes).
3. Manière de découper en petites bandes parallèles.
4. Étoffe à gros grains.
5. Bourrelet placé au niveau des hanches destiné à donner de l'ampleur à la jupe.
6. Tissu avec des reflets.
7. Ici il s'agit de courts manteaux.
8. Sortes de petites capes.

des cordelières d'or garnies aux nœuds de petites perles d'Orient. En hiver, les robes de taffetas, de même couleur qu'en été, étaient fourrées de lynx[9], de genette noire, de martre de Calabre, de zibeline[10] ou autres fourrures précieuses.

Les chapelets, bagues, chaînes et colliers étaient de pierres fines, escarboucles[11], rubis, rubis balais, diamants, saphirs, émeraudes, turquoises, grenats, agates, béryls[12], perles et gemmes[13] de la plus belle eau.

La coiffure variait selon les saisons : en hiver, à la française ; au printemps, à l'espagnole ; en été, à la toscane, sauf lors des fêtes et dimanches, où elles portaient la coiffure française, parce qu'elle est plus convenable et sied mieux à la pudeur des honnêtes femmes[14].

Les hommes étaient habillés à leur façon[15] : des chausses d'étamine[16] ou de serge de drap, teintes d'écarlate ou de cochenille, blanches ou noires ; les hauts-de-chausses en velours de même couleur, ou à peu près, brodés et échancrés selon la fantaisie de chacun ; le pourpoint de drap d'or, d'argent, de velours, de satin, de damas ou de taffetas, de même couleur, échancré, brodé et arrangé de façon parfaite ; les aiguillettes de soie de même couleur ; les ferrets[17] d'or bien émaillés ; les casaques et simarres de drap d'or, de toile d'or, de drap d'argent ou de velours, brodées selon le goût ; les robes aussi précieuses que celles des dames ; les ceintures de soie de la couleur du pourpoint ; et chacun avec une belle épée au côté, à poignée dorée, le fourreau de velours de la couleur des chausses, la pointe d'or ouvragé ; de même pour le poignard ; le bonnet de velours noir, garni de force anneaux et boutons d'or, avec une plume blanche au-dessus, joliment mêlée de paillettes d'or au bout desquelles pendaient en papillottes de beaux rubis, émeraudes, etc.

Mais la communauté d'inclinations était telle entre hommes et femmes que chaque jour ils étaient vêtus de la même parure, et,

9. Félins.

10. Petits mammifères recherchés pour leur fourrure.

11. Pierres précieuses rouge foncé.

12. Pierres précieuses transparentes.

13. Pierres précieuses.

14. La coiffure française est un chaperon couvrant les cheveux d'un voile court. L'espagnole est plus légère et la toscane laisse les cheveux découverts.

15. Voir schéma p. 40.

16. Légère étoffe de laine.

17. Embouts métalliques.

pour qu'on n'y manquât point, certains gentilhommes avaient pour mission de dire chaque matin aux hommes quelle tenue les dames voulaient porter pour la journée ; car tout se faisait selon le libre choix des dames.

Mais ne pensez pas qu'à se vêtir si proprement et à se parer si richement ils ou elles perdaient un temps superflu ; car chaque matin les maîtres des garde- robes apprêtaient si bien l'habillement, les femmes de chambre étaient si stylées qu'en un instant elles étaient prêtes et habillées de pied en cap. Et pour qu'ils puissent plus commodément se procurer leurs vêtements, le long du bois de Thélème il y avait un grand corps de maison long d'une demi-lieue, bien clair et aménagé, où vivaient les orfèvres, joailliers, brodeurs, tailleurs, tisseurs d'or, veloutiers, tapissiers et lissiers[1], qui travaillaient chacun à son métier, tout cela pour les religieux et religieuses. Ils étaient approvisionnés en matières premières par le seigneur Nausiclète, qui chaque année leur livrait sept bateaux venus des îles Perlas et des Antilles, chargés de lingots d'or, de soie écrue, de perles et pierreries. Si quelques grosses perles venaient à vieillir et à perdre de leur blancheur d'origine, ils les ravivaient adroitement en les donnant à manger à quelques beaux coqs[2], comme on donne une purge aux faucons.

Comment était réglée la vie des Thélémites

CHAPITRE LVII (CHAPITRE LV éd. 1534)

Toute leur vie était ordonnée non selon des lois, des statuts ou des règles, mais selon leur bon vouloir et leur libre arbitre. Ils se levaient quand bon leur semblait, buvaient, mangeaient, travaillaient, et dormaient quand le désir leur en venait. Nul ne les

1. Tapissiers.

2. Technique empruntée à Averroès, médecin musulman du XIIe siècle.

réveillait, nul ne les contraignait à boire, à manger, ni à faire quoi que ce soit. Ainsi en avait décidé Gargantua. Pour toute règle, il n'y avait que cette clause, *Fais ce que tu voudras* ; parce que les gens libres, bien nés et bien éduqués, vivant en bonne compagnie, ont par nature un instinct, un aiguillon qui les pousse toujours à la vertu et les éloigne du vice, qu'ils appelaient honneur. Ces gens-là, quand ils sont opprimés et asservis par une honteuse sujétion[3] et par la contrainte, détournent cette noble inclination par laquelle ils tendaient librement à la vertu, vers le rejet et la violation du joug de servitude ; car nous entreprenons toujours ce qui nous est interdit et nous convoitons ce qui nous est refusé.

C'est cette liberté même qui les poussa à une louable émulation : faire tous ce qu'ils voyaient faire plaisir à un seul. Si l'un ou l'une d'entre eux disait : « Buvons », ils buvaient tous ; s'il disait : « Jouons », tous jouaient ; s'il disait : « Allons nous ébattre aux champs », tous y allaient.

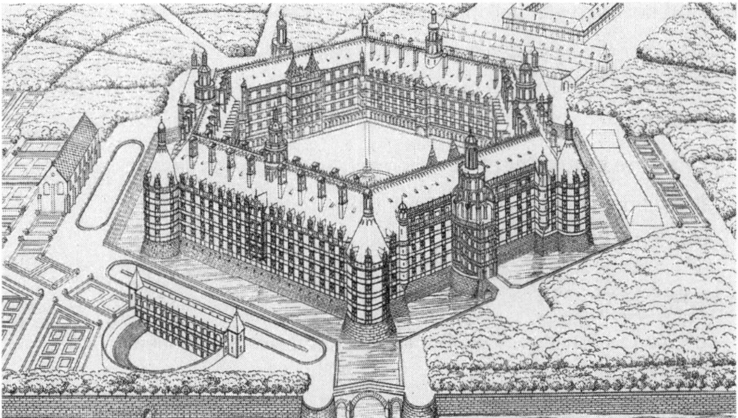

Plan de l'abbaye de Thélème, 1840, BnF, Paris.

3. Soumission.

Une contre-abbaye

Cette devise entre en contradiction avec le fait que tous agissent de la même façon. C'est parce que les Thélémites sont bien nés, sous d'heureux auspices et dans de nobles familles, et bien instruits, qu'ils agissent unanimement et dans le but de faire le bien. Par cette vision optimiste, Rabelais se distingue la Réforme.

Explication de texte 8

Chapitre LVII, de « Toute leur vie » à « tous y allaient. »

➔ p. 192 à 193, l. 1 à 20

En quoi ce passage est-il représentatif de l'idéal humaniste ?

SITUER

1 Qui conçoit l'Abbaye de Thélème ? Dans quelles circonstances ?

2 Pourquoi peut-on parler d'une utopie ?

EXPLIQUER

Premier mouvement ➔ **« Toute leur vie » à « Gargantua. »**

3 Sur quelle opposition repose ce premier mouvement ?

4 En quoi les abbayes sont-elles implicitement critiquées ?

Deuxième mouvement ➔ **« Pour toute règle » à « ce qui nous est refusé. »**

5 En quoi la règle de l'abbaye de Thélème est-elle paradoxale ?

6 N'importe qui peut-il entrer dans cette abbaye ? Pourquoi ?

7 Quel pronom apparaît à la fin du mouvement ? Qu'est-ce que cela implique ?

Troisième mouvement ➔ **« C'est cette liberté même » à « tous y allaient. »**

8 Comment l'anarchie est-elle évitée ?

9 Commentez les trois propositions faites par les Thélémites.

CONCLUSION

10 En quoi cette abbaye reflète-t-elle l'humanisme de Rabelais ?

ÉTUDE DE LA LANGUE

Étudiez les négations dans le passage suivant : « Nul ne les réveillait, nul ne les contraignait à boire, à manger, ni à faire quoi que ce soit ».

ÉCRIRE

Proposez à votre tour une utopie, un lieu clos, idéal, de formation des jeunes gens.

Texte original

Toute leur vie estoit employée non par loix, statutz ou reigles, mais scelon leur vouloir et franc arbitre. Se levoient du lict quand bon leur sembloit, beuvoient, mangeoient, travailloient, dormoient quand le desir leurs venoit. Nul ne les esveilloit, nul ne les parforceoyt ny à boyre, ny à manger, ny à faire chose aultre quelconques. Ainsi l'avoit estably Gargantua. En leur reigle n'estoit que ceste clause, *Faictz ce que vouldras*, par ce que gents liberes, bien nez et bien instruictz, conversans en compaignies honestes, ont par nature un instinct et aguillon, qui tousjours les pousse à faictz vertueux et retire de vice, lequel ilz nommoient honneur. Iceulx, quand par vile subjection et contraincte sont deprimez et asserviz, detournent la noble affection, par laquelle a vertuz franchement tendoient, a deposer et enfraindre ce joug de servitude ; car nous entreprenons tousjours choses defendues et couvoytons ce que nous est denie.

Par ceste liberté entrerent en louable emulation de faire tous ce que à un seul voyaient plaire. Si quelq'un ou quelcune disoyt : « Beuvons », tous beuvoient ; si disoit : « Jouons », tous jouaient ; si disoit : « Allons à l'esbat es champs », tous y alloyent.

S'il s'agissait de chasser à courre ou au vol, les dames, montées sur de belles haquenées[1] suivies du palefroi de guerre[2], portaient sur leur poing joliment gantelé un épervier, un laneret[3] ou un émerillon[4]. Les hommes portaient les autres oiseaux.

Ils étaient si bien éduqués qu'il n'y avait parmi eux homme ni femme qui ne sût lire, écrire, chanter, jouer d'instruments de musique, parler cinq ou six langues et y composer, tant en vers qu'en prose. Jamais on ne vit de chevaliers si vaillants, si hardis, si adroits au combat à pied ou à cheval, plus vigoureux, plus agiles, maniant mieux les armes que ceux-là ; jamais on ne vit de dames si fraîches, si jolies, moins acariâtres[5], plus doctes aux travaux d'aiguille et à toute activité de femme honnête et bien née que celles-là.

C'est pourquoi, quand arrivait le temps où l'un d'entre eux, soit à la requête de ses parents, soit pour d'autres raisons, voulait quitter l'abbaye, il emmenait avec lui une des dames, celle qui l'aurait choisi pour chevalier servant, et ils se mariaient ; et s'ils avaient bien vécu à Thélème en amitié de cœur, ils continuaient encore mieux dans le mariage, et ils s'aimaient autant à la fin de leurs jours qu'au premier jour de leurs noces. Mais je ne veux pas omettre de vous retranscrire une énigme qu'on trouva dans les fondations de l'abbaye, sur une grande plaque de bronze. La voici :

1. Petit cheval facile à monter.
2. Cheval de promenade.
3. Petit faucon mâle.
4. Autre variété de faucon.
5. Sans cesse mécontentes.

L'énigme trouvée dans les fondations de l'abbaye des Thélémites

CHAPITRE LVIII (CHAPITRE LVI éd. 1534)

Pauvres humains qui attendez le bonheur,
Levez vos cœurs, écoutez mes paroles.

S'il est permis de croire fermement
Que par les corps qui sont au firmament[6]
L'esprit humain peut tout seul réussir
À prophétiser vraiment l'avenir,
Ou, si l'on peut par divine puissance
Du sort futur avoir la connaissance,
Pour discerner dans leur juste décours
Des temps lointains le destin et le cours,
Je fais savoir à qui veut bien l'entendre
Que cet hiver prochain, sans plus attendre,
Ou même avant, en ce lieu où nous sommes
Il surgira une autre espèce d'hommes
Las du repos, que le loisir ennuie,
Qui iront franchement, en plein midi,
Pousser les gens de toute condition
À des querelles et à des factions[7].
Et si l'on veut les croire et écouter,
Quoi qu'il en doive advenir et coûter,
Ils feront s'affronter ouvertement
Les amis entre eux, les proches parents ;
Le fils hardi ne craindra pas l'impair
De se dresser contre son propre père ;

6. Les astres.
7. Groupes de concurrents.

L'énigme : sens masqué ou sens littéral ?

Cette énigme est presque entièrement du poète Saint-Gelais et n'est donc pas écrite pour la circonstance, à l'exception des deux premiers vers et des six derniers. Une énigme consiste habituellement à donner une forme complexe à quelque chose de simple qu'il faut deviner. Ici, c'est l'inverse : l'énigme recourt à des images d'apocalypse pour décrire une partie de jeu de paume. Mais on peut se demander si le mot « énigme » ne trompe pas le lecteur en l'invitant à chercher un autre sens, alors que le « vrai » thème du texte serait l'apocalypse.

Même les grands, de noble rang sortis,
Par leurs sujets se verront assaillis,
Et les devoirs d'honneur et révérence
Perdront alors tout ordre et déférence[1] ;
Car ils diront que chacun à son tour
Doit monter haut puis faire demi-tour ;
Sur ce point tant y aura de mêlées,
De désaccords, de venues et d'allées,
Qu'aucune histoire, où l'on conte merveilles,
Ne raconte d'agitations pareilles.
Et l'on verra maint homme de valeur,
Aiguillonné de juvénile ardeur
Et abusé par cet emportement,
Mourir en fleur, vivre petitement.
Et nul ne pourra quitter ce labeur,
S'il y met dès le début tout son cœur,
Sans avoir empli par chicane[2] et débats
Le Ciel de bruit et la Terre de pas.
Alors n'auront pas moins d'autorité
Les gens sans foi que ceux de vérité ;
Car tous suivront la foi passionnée
De la foule ignorante et insensée,
Dont le plus lourd sera pris comme juge.
Ô dommageable et pénible déluge !
Déluge, dis-je, et à juste raison,
Car cette activité ne cessera
Et la Terre ne s'en délivrera
Que lorsque s'écouleront à foison
De brusques eaux, dont les plus acharnés
Au combat seront saisis et trempés[3] ;
Et à bon droit, car leur cœur, adonné
À ce combat, n'aura point pardonné
Même aux troupeaux des innocents bestiaux,
Que de leurs nerfs et de leurs vils boyaux
On ait fait, non aux dieux un sacrifice,

1. Considération respectueuse.
2. Complications inutiles dans un procès.
3. Les joueurs seront en sueur.

Mais de simples objets rendant service[4].
Et maintenant je vous laisse à penser
Comment tout cela pourra se passer
Et quel repos, en crise si profonde,
Aura le corps de la machine ronde[5] !
Les plus heureux, qui y auront gagné,
Voudront ne pas la perdre ou l'abîmer,
Et tâcheront de toutes les manières
De l'asservir et garder prisonnière Tant
et si bien que la pauvre, défaite,
N'aura recours qu'à celui qui l'a faite[6] ;
Et, pour mettre un comble à son infortune,
Le clair soleil, avant même la brune[7],
Laissera faire l'obscurité sur elle
Plus qu'en éclipse ou en nuit naturelle ;
D'un coup elle en perdra sa liberté
Et du haut Ciel la faveur et clarté,
Ou du moins elle restera déserte.
Mais avant cette ruine et cette perte,
Elle aura longtemps montré clairement
Un si violent et grand tremblement
Que l'Etna n'en fut autant agité
Quand sur un fils de Titan il fut jeté[8] ;
Et moins brutal, si on doit l'estimer,
Le mouvement que fit Inarimé[9]
Quand Typhocée fut tellement en colère
Qu'il précipita les monts dans la mer.
Ainsi sous peu elle sera plongée
En triste état, si souvent échangée
Que même ceux qui en main l'auront eue
La laisseront prendre aux nouveaux venus.
Alors arrivera le moment propice
De mettre un terme à ce long exercice : Car

---

4. Les raquettes sont faites avec des boyaux.

5. La balle ou la Terre.

6. Celui qui a fabriqué la balle, ou Dieu.

7. Le crépuscule.

8. Jupiter a puni Typhée (ou Typhon) en l'ensevelissant sous l'Etna.

9. Île dont Virgile attribue les tremblements à la colère de Typhée.

ces grand's eaux dont nous avons parlé
Persuaderont chacun de s'en aller ;
Toutefois, avant de se séparer,
Dans l'air pourra clairement s'observer
Une grand'flamme[1] à l'ardeur excessive
Pour mettre à fin les eaux et l'entreprise.

Et puis après, ceux qui furent enchaînés,
Peinés, lassés, torturés, affligés,
Par le vouloir de l'éternel Seigneur
Hors des tourments renaîtront en bonheur[2].
Là on verra par sûre connaissance
Le bien et le profit de la patience ;
Car celui qui aura le plus souffert
Ici bas, des bienfaits alors offerts
Il recevra le plus. Comme il faut révérer
Celui qui jusqu'au bout pourra persévérer[3] !

Ayant achevé la lecture de ce document, Gargantua poussa un profond soupir et dit à ceux qui étaient présents :

« Ce n'est pas d'aujourd'hui que ceux qui sont revenus à la vraie foi évangélique sont persécutés ; mais bienheureux celui qui ne faillira pas et qui tendra toujours au but que Dieu, par l'entremise de son cher Enfant, nous a fixé pour toujours, sans en être distrait ou détourné par les passions matérielles. »

Le Moine dit : « À votre avis, que croyez-vous que cette énigme veuille dire et signifier ?

– Quoi ? dit Gargantua. Le cours et la permanence de la vérité divine.

– Par saint Goderan, dit le Moine, moi je crois que c'est la description du jeu de paume ; que la *machine ronde* est la pelote, que ces *nerfs et boyaux de bestiaux innocents* sont les cordes des raquettes, et que ces *gens échauffés qui s'affrontent* sont les joueurs. Et qu'à la fin, après s'être bien exercés, ils vont se restaurer ; et bon appétit ! »

---

1. On fait sécher les habits après la partie.

2. Des textes promettent récompense aux justes : la fin des épisodes apocalyptiques (Matthieu, XXIV), la parabole du semeur recueillant le fruit de patience (Luc, VIII).

3. Rabelais a conscience des dangers qui menacent les évangéliques. L'abbaye de Thélème constitue un véritable refuge.

LE DOSSIER du lycéen

Guide de lecture

CHAP.	TITRE	RÉSUMÉ
	Au lecteur	
⊖ p. 13	**Prologue de l'auteur**	L'auteur conseille de lire le roman sans s'en tenir au sens premier, explicite et léger. Il faut s'appliquer à en saisir un sens plus profond.
	LA NAISSANCE ET L'ENFANCE DE GARGANTUA	
I ⊖ p. 19	**De la généalogie et des anciennes origines de Gargantua**	Le narrateur évoque la généalogie de Gargantua et des rois de France. Il raconte comment un immense tombeau de bronze a été découvert en Touraine, avec des inscriptions difficiles à déchiffrer.
II ⊖ p. 22	**Les fanfreluches antidotées trouvées en un monument ancien**	Poème dont le sens nous échappe, même si l'on y discerne des satires du pape et de Charles Quint.
III ⊖ p. 27	**Comment Gargantua fut onze mois porté dans le ventre de sa mère**	Gargantua reste onze mois dans le ventre de Gargamelle, ce qui n'est pas rare si l'on en croit plusieurs anecdotes antiques et des textes de lois visant à préciser que les enfants nés après la mort de leur père peuvent légitimement en hériter.
IV ⊖ p. 29	**Comment Gargamelle, grosse de Gargantua, se laissa aller à manger des tripes**	Le 3 février, mardi-gras, les sujets de Grandgousier ont tué les bœufs gras dont les tripes ne se conserveront pas jusqu'à la fin du Carême. Il faut donc toutes les consommer afin que rien ne se perde. Gargamelle en mange sans modération.
V ⊖ p. 31	**Les propos des bien ivres**	Dialogue entre buveurs. Ce chapitre est rajouté dans l'édition de 1542.
VI ⊖ p. 33	**Comment Gargantua naquit de bien étrange façon**	Après son festin de tripes, Gargamelle sent les premières contractions. Comme on lui a fait boire une potion, Gargantua ne peut naître par voie basse : il sort par l'oreille gauche de sa mère.
VII ⊖ p. 38	**Comment son nom fut donné à Gargantua, et comment il buvait le coup**	Gargantua s'abreuve de lait, mais aussi de vin, ce qui accentue la quantité d'excréments qu'il produit quotidiennement.
VIII ⊖ p. 40	**Comment on vêtit Gargantua**	Gargantua est richement vêtu, à la manière des courtisans. Chaque partie de son costume est décrite avec précision et humour.

CHAP.	TITRE	RÉSUMÉ
IX ⊖ p. 45	**Des couleurs et livrées de Gargantua**	Ses couleurs sont le bleu et le blanc, dont la signification est sujette à caution.
X ⊖ p. 47	**De ce qui est signifié par le blanc et le bleu**	Le narrateur se lance dans une démonstration apparemment érudite, mais en réalité satirique de la signification des deux couleurs.
XI ⊖ p. 52	**De l'adolescence de Gargantua**	Gargantua enfant se comporte comme les enfants du pays et, entouré de ses nourrices, s'éveille à la sexualité.
XII ⊖ p. 53	**Des chevaux factices de Gargantua**	Gargantua se moque des hommes d'un invité de son père en leur faisant croire que les écuries sont dans sa chambre, en haut d'une tour. C'est en réalité là qu'il range ses chevaux de bois.
XIII ⊖ p. 56	**Comment Grandgousier reconnut la merveilleuse intelligence de Gargantua à l'invention d'un torchecul**	En expliquant à son père quel est le meilleur moyen de se torcher le cul, Gargantua éblouit Grandgousier.
	L'ÉDUCATION DE GARGANTUA	
XIV ⊖ p. 64	**Comment Gargantua fut formé par un théologien aux lettres latines**	Les premiers maîtres de Gargantua lui font apprendre par cœur de vieux manuels du Moyen Âge.
XV ⊖ p. 66	**Comment Gargantua fut confié à d'autres pédagogues**	Le discours d'Eudémon prouve à Grandgousier que son fils n'a pas reçu la meilleure éducation possible. Il décide donc de renvoyer Jobelin Bridé et de confier Gargantua à Ponocrates.
XVI ⊖ p. 68	**Comment Gargantua fut envoyé à Paris, de l'énorme jument qui le porta et comment elle défit les mouches à bœuf de la Beauce**	Gargantua se rend à Paris sur une énorme jument venue d'Afrique. Grâce à sa queue spectaculaire, elle abat toute une forêt dont les mouches la gênaient.
XVII ⊖ p. 70	**Comment Gargantua paya son don de bienvenue aux Parisiens et comment il prit les grosses cloches de l'église Notre-Dame**	Gargantua noie des milliers de Parisiens en leur pissant dessus. Il vole les cloches de Notre-Dame pour sa jument. Les Parisiens décident d'envoyer un théologien pour lui demander de les rendre.

CHAP.	TITRE	RÉSUMÉ
XVIII ➔ p. 73	**Comment Janotus de Braquemardo fut envoyé pour récupérer les grosses cloches auprès de Gargantua**	Janotus et ses hommes arrivent chez Gargantua. On le fait boire pendant que Gargantua rend les cloches, afin qu'il ne puisse s'enorgueillir de l'efficacité de sa mission.
XIX ➔ p. 75	**La harangue que maître Janotus de Braquemardo adressa à Garguantua pour récupérer les cloches**	Discours sans queue ni tête dans le pire des latins possibles.
XX ➔ p. 77	**Comment le théologien emporta son drap et comment il entra en procès contre les sorbonnards**	Gargantua donne à Janotus ce qu'il espérait gagner par son discours. Janotus demande tout de même à être payé par les sorbonnards, qui refusent.
XXI ➔ p. 80	**L'étude et la façon de vivre de Gargantua selon l'enseignement de ses précepteurs sorbonagres**	Ponocrates demande à Gargantua de se comporter comme il le faisait avec ses anciens maîtres, afin de mieux comprendre comment il est devenu aussi bête.
XXII ➔ p. 86	**Les jeux de Gargantua**	Liste des jeux joués par Gargantua et qui sont l'objet d'un chapitre de plus dans l'édition de 1542.
XXIII ➔ p. 91	**Comment Gargantua fut formé par Ponocrates de façon si rigoureuse qu'il ne perdait aucune heure de la journée**	Ponocrates forme son élève à chaque heure de la journée, en associant des activités intellectuelles, physiques et artistiques. Chaque situation est une occasion d'apprendre.
XXIV ➔ p. 102	**Comment Gargantua passait sa journée quand le temps était pluvieux**	Activités de Gargantua les jours pluvieux et aménagements dans son alimentation.
XXV ➔ p. 105	**Comment se déclencha entre les fouaciers de Lerné et les gens du pays de Gargantua la grande dispute dont on fit de grosses guerres**	Les fouaciers refusent de vendre leurs fouaces aux vendangeurs du pays de Gargantua et les agressent. Les vendangeurs, bergers et paysans ripostent.
LES GUERRES PICROCHOLINES		
XXVI ➔ p. 107	**Comment les habitants de Lerné, sur l'ordre de leur roi Picrochole assaillirent à l'improviste les bergers de Gargantua**	Lorsque Picrochole apprend ce qu'ont subi les vendeurs de fouace, il se met en colère et lève ses troupes, qui se mettent en route sans ordre.

CHAP.	TITRE	RÉSUMÉ
XXVII ⊕ p. 110	**Comment un moine de Seuillé sauva l'enclos de l'abbaye du saccage des ennemis**	Frère Jean prend la défense des vignes de son abbaye avec une violence affirmée.
XXVIII ⊕ p. 115	**Comment Picrochole prit d'assaut la Roche-Clermault et le regret et la peine qu'éprouva Grandgousier à entreprendre la guerre**	Grandgousier apprend avec tristesse que Picrochole a mis fin à leur alliance. Il redoute la guerre à venir.
XXIX ⊕ p. 120	**La teneur de la lettre que Grandgousier écrivit à Gargantua**	Grandgousier est contraint de rappeler à lui son fils Gargantua pour se défendre contre les agressions de Picrochole.
XXX ⊕ p. 121	**Comment Ulrich Gallet fut envoyé auprès de Picrochole**	Gallet se présente aux portes de la ville, mais Picrochole refuse qu'on lui ouvre. Il lui parle des remparts.
XXXI ⊕ p. 122	**La harangue de Gallet à Picrochole**	Gallet démontre à Picrochole combien il a à perdre dans cette agression et lui demande de se retirer.
XXXII ⊕ p. 125	**Comment Grandgousier, pour obtenir la paix, fit rendre les fouaces**	Grandgousier fait rendre les fouaces et verse des dommages et intérêts à Marquet, mais Picrochole, écoutant les conseils de Toucquedillon, estime que c'est un signe de mépris.
XXXIII ⊕ p. 128	**Comment certains gouverneurs de Picrochole, par leurs conseils aventureux, le mirent au comble du danger**	Les conseillers de Picrochole lui proposent de partir à la conquête du monde.
XXXIV ⊕ p. 133	**Comment Gargantua quitta Paris pour secourir son pays, et comment Gymnaste rencontra les ennemis**	Gargantua répond à l'appel de son père. Gymnaste est envoyé en éclaireur dans les terres pillées par Tripet et ses hommes.
XXXV ⊕ p. 135	**Comment Gymnaste tua en souplesse le capitaine Tripet et d'autres gens de Picrochole**	Gymnaste use de ruse et, par son adresse, parvient à effrayer une partie des ennemis. Il tue ensuite le capitaine Tripet.
XXXVI ⊕ p. 137	**Comment Gargantua détruisit le château du Gué de Vède, et comment ils passèrent le gué**	Gargantua, irrité par les coups de canons que lui lancent les pillards retranchés dans le château, l'écrase à coups de branches. Les ennemis en fuite sont noyés dans la pisse de la jument de Gargantua.

CHAP.	TITRE	RÉSUMÉ
XXXVII ⊖ p. 140	**Comment Gargantua, en se peignant, faisait tomber de ses cheveux les boulets de canon**	Gargantua arrive chez son père qui fait préparer un banquet pour accueillir ses hôtes.
XXXVIII ⊖ p. 142	**Comment Gargantua mangea en salade six pèlerins**	Six pèlerins se font croquer par Gargantua qui manque ensuite de les noyer en pissant.
XXXIX ⊖ p. 145	**Comment le Moine fut fêté par Gargantua et des beaux propos qu'il tint en soupant**	Frère Jean anime la conversation en passant du coq-à-l'âne. Il exprime tout son mépris pour les fuyards et les lâches.
XL ⊖ p. 148	**Pourquoi les Moines sont rejetés du monde et pourquoi certains ont le nez plus grand que les autres**	Frère Jean se distingue des autres moines par son activité.
XLI ⊖ p. 151	**Comment le Moine fit dormir Gargantua, et de ses heures et bréviaire**	Après avoir dormi grâce à un psaume, les combattants se lèvent et commencent par boire.
XLII ⊖ p. 153	**Comment le Moine encouragea ses compagnons et comment il fut suspendu à un arbre**	Frère Jean, encombré par son armure, reste accroché à un arbre. Les autres en profitent pour se moquer de lui. Dès qu'il est libéré, il renonce à toute autre arme que son froc et son bâton de croix.
XLIII ⊖ p. 156	**Comment l'avant-garde de Picrochole rencontra Gargantua. et comment le Moine tua le capitaine Tyravant, puis fut fait prisonnier par les ennemis**	En combattant courageusement, Frère Jean est fait prisonnier.
XLIV ⊖ p. 158	**Comment le Moine se défit de ses gardes, et comment l'avant-garde de Picrochole fut défaite**	Frère Jean se libère avec beaucoup de violence et vient en aide à Gargantua qui a déjà mis en déroute ses ennemis.
XLV ⊖ p. 163	**Comment le Moine ramena les pèlerins, et les bonnes paroles que leur dit Grandgousier**	Grandgousier condamne les pèlerinages.
XLVI ⊖ p. 166	**Comment Grandgousier traita humainement Toucquedillon prisonnier**	Grandgousier dispense Toucquedillon de rançon, lui donne de l'or et le renvoie auprès de Picrochole afin qu'il lui fasse la leçon.

CHAP.	TITRE	RÉSUMÉ
XLVII ⊖ p. 169	**Comment Grandgousier envoya chercher ses légions et comment Toucquedillon tua Hastiveau, puis fut tué sur l'ordre de Picrochole**	Pendant que Grandgousier rassemble son armée bien organisée, Picrochole fait exécuter Toucquedillon qui lui semble être un traître.
XLVIII ⊖ p. 172	**Comment Gargantua assaillit Picrochole dans la Roche-Clermault et défit l'armée dudit Picrochole**	Gargantua et son armée l'emportent sur Picrochole grâce au courage des hommes et aux décisions stratégiques de Frère Jean.
XLIX ⊖ p. 174	**Comment Picrochole fuyant ne rencontra que malchance, et ce que fit Gargantua après la bataille**	Pendant que Picrochole s'enfuit, à pied et en guenilles, Gargantua nourrit ses troupes.
L ⊖ p. 175	**Le discours que Gargantua adressa aux vaincus**	Gargantua prouve que la générosité est contagieuse chez les hommes raisonnables.
LI ⊖ p. 179	**Comment les vainqueurs gargantuistes furent récompensés après la bataille**	Grandgousier récompense très généreusement les vainqueurs.
LII ⊖ p. 180	**Comment Gargantua fit bâtir pour le Moine l'abbaye de Thélème**	Frère Jean demande comme récompense une anti-abbaye.
	L'ABBAYE DE THÉLÈME	
LIII ⊖ p. 183	**Comment fut bâtie et dotée l'abbaye des Thélémites**	Description de l'abbaye qui évoque les plus beaux châteaux construits au XVIe siècle.
LIV ⊖ p. 185	**L'inscription gravée**	Sont exclus les moines, les juges, les usuriers, les maris jaloux. Sont admis les chevaliers qui défendent l'Évangile.
LV ⊖ p. 188	**Comment était bâti le manoir des Thélémites**	Suite de la description de l'abbaye.
LVI ⊖ p. 190	**Comment étaient vêtus les religieux et religieuses de Thélème**	Description détaillée de la beauté et de la richesse des costumes des Thélémites.
LVII ⊖ p. 192	**Comment était réglée la vie des Thélémites**	Contrairement aux religieux, les Thélémites sont libres, mais comme ils sont bien nés et instruits, ils agissent de façon coordonnée.
LVIII ⊖ p. 197	**L'énigme trouvée dans les fondations de l'abbaye des Thélémites**	Pour Gargantua, cette énigme a une signification religieuse et pour Frère Jean, elle décrit une partie de jeu de paume.

Testez votre lecture

L'enfance de Gargantua

1. Quel jour naît Gargantua ? Dans quelles circonstances ?
2. Dans quelle région passe-t-il son enfance ?
3. Avec qui Gargantua partage-t-il ses repas quand il est petit ?
4. Comment manifeste-t-il son intelligence ?

L'éducation de Gargantua

5. Quelles sont les caractéristiques de l'éducation dispensée par les sophistes ?
6. Quel est l'effet produit par cette éducation ?
7. Quelle est la réaction de Gargantua au discours d'Eudémon ? Pourquoi ?
8. Quels changements Ponocrates introduit-il dans l'éducation de Gargantua ?
9. Quelles sont les disciplines étudiées par Gargantua grâce à son nouveau maître ?

Les guerres picrocholines

10 Faites le portrait de Picrochole.

11 Comparez les stratégies des deux rois.

12 Comment Grandgousier interprète-t-il l'agression de Picrochole ?

13 Quel châtiment reçoit Picrochole ?

14 En quoi Frère Jean se distingue-t-il des autres moines ?

L'abbaye de Thélème

15 Pourquoi Gargantua fait-il construire cette abbaye à Frère Jean ?

16 Qui est admis dans cette abbaye ?

17 En quoi peut-on dire qu'il s'agit d'une contre-abbaye ?

1 Une conception humaniste de l'éducation

La nécessité de l'éducation

À PROPOS DE

Rabelais, comme d'autres grands humanistes (Érasme, Guillaume Budé), accorde une très grande importance à l'éducation, seule capable, selon lui, de forger l'homme nouveau porteur des valeurs de la Renaissance.

• *Gargantua* raconte l'enfance d'un futur roi dont l'éducation doit être particulièrement soignée.

• Rabelais décrit d'abord la petite enfance de Gargantua : l'âge anal (« Il pissait sur ses souliers, chiait dans sa chemise, morvait dans sa soupe, et pataugeait partout », chap. XI, p. 52), la découverte de la sexualité (« Ce petit paillard n'arrêtait pas de peloter ses gouvernantes, sens dessus dessous », chap. XI, p. 52). Si l'éducation est un thème récurrent dans les travaux des humanistes, ces récits de la petite enfance sont rares. Rabelais lui-même réfléchit à l'éducation de Pantagruel, mais passe sous silence ses premières années. Ce chapitre a une évidente fonction comique, mais il montre aussi toutes les mauvaises habitudes du bambin qui ne fait que « boire, manger et dormir » et se transforme finalement en une sorte d'animal qui mange dans la même écuelle que les chiens de son père. Ainsi, la métamorphose opérée par l'éducation n'en sera que plus flagrante.

• Le chapitre XIII est consacré aux différents « torcheculs » inventés par Gargantua, qui fait ainsi l'apprentissage de la propreté, mais aussi, dans un même élan, de la poésie. Gargantua rapporte en effet à son père sa découverte du meilleur des « torcheculs » dans un rondeau, forme de poésie très élaborée : « En chiant hier j'ai senti... ». C'est cette double découverte qui convainc Grandgousier qu'il est temps d'éduquer son fils : « En entendant ces paroles, le bonhomme Grandgousier fut éperdu d'admiration devant la hauteur de vues et la merveilleuse intelligence de son fils Gargantua », chap. XIV, p. 64.

La critique de l'éducation moyenâgeuse

Rabelais présente un tableau antithétique opposant l'éducation moyenâgeuse que subit d'abord Gargantua à l'éducation humaniste dont il bénéficie ensuite.

• Les deux premiers précepteurs de Gargantua portent des noms évocateurs : comment Maître Thubal Holoferne peut-il être un « grand savant théologien » quand *thubal* signifie « confusion » en hébreu ? C'est Jobelin

Bridé qui prend sa suite ; or *jobelin* signifie idiot, simplet. Ils incarnent les théologiens de la Sorbonne, faculté de théologie fondée vers 1200 ap. J.-C. sous Philippe Auguste. Elle empêche l'étude du grec et s'oppose au courant humaniste. Pourtant, elle est aussi à la pointe du progrès en accueillant, en 1469, les premiers imprimeurs français.

• Ces deux précepteurs font apprendre au jeune géant son alphabet et lui font lire quatre manuels d'éducation médiévale : une grammaire latine, un traité de savoir-vivre, un ouvrage sur la mythologie et un recueil d'exemples de moralité. Il multiplie ensuite les lectures, toutes de « même farine », aussi inutiles les unes que les autres.

• On comprend l'inefficacité de cet apprentissage grâce à la référence au poids de l'écritoire, « une grosse écritoire de plus de sept mille quintaux », qui symbolise le poids des connaissances inutiles, et aux mentions du temps passé (perdu ?) à cet apprentissage : « il y mit cinq ans trois mois », « dix-huit ans onze mois », « seize ans deux mois ». On n'est donc guère surpris quand arrive le résultat : « il en devenait fou, niais, tout ahuri et radoteur » (chap. XV, p. 66).

• La critique de l'éducation scolastique se poursuit au chapitre XXI. Ponocrates observe son élève pour comprendre d'où vient le mal. Ce chapitre est une variation sur le chapitre XIV qui permet de dévoiler d'où vient le mal. On comprend que Gargantua perd du temps en jeux inutiles (p. 86), méprise les règles d'hygiène les plus élémentaires, mangeant trop et s'épanouissant dans sa crasse.

• Gargantua se montre surtout incapable de se concentrer sur ses études auxquelles il passe « une malheureuse demi-heure » (p. 82). Il ne cherche jamais à comprendre, mais seulement à répéter (« marmonnait », « récitait », « mâchonné »). Ce n'est donc pas seulement le contenu des études que Ponocrates va devoir modifier, mais aussi la manière d'étudier.

L'éducation humaniste

• Ponocrates organise l'emploi du temps de son élève de façon à ce qu'il « ne perd[e] aucune heure de la journée » (chap. XXIII, p. 91). Il fait même souvent plusieurs choses à la fois. Ponocrates accorde autant d'importance aux activités intellectuelles qu'aux activités physiques (hygiène, diététique, sport) et aux activités artistiques (chant et musique).

• Désormais, l'élève ne se contente plus de répéter ses leçons, mais cherche à les comprendre par la discussion avec son professeur. À ces échanges qui éveillent l'esprit critique, s'ajoutent des observations de la nature. Le chapitre XXII retravaille cette journée idéale en évoquant une journée de pluie.

« Citations à retenir

« Pendant qu'on l'astiquait, on lui lisait une page de la divine écriture [...] »

(chap. XXIII, p. 92)

« [...] ils parlaient des leçons lues le matin [...] »

(chap. XXIII, p. 96)

« Ils observaient les comètes, s'il y en avait, les figures, situations, aspects, oppositions et conjonctions des astres. »

(chap. XXIII, p. 101)

Cette variation permet à Ponocrates, et à Rabelais, de confronter Gargantua à la société et à ceux qui utilisent la parole de manière à tromper, à arnaquer les passants (« car ils sont par nature grands phraseurs et beaux débiteurs de balivernes », p. 103). Ce chapitre n'est donc pas une redite, ni cette journée une répétition ou un pis-aller, mais réellement l'occasion de pousser plus loin l'éducation du géant.

• On pourrait imaginer qu'un tel programme est difficile à supporter pour l'élève. Pourtant, aussi intense qu'il soit, il ne pèse pas à Gargantua car il cultive le plaisir de l'élève plus que la contrainte. Ce dernier apprend « selon l'envie », « joyeusement », « agréablement ».

2 Une conception humaniste du pouvoir

La formation d'un roi

• Dans le programme éducatif de Gargantua, on ne trouve aucune référence à un enseignement politique, alors que cette question est traitée dans plusieurs ouvrages humanistes, comme *Le Prince* de Machiavel (1532), *L'Institution du prince chrétien* d'Érasme (1516), *De l'institution du prince chrétien* de Guillaume Budé (1547). Ces auteurs s'interrogent sur la manière dont un prince, bien éduqué, pourra réformer les institutions.

• Pourtant, Rabelais cherche bien à définir les qualités du parfait monarque par le contraste entre les portraits des géants Grandgousier et Gargantua et celui de leur ennemi Picrochole.

Les forces en présence

• Picrochole est l'archétype du tyran. L'étymologie grecque de son nom signifie « qui a une bile amère » et le désigne d'emblée comme un individu colérique. Dès sa première apparition, lorsque les fouaciers viennent lui présenter leurs doléances, il entre « en un furieux courroux » et se prépare à rompre un traité d'amitié avec un allié : « Pichrocole, mon ami, à qui je suis lié depuis toujours par le sang et la parenté, me vient-il donc assaillir ? » (chap. XXVIII, p. 116). Sa colère l'empêche systématiquement d'écouter ses conseillers ou sa raison. C'est ainsi qu'il est qualifié par Gallet, d'homme « privé de bon sens et abandonné de Dieu » (chap. XXX, p. 125).

• Face à lui, il n'y a pas un, mais deux rois humanistes : Grandgousier et Gargantua. Là où Picrochole se laisse emporter par sa colère et rompt tous les traités pour se lancer dans une guerre sanguinaire, Grandgousier apparaît, au contraire, comme l'homme de la paix : il s'informe, envoie un ambassadeur auprès de son ennemi, il rend les fouaces qui auraient causé la guerre... Pacifistes, raisonnables, les deux hommes savent aussi prier avec sincérité et réclamer l'aide de Dieu : « Mon Dieu [...], mon Sauveur, aide-moi, inspire-moi, conseille-moi sur ce qu'il faut faire » (chap. XVIII, p. 116).

Deux manières de combattre

• Picrochole ne recule devant aucun crime : « n'épargnant pauvre ni riche, lieu sacré ni profane » (chap. XXVI, p. 109). Gargantua, en revanche, soigne ses hommes, comme le montrent les nombreuses scènes de banquet qui scandent les chapitres consacrés aux guerres picrocholines : « Gargantua se reposa et se restaura un peu avec ses gens » (chap. XXXIV, p. 134) ; « je veux vous faire fête ce soir » (chap. XXXVII, p. 141) ; « il les fit se restaurer tous par régiments », (chap. XLIX, p. 175). Pour Mikhaïl Bakhtine, critique reconnu de l'œuvre de Rabelais, il s'agit ainsi de redonner de la force au corps et de compenser les crimes commis pendant les combats.

• Les actions de Picrochole sont désordonnées (« Alors, sans ordre ni mesure, ils battirent la campagne pêle-mêle », chap. XXVI, p. 109), ce qui a pour conséquence que les victimes sont nombreuses chez ses ennemis, mais aussi chez ses hommes qui sont « sommairement équipés » et ignorent « toute discipline militaire ». Gargantua, quant à lui, prend l'initiative d'organiser l'armée : il préfère à une foule de soldats sincères, mais maladroits, des soldats formés dans l'art de la guerre (chap. XLVIII). C'est ce qui explique qu'il compte peu de morts parmi ses hommes : « il n'y en avait que peu qui avaient péri dans la bataille » (chap. XLIX, p. 175). À cette

« Citations à retenir

« [...] Je n'entreprendrai point la guerre sans avoir exploré toutes les voies et moyens de la paix [...] »

(Grandgousier, chap. XXVIII, p. 117)

« Mon intention n'est pas de provoquer, mais d'apaiser ; pas d'assaillir, mais de défendre ; pas de conquérir, mais de préserver mes fidèles sujets et mes terres patrimoniales [...] »

(Grandgousier à Gargantua, chap. XXIX, p. 120)

organisation s'ajoutent ruse et stratégie, quand il refuse de poursuivre l'ennemi trop avant (chap. LXI) ou qu'il envoie Gymnaste traverser les lignes ennemies (chap. XXXIII).

• L'ambition de Picrochole est démesurée. Au chapitre XXXIII, il se rêve maître du monde. Il envisage donc très sérieusement des guerres de conquête quand Grandgousier et Gargantua ne se résolvent à se battre que pour se défendre.

La victoire de la paix

• Gargantua organise la paix comme il a organisé la guerre en confiant l'éducation du fils de son ennemi à Ponocrates. Le chapitre L est tout entier consacré au discours sur le pardon que Gargantua adresse aux vaincus : « je vous pardonne et vous délivre », leur dit-il (p. 177).

• Pichrocole a tout perdu, son royaume, sa monture, ses vêtements. Il ne garde que sa colère.

UN DÉSIR DE PAIX

On peut observer à quel point Rabelais partage les préceptes d'Érasme qui écrit : « Un bon prince n'entreprendra jamais aucune guerre excepté quand, après avoir tout tenté, il ne peut l'éviter par aucun moyen. »

3 La religion des géants

La condamnation des professionnels de la prière

• Grandgousier et Gargantua reprennent une idée déjà développée par Érasme : l'homme peut être sauvé quel que soit son état, qu'il soit médecin ou moine, soldat ou pèlerin. L'essentiel vient de sa capacité à exercer la charité, et de la marque qu'il laisse lors de son passage sur terre.

• Grandgousier s'en prend aux pèlerins. Il leur reproche tout d'abord de croire les « faux prophètes » qui font du culte des saints une véritable superstition. Alors que les Parisiens accordent autant de foi à un « porteur de reliquailles » qu'à un « mulet avec ses grelots » (chap. XVII), les pèlerins vont jusqu'à suggérer que les saints enverraient aux hommes des fléaux et des maladies : ainsi saint Sébastien serait-il responsable de la peste. Grandgousier leur recommande de mieux distinguer les saints des dieux de l'Antiquité. De plus, les pèlerins, au lieu de contribuer au bon fonctionnement de la société, en travaillant, en élevant leurs enfants, se montrent finalement inutiles et oisifs, ce qui va à l'encontre du principe de la charité. Grandgousier leur conseille donc de s'en remettre à saint Paul, qui insiste sur l'importance du travail : « Entretenez vos familles, travaillez chacun à votre métier, instruisez vos enfants, et vivez comme vous l'enseigne le bon apôtre saint Paul » (chap. XLV, p. 165-166).

• Gargantua critique les moines en leur adressant essentiellement trois reproches. Tout d'abord, ils sont oisifs. Ensuite, ils font mine de prier, mais leurs propos sont vides de sens et d'intention : « Ils débitent force patenôtres, entrelardées de longs *Je vous salue Marie* sans y penser ni rien y comprendre » (chap. XL, p. 149). Enfin, ils se rendent même coupables de plus d'un péché.

La doctrine évangélique

• Pour Rabelais, la foi passe tout d'abord par la lecture de la Bible. Ainsi, la lecture de la « divine Écriture » occupe une place centrale dans l'éducation de Gargantua. Cela permet une communication directe avec Dieu, sans intermédiaires trompeurs.

• Le roman montre la vertu cardinale de la charité, incarnée par la figure déroutante de Frère Jean. Ce dernier ne respecte pas les règles d'hygiène apprises par Gargantua, pas plus qu'il n'obéit aux stratégies mises en place par son prince, et il va même jusqu'à se vanter de ne rien étudier. On voit combien le roman opte pour l'enthousiasme narratif, la suggestion, et refuse le dogmatisme trop appuyé. Frère Jean n'est certes pas très orthodoxe, mais rien ne l'arrête et il met en déroute « treize mille six cent vingt-deux » soldats qui avaient osé s'infiltrer dans l'enclos des vignes de son abbaye. Il affronte seul ses ennemis et ouvre les portes de la ville de La Roche-Clermault à Gargantua. Et c'est un bon vivant qui aime tant la bonne chère que les bons mots. C'est donc dans l'action et dans la joie que s'exprime sa foi.

« Citations à retenir

« Un Moine [...] ne laboure pas comme le paysan, ne défend pas le pays comme l'homme de guerre, ne guérit pas les malades comme le médecin [...] »

(chap. XL, p. 149)

« Et les Moines, quelle chère font-ils ? Cordieu ! Ils baisottent vos femmes pendant que vous êtes en pèlerinage ! »

(chap. XLV, p. 165)

« [...] il se consacrait à vénérer, adorer, prier et supplier le bon Dieu, dont la lecture montrait la majesté et le jugement merveilleux. »

(chap. XXIII, p. 92)

Comprendre l'œuvre

La fondation de l'abbaye de Thélème

• C'est pour remercier Frère Jean de sa participation aux combats que Gargantua lui fait édifier une abbaye à son gré.

• Cette abbaye est édifiée comme une « contre-abbaye ». On ne s'y enferme pas, mais on en sort, on n'obéit à aucune règle, les hommes et les femmes se côtoient, les vœux de pauvreté, chasteté et obéissance y sont remis en cause.

• Le plan géométrique de l'abbaye qui dessine un hexagone, soit une figure mathématique, met en valeur l'humain, le plaçant au-dessus de la nature. Cette invention traduit la confiance de Rabelais dans la nature humaine, tant qu'elle est guidée par Dieu.

• L'éducation pratiquée dans l'abbaye de Thélème est différente de celle qu'a connue Gargantua avec Ponocrates. Elle n'est en effet régie par aucun horaire, aucune règle. La vraie foi rend l'homme libre. Le célèbre « Fais ce que tu voudras » est emprunté à la phrase de saint Augustin « *Dilige et fac quod vis* » (Aime et fais ce que tu veux) : lorsqu'on est guidé par l'Amour (*agapé*, l'amour divin), on fait nécessairement le bien.

« Alors en souriant, il déboutonna sa belle braguette et, tirant son membre à l'air, leur pissa dessus si violemment qu'il en noya deux cent soixante mille quatre cent dix-huit sans compter les femmes et les petits enfants. », *Gargantua*, chap. XVII, illustration de Gustave Doré, 1854.

Explorer le parcours associé : Rire et savoir

LES THÈMES

1 La satire, arme du philosophe, moteur du roman

Un roman parodique

• On reconnaît dans *Gargantua* des traits du roman de chevalerie, tel que l'a popularisé Chrétien de Troyes. La structure en quatre épisodes (l'enfance, l'éducation, les guerres picrocholines et la fondation de Thélème) rappelle en effet celle des romans en vogue au Moyen Âge : dans les romans de chevalerie, on raconte d'abord l'enfance du héros puis ses prouesses et enfin son entrée en religion. S'inscrire dans la lignée des romans de chevalerie permet de célébrer le héros Gargantua qui se bat pour sa religion et son royaume.

• Toutefois, Rabelais n'écrit pas un roman de chevalerie, mais parodie ce genre condamné par les humanistes. Ainsi, pour se moquer de la tendance à faire un éloge hyperbolique du héros, il choisit de mettre en scène des géants. De plus, le chevalier errant finit par renoncer à sa quête pour se consacrer à Dieu. Or, l'abbaye de Thélème est une anti-abbaye, une abbaye dans laquelle on n'entre que pour en sortir. Ce décalage a deux fonctions. D'une part, il permet à Rabelais d'envisager un renouvellement de la littérature romanesque : il remet en cause une forme qui commence à se scléroser, à devenir caricaturale. D'autre part, c'est l'occasion pour lui de mettre en évidence les valeurs humanistes, qui se distinguent des idéaux amoureux et religieux des chevaliers du Moyen Âge.

• À travers cette parodie romanesque, Rabelais sourit aux érudits qui méprisent le genre romanesque en inventant une forme nouvelle, digne d'intéresser une élite humaniste.

Le rire contre les faux savoirs

• Le rire aussi peut prendre une dimension satirique : il permet d'attaquer les illusions, les erreurs, les superstitions qui prennent trop souvent l'allure du savoir. Les cibles du rire sont nombreuses dans *Gargantua*.

• Parfois, la satire avance masquée et si l'on se plaît à reconnaître Charles Quint sous les traits de l'ambitieux Picrochole, l'empereur n'est jamais nommé. C'est un retournement de carnaval qui emporte le tyran, et le roi colérique finit roué de coups, dépouillé de tout vêtement si ce n'est une « méchante souquenille ». Ce rire franc s'attaque donc à la toute-puissance du pouvoir, selon le principe du monde inversé du carnaval. Ce jour-là en effet, un roi est élu par la foule, mais le soir même il sera dépouillé de tous ses attributs royaux.

À PROPOS DE

Charles Quint (1500-1558) est l'empereur romain Charles V. À la tête d'un immense empire qui va de l'Espagne à l'Autriche et de Naples au Pays-Bas, il rêve de gouverner une Europe chrétienne face à l'Empire Ottoman, mais se heurte à l'opposition systématique des rois de France et des protestants, de plus en plus nombreux sur ses terres.

« Citations à retenir

« Pendant ce temps arrivait son diseur d'heures en titre, encapuchonné comme une huppe, l'haleine désinfectée à force de sirop de vignoble. »

(chap. XXI, p. 82)

« Par ma foi, dit Picrochole, je ne lui baiserai pas la pantoufle. »

(à propos du pape, chap. XXXIII, p. 130)

• Le rire s'en prend aussi aux institutions religieuses. Le chapitre XXXVIII s'achève par une jolie pirouette qui explique pourquoi certains moines ont le nez plus long que d'autres. Cette satire ramène les moines au corps et à la sexualité en les représentants le nez dans les seins de leur nourrice. Rabelais attaque également une institution, la Sorbonne, lorsqu'il envoie maître Janotus de Braquemardo, « le plus âgé et le plus compétent de la faculté de théologie », réclamer à Gargantua les cloches de Notre-Dame. Son discours est à la fois pédant et privé de sens. Janotus est si sûr de lui, de la légitimité de sa demande et de la force de sa rhétorique qu'il prononce entre deux quintes de toux des raisonnements sans aucune logique : « Toute cloche clochable clochant dans le clocher, en clochant fait clocher par le clochatif ceux qui clochent clochablement. Le Parisien a des cloches. Donc : et toc ! ». Rabelais parodie les discours des sophistes qui se plaisent à élaborer de beaux discours qui tournent à vide. Sa satire égratigne au passage le fonctionnement de l'Église qui accorde des indulgences comme d'autres distribuent des friandises : « Vous voulez aussi des indulgences ? Jourdieu, vous en aurez et vous n'aurez rien à payer ». On comprend dès lors que le rire soit attaqué par la Sorbonne et que Rabelais ait plusieurs fois été menacé par la censure.

La puissance romanesque du rire

- Le rire emporte le lecteur : il est difficile d'y résister. L'épisode de Janotus en est la preuve : Ponocrates et Eudémon rient tellement qu'il ne peut s'empêcher de rire alors même que c'est lui qui est moqué : « Maître Janotus se mit à rire aussi, et ils s'esclaffèrent à qui mieux mieux au point que les larmes leur venaient aux yeux ». Le rire a donc la faculté de dissiper les émotions paralysantes, et de contester un respect acquis de longue date pour le pouvoir et pour le prétendu savoir véhiculé par l'Église.
- C'est sa force irrésistible qui parvient à dessiller les yeux du lecteur. Une fois le faux savoir ébranlé, il peut élaborer à son tour un savoir plus fiable.

Éclairage Mikhaïl Bakhtine, *L'Œuvre de François Rabelais et la Culture populaire au Moyen Âge et sous la Renaissance*, 1970

Disons au préalable quelques mots sur la nature complexe du rire carnavalesque. C'est avant tout un rire *de fête*. Ce n'est donc pas une réaction individuelle devant tel ou tel fait « drôle » isolé. Le rire carnavalesque est premièrement le bien de *l'ensemble du peuple* (ce caractère populaire, nous l'avons dit, est inhérent à la nature même du carnaval), *tout le monde rit,* c'est le rire « général » ; deuxièmement, il est *universel*, il atteint toute chose et toutes gens (y compris ceux qui participent au Carnaval), le monde entier paraît comique, il est perçu et connu sous son aspect risible, dans sa joyeuse relativité ; troisièmement enfin, ce rire est *ambivalent :* il est joyeux, débordant d'allégresse, mais en même temps, il est railleur, sarcastique, il nie et affirme à la fois, ensevelit et ressuscite à la fois.

Questions

1. Faites une recherche sur le carnaval et sa signification.
2. Relevez et expliquez les trois caractéristiques du rire carnavalesque selon Bakhtine.

2 Le rire, outil de la connaissance

Rire et savoir, des notions classiquement antinomiques

• Rire, c'est s'amuser, se distraire, ce que l'on fait précisément pour se reposer après l'étude et le travail. Les élèves le savent bien, que l'on tance parce qu'ils ont osé rire quand leur professeur cherchait à enrichir leur savoir. Cette tension n'est pas récente. On peut en prendre pour preuve Platon qui dans *La République* refuse que les hommes sérieux rient, ou la règle de Saint Benoît qui énonce : « quant aux bouffonneries, aux paroles oiseuses et portant à rire, nous les condamnons en tous lieux à la réclusion perpétuelle, et nous ne permettons pas au disciple d'ouvrir la bouche pour de tels propos » (chapitre 6). Le rire ne serait donc le fait ni des hommes de pouvoir ni des dévots.

• Le savoir est l'apanage de l'esprit, alors que le rire, qu'on en situe la source dans le cerveau, dans le cœur ou dans la rate, est une manifestation du corps : les chatouilles en sont la preuve.

• Le rire s'oppose au savoir vivre. Il déforme le visage en une grimace qui semble bien peu convenable au courtisan dont se construit l'image à la fin de la Renaissance, annonçant l'honnête homme de l'âge classique. Peut-être dès lors faudra-t-il se contenter de « sourire » comme Gargantua quand il s'apprête à pisser sur Paris ?

• Enfin, le rire serait lié à une culture populaire, à moins que ce ne soit au peuple sans culture, peut-être même à un Moyen Âge obscurantiste, et non pas à la culture humaniste qui serait du côté du savoir.

• Ainsi, rire et savoir ne font pas bon ménage *a priori*, et il faut bien la truculence d'un géant comme Gargantua pour apprendre à rire. Toutefois, cette alliance sans cesse en tensions et en incertitudes nous invite à lire *Gargantua* sans jamais en figer le sens.

Éclairage **Umberto Eco, *Le Nom de la rose*, 1982 (pour la traduction française)**

Ce roman met en scène une intrigue autour du second livre de La Poétique *d'Aristote, aujourd'hui disparu, consacré à la comédie. Jorge de Burgos, bibliothécaire dans une abbaye, dissimule ce manuscrit qu'il juge dangereux pour la foi.*

Que le rire soit le propre de l'homme est le signe de nos limites de pécheurs. Mais combien d'esprits corrompus comme le tien

Explorer le parcours

tireraient de ce livre l'extrême syllogisme[1], selon quoi le rire est le but de l'homme ! Le rire distrait, quelques instants, le vilain de la peur. Mais la loi s'impose, à travers la peur, dont le vrai nom est crainte de Dieu. Et de ce livre pourrait partir l'étincelle luciférienne qui allumerait dans le monde entier un nouvel incendie : et on désignerait le rire comme l'art nouveau, inconnu même de Prométhée[2], qui anéantit la peur.

Questions

1. Quelle fonction du rire souligne Jorge de Burgos ?

2. Pourquoi le rire est-il dangereux pour la foi ?

Le rire, enveloppe attrayante d'un savoir sérieux

• Chez Rabelais, le rire sert à séduire pour pouvoir ensuite instruire. Dans le prologue de *Gargantua*, Rabelais compare son roman à des silènes, « petites boîtes [...] sur lesquelles étaient peintes des figures drôles et frivoles » à l'intérieur desquelles « on conservait les drogues fines ». Le roman, comme les silènes, attirerait donc le lecteur en le faisant rire de manière à ce qu'il se penche plus avant sur une lecture qui peut finalement révéler de véritables trésors.

• En souriant, sans en avoir l'air, Rabelais produit dans les pages de son roman un trésor d'érudition et un savoir véritablement encyclopédique. Alors qu'on a longtemps cru la liste des jeux du chapitre XXII en partie fantaisiste, un spécialiste a récemment montré que tous les jeux cités existaient vraiment, certains nommés plusieurs fois dans des patois divers

• Le rire du lecteur serait également la porte d'entrée vers un savoir subtil, qui se dissimulerait sous cette apparence légère. On peut ainsi lire le chapitre consacré aux différents « torcheculs ». Grandgousier comprend du raisonnement de son fils sur « le meilleur torchecul » qu'il est prêt à être éduqué. Mais ce chapitre aussi scatologique que poétique (« Chiard, / Foirard, / Pétard... ») est également un appât destiné à capter l'attention du lecteur avant le développement par Rabelais de son raisonnement en deux tableaux antithétiques sur l'éducation humaniste.

---

1. Raisonnement logique.
2. Prométhée a volé le feu sacré aux dieux pour le donner aux hommes.

Éclairage Érasme, *Il faut donner très tôt aux enfants une éducation libérale*

Quoi de plus plaisant à écouter pour un enfant que les apologues d'Ésope qui, par le rire et la fantaisie, n'en transmettent pas moins des préceptes philosophiques sérieux ? Et le profit est le même avec les autres fables des poètes d'autrefois ! L'enfant écoute le récit des compagnons d'Ulysse, transformés par l'art de Circé en pourceaux et en d'autres formes animales. Le récit le fait rire mais, en même temps l'enfant a retenu un principe fondamental de philosophie morale, à savoir : ceux qui ne sont pas gouvernés par la droite raison, mais qui se laissent emporter au gré de leurs passions, ne sont pas des hommes, mais des bêtes.

Questions

1. Quels sont les atouts des fables ou des apologues selon Érasme ?
2. Relevez les réseaux lexicaux du rire d'une part, du savoir d'autre part.
3. Érasme développe un exemple emprunté à *L'Odyssée*. Choisissez à votre tour une fable en indiquant ce qu'elle peut avoir de drôle et ce qu'elle nous apprend.

3 Le rire, antidote à trop de sagesse

Un rire thérapeutique, remède à l'angoisse de celui qui sait

• Le rire permet de prendre de la distance par rapport à ce qui nous entoure, car il ne fonctionne que si l'on renonce à toute autre émotion. Le monde, en effet, peut se révéler inquiétant : Rabelais en a bien conscience. Les incertitudes sont nombreuses, tant sur le plan politique que religieux ou même scientifique. Les chrétiens se déchirent, les rois se battent, de nouvelles contrées sont découvertes. Dès lors, le rire est ce qui peut exorciser l'angoisse. Il ne convient pas de fermer les yeux sur le monde pour ne pas mesurer ce qu'il peut avoir d'inquiétant, mais de le considérer sous l'angle du rire.

> **« Citation à retenir**
>
> *« Je m'en vais donc, dit-il, pisser ma douleur. »*
>
> (chap. XXXVIII, p. 144)

• C'est ainsi que Rabelais évoque par exemple la violence de la guerre entre Grandgousier et Picrochole. Même si le règne de François Ier est faste, il n'est pas exempt de conflits : l'on se rappelle l'arrestation du roi de France à Pavie en 1525 et les menaces que fait peser Charles Quint sur l'intégrité du souverain. De plus, quand il évoque une telle violence, *a fortiori* entre deux peuples alliés, cela laisse à penser que Rabelais est particulièrement sensible aux guerres intestines qui deviendront de plus en plus importantes à mesure que les relations entre catholiques et protestants se tendent. Le romancier fait face à l'angoisse par le biais du rire. Comique de mots à la mort de Tripet, avec un zeugma : « Tripet tomba par terre et, en tombant, rendit plus de quatre potées de soupe, et l'âme au milieu de la soupe ». Les mésaventures de frère Jean relèvent, elles, du comique de gestes : « le Moine, voulant décrocher sa visière, lâche la bride et de la main se suspend aux branches, pendant que le cheval se dérobe sous lui ».

• Ce rire qui réconforte quand le savoir fait souffrir n'est pas sans rappeler la conception médicale du rire. En effet, dans le prologue du *Quart livre*, Rabelais se demande comment expliquer le fait que le malade est sensible à l'humeur du médecin. Il est évident que le médecin doit être joyeux et non triste pour pouvoir soigner son malade, « par transfusion des espritz sereins ou tenebreux, joyeux ou tristes, du medecin au malade ».

Rire pour accéder à « plus haut sens »

• Dans le prologue de *Gargantua*, Rabelais explique que Socrate serait comparable aux silènes, « laid de corps et d'un maintien ridicule » mais doté d'une « intelligence plus qu'humaine ». Si Socrate sait se mêler à la foule, « toujours riant, trinquant avec chacun », il prend ses distances grâce à l'ironie : « toujours se moquant, toujours cachant son divin savoir ». Il est ainsi celui qui est à la fois capable du rire de complicité, de connivence, d'humanité, et du sourire de la distance, de la prise de conscience de soi. Rappelons que Socrate met au point la maïeutique, une technique qui permet à chacun de construire son propre savoir après s'être débarrassé de ses certitudes parfois erronées. Il ne fait pas de cours, ne donne pas de leçon, mais, en faisant semblant de ne pas savoir, il aide les autres à réfléchir par eux-mêmes. Socrate se moque de ceux qui se moquent de lui, mais alors que les moqueries à son encontre visent à l'abaisser, le sourire socratique vise au contraire à élever celui qui en est la cible.

« Citation à retenir »

« Et en admettant que le sens littéral vous procure des matières assez joyeuses et correspondant bien au titre, il ne faut pourtant pas s'y arrêter, comme au chant des sirènes, mais interpréter à plus haut sens [...] »

(Prologue de l'auteur, p. 16)

• Rabelais emprunte certes beaucoup à la culture populaire et au carnaval. Ainsi, de nombreux banquets scandent l'œuvre, en particulier le banquet du mardi-gras à l'occasion duquel naît Gargantua. Mais il associe cette culture populaire à une quantité spectaculaire d'érudition, interdisant d'opposer l'une à l'autre.

• Le rire de Rabelais aurait une fonction d'étonnement : il s'agirait de susciter chez le lecteur une surprise qui l'invite à reconsidérer le monde avec un regard neuf. En renversant les points de vue, en se moquant sans vergogne de ce dont on ne peut pas rire, y compris de la mort dans ce qu'elle a de plus violent, Rabelais invite le lecteur à tout remettre en question.

• C'est peut-être ce rire qui manque à l'abbaye de Thélème. En effet, l'abbaye de frère Jean paraît bien sage pour le moine au « corps tout joyeux ». Les Thélémites sont parfaitement éduqués : « il n'y avait parmi eux homme ni femme qui ne sût lire, écrire, chanter, jouer d'instruments de musique, parler cinq ou six langues et y composer, tant en vers qu'en prose » (chap. LVII, p. 196). Ils agissent comme un seul corps : « Si l'un ou l'une d'entre eux disait : « Buvons », ils buvaient tous ; s'il disait « Jouons », tous jouaient » (chap. LVII, p. 193). Il leur manque le sourire qui permet de prendre du recul et le rire qui permet d'explorer les extrêmes. Sans ce rire, on sait ce qui est connu de tous, mais on ne peut faire progresser le savoir, faire émerger des idées nouvelles. Qui parmi ces savants va s'interroger sur les peuples lointains que l'on vient de découvrir ? Qui va remettre en cause la conception de l'univers que certains commencent sérieusement à ébranler ?

Éclairage Daniel Ménager, *La Renaissance et le Rire*, 1995

La culture de la Renaissance recherche la sérénité. Cela est vrai des sagesses mondaines[1] comme des sagesses religieuses. C'est pourquoi elle se méfie du rire. C'est la raison de son intérêt pour Aristote. Le risque de cette recherche, c'est de perdre en chemin les découvertes que permet l'exploration des extrêmes. Ce que la culture est tentée de sacrifier, c'est la littérature qui peut en assurer

1. Réflexion sur l'art de vivre en société. On peut penser à l'ouvrage de Castiglione, *Le Courtisan*, qui pose les bases de ce que sera plus tard l'honnête homme.

la défense. Si elle veut être autre chose que le reflet docile de son temps, elle doit montrer que la sagesse a besoin de la folie, et que la dignité a besoin du rire. Ce que firent, par exemple, Érasme et Rabelais. Le carnaval, condamné par l'histoire comme par les tendances majeures de la culture, réapparaît alors : comme langage de l'excès. L'excès est nécessaire si l'on veut éviter la pâleur de l'idéal. Thélème, qui est peut-être une discrète parodie, meurt de ne pas rire. Rabelais l'a bien compris qui entraîne ses héros dans une quête où il ne sera plus jamais question de l'abbaye du bord de Loire. Une quête qui se terminera à l'oracle de Bacbuc[1], incarnation de la sérénité philosophique, mais aussi, grâce au patronage de Bacchus, une nouvelle révélation du rire.

Questions

1. Quelles sont les antithèses qui scandent cet extrait ? Quel sens leur donnez-vous ?
2. Comment comprenez-vous l'expression « langage de l'excès » ?

Rire, le propre de l'homme

• C'est tout au moins ce qu'affirme Rabelais dans le dizain adressé aux lecteurs, contredisant ainsi Érasme pour qui c'est parler qui est le propre de l'homme. Il s'inscrit donc dans la lignée d'Aristote pour qui « aucun animal ne rit sauf l'homme ». Rabelais enjoindrait ainsi son lecteur à se comporter en homme, à revendiquer son humanité. Pourquoi ce rappel au seuil du roman, en guise de *captatio benevolentiae*[2] ? Parce que si on lit Gargantua sans rire, si on ne se départ pas de toute passion, on risque d'être dans le jugement, dans le regard scandalisé.

• L'humanité, c'est aussi l'harmonie de l'esprit et du corps, et une conception de la vie en accord avec la nature. Or le corps est omniprésent dans *Gargantua*, où l'on mange et où l'on chie allègrement. Pas besoin de rire de

---

1. Dans *Le Cinquième livre*, Pantagruel et Panurge rencontrent Bacbuc, l'oracle de la Dive-Bouteille qui leur révèle que « TRINCH est le mot dicté à tous les oracles, célébré et entendu de toutes nations, [qui] signifie : Buvez ! ».

2. En rhétorique, première partie d'un discours destinée à accrocher l'attention et la bienveillance de l'auditoire.

quelque chose, on peut rire pour affirmer que l'on est humain, par connivence. C'est ce qui expliquerait la remise en cause de ce précepte dans le *Cinquième livre* : « Et icy maintenons que non rire ains boire est le propre de l'homme ». Si boire est le propre de l'homme c'est parce que le vin est une occasion de convivialité, une occasion de rire sans cause, mais de rire ensemble.

• Ainsi, s'il convient d'« interpréter à plus haut sens » ce qui est exprimé joyeusement et qui ne semble d'abord que plaisanterie, il ne faut pas négliger pour autant le sens littéral et réjouissant. Le bon lecteur est donc un lecteur bienveillant et tolérant, qui sait rire quitte à ébranler ses certitudes, qui ne privilégie pas un sens plutôt qu'un autre mais apprécie également rire et savoir.

Éclairage Henri Bergson, *Le Rire*, 1900

Il n'y a pas de comique en dehors de ce qui est humain. Un paysage pourra être beau, gracieux, sublime, insignifiant ou laid ; il ne sera jamais risible. On rira d'un animal, mais parce qu'on aura surpris chez lui une attitude d'homme ou une expression humaine. On rira d'un chapeau mais ce qu'on raille alors, ce n'est pas le morceau de feutre ou de paille, c'est la forme que les hommes lui ont donnée, c'est le caprice humain dont il a pris le moule. Comment un fait aussi important, dans sa simplicité, n'a-t-il pas fixé davantage l'attention des philosophes ? Plusieurs ont défini l'homme « un animal qui sait rire ». Ils auraient aussi bien pu le définir un animal qui fait rire, car si quelque animal y parvient, ou quelque objet inanimé, c'est par une ressemblance avec l'homme, par la marque que l'homme y imprime ou par l'usage que l'homme en fait.

Chapitre 1 © Payot.

Questions

1. Quelle est la thèse de Bergson ?

2. Par quels exemples l'illustre-t-il ?

3. À quels procédés de la persuasion recourt-il ?

Explorer le parcours

Image 1 Pieter Brueghel l'Ancien (1525-1569), *Jeux d'enfants*, 1560, huile sur panneau de bois

→ Voir le verso de la couverture, en début d'ouvrage

Musée d'Histoire de l'art, Vienne.

• Pieter Brueghel vit près d'Anvers quand il peint cette œuvre. Il s'intéresse à la vie paysanne et représente de nombreuses scènes de la vie quotidienne.

• Sur ce tableau, on dénombre pas moins de 90 jeux d'enfants. Certains ont aidé à comprendre des jeux pratiqués par Gargantua et énumérés dans le chapitre XXII. Les couleurs vives, le rouge, le bleu, le vert, ainsi que la disposition des groupes d'enfants donnent une tonalité joyeuse à cette œuvre.

• La ligne d'horizon de ce tableau est assez haute et l'on repère deux diagonales qui mettent en évidence d'un côté un paysage paisible de campagne, de l'autre une rue qui offre une perspective. Au centre, à l'intersection de ces deux diagonales, une scène de mariage.

Questions

1. Repérez quelques jeux énumérés dans *Gargantua* et représentés ici : osselets, saute-mouton...

2. Observez les visages des enfants. Qu'expriment-ils ? Quel est l'effet produit ?

3. À votre avis, pourquoi une scène de mariage est-elle représentée au centre du tableau ?

4. Trouvez le seul adulte qui apparaît sur ce tableau. Quel est son rôle ?

Image 2 Gustave Doré (1832-1883), *L'Éducation de Gargantua*, 1854, gravure sur bois

→ Voir le verso de la couverture, en fin d'ouvrage

BnF, Paris.

- Gustave Doré est un peintre, un graveur, un sculpteur, bref un artiste touche-à-tout considéré comme un artiste mineur à son époque parce qu'il n'appartient à aucune école et se tient à l'écart de la modernité.
- Il illustre de nombreux auteurs dans des livres grand format, parmi lesquels les *Contes* de Perrault et *Gargantua*. Il travaille sur deux éditions du roman de Rabelais, une première fois en 1854 et une seconde en 1873.
- Il s'agit ici d'une gravure sur bois. Gustave Doré dessine directement sur le bois qui est ensuite sculpté. On applique ensuite de l'encre sur les parties en relief et on fait une empreinte sur le papier.

Questions

1. Qu'est-ce qui occupe le premier plan ? Pourquoi ?

2. Qui sont les personnages qui ne sont pas des géants ?

3. Comment se tient Gargantua ? Où regarde-t-il ?

4. À votre avis, quelle éducation est ici illustrée ?

Lecture d'images

GROUPEMENT DE TEXTES

1 Rire pour dessiller l'ignorant et le mettre sur la voie du savoir

Derrière le rire truculent, les farces graveleuses, Rabelais place une ambition chère aux humanistes : transmettre le savoir au plus grand nombre. On retrouve ici l'idée selon laquelle l'éducation et le savoir sont les seules vérités efficaces contre le malheur et la misère des hommes.

Texte 1 Platon, *Hippias majeur* (date incertaine)

Socrate, mentionné par Rabelais dans le prologue de Gargantua, est un philosophe grec du Ve siècle avant Jésus-Christ. Il n'a rien écrit et l'on ne connaît sa philosophie qu'à travers les écrits de ses disciples, notamment Platon. Ce dernier met en scène Socrate dans des dialogues grâce auxquels il fait progressivement prendre conscience à ses interlocuteurs d'une vérité. Il s'adresse ici à Hippias, un sophiste, c'est-à-dire un orateur et un professeur d'éloquence.

Socrate.- [...] Parmi les anciens sages, aucun n'a cru devoir exiger de l'argent pour prix de ses leçons, ni faire montre de son savoir devant toutes sortes de personnes, tant ils étaient simples, et savaient peu le mérite de l'argent. Mais les deux sophistes[1] que je viens de nommer ont plus gagné d'argent avec leur sagesse qu'aucun ouvrier n'en a retiré de quelque art que ce soit ; et Protagoras, avant eux, avait fait la même chose.

Hippias.- Je vois bien, Socrate, que tu n'entends pas le fin[2] de notre profession : si tu savais combien elle m'a valu d'argent, tu en serais étonné ; et pour ne point parler du reste, étant une fois allé en Sicile lorsque Protagoras y était et y jouissait d'une grande réputation, quoiqu'il eût déjà un certain âge et que je fusse beaucoup plus jeune que lui, j'amassai en fort peu de temps plus de cent cinquante mines[3], et plus de vingt mines d'un seul petit endroit

1. Gorgias et Prodicos, deux sophistes contemporains de Socrate, comme Protagoras, mentionné ensuite.

2. Ce qu'il y a de mieux.

3. Monnaie grecque équivalent à 432 grammes d'argent.

qu'on appelle Inycum[4]. De retour chez moi, je donnai cette somme à mon père, qui en fut surpris et frappé ainsi que nos autres concitoyens ; et je crois avoir gagné seul plus d'argent que deux autres sophistes ensemble, quels qu'ils puissent être.

SOCRATE.- En vérité, Hippias, voilà une belle et grande preuve de ta sagesse, de celle des hommes de notre siècle, et de leur supériorité à cet égard sur les anciens. Il faut convenir, d'après ce que tu dis, que l'ignorance de vos devanciers était extrême, puisqu'on rapporte qu'il est arrivé à Anaxagoras[5] lui-même tout le contraire de ce qui vous arrive. Ses parents lui ayant laissé de grands biens, il les négligea et les laissa périr entièrement, tant sa sagesse était insensée. On raconte des traits à-peu-près semblables d'autres anciens. Il me paraît donc que c'est là une marque bien claire de l'avantage que vous avez sur eux du côté de la sagesse. C'est aussi le sentiment commun, qu'il faut que le sage soit principalement sage pour lui-même ; et la fin[6] d'une pareille sagesse est d'amasser le plus d'argent que l'on peut. Mais en voilà assez là-dessus.

Trad. Victor Cousin.

Explorer le parcours

Questions

1. Comment qualifieriez-vous Hippias ?
2. Quel est le but ultime de la sagesse selon Socrate ? Pense-t-il réellement ce qu'il affirme ? À quoi le voyez-vous ?
3. Comparez le portrait que Rabelais fait de Socrate dans le prologue de *Gargantua* avec l'image que nous en avons ici.

Texte 2 La Fontaine, « Le fou qui vend la sagesse », 1678

Jamais auprès des fous ne te mets à portée :
Je ne te puis donner un plus sage conseil.
        Il n'est enseignement pareil

---

4. Ancienne ville de Sicile située au sud-ouest de l'île.
5. Penseur grec du début du Ve s. av. J.-C. qui aurait renoncé à sa fortune et sa notoriété pour qu'elles n'entravent pas ses recherches.
6. Le but.

À celui-là de fuir une tête éventée[1].
On en voit souvent dans les cours :
Le prince y prend plaisir ; car ils donnent toujours
Quelque trait[2] aux fripons, aux sots, aux ridicules.

Un fol allait criant par tous les carrefours
Qu'il vendait la sagesse et les mortels crédules
De courir à l'achat : chacun fut diligent[3].
On essuyait[4] force grimaces ;
Puis on avait pour son argent,
Avec un bon soufflet[5], un fil long de deux brasses[6].
La plupart s'en fâchaient : mais que leur servait-il ?
C'étaient les plus moqués : le mieux était de rire,
Ou de s'en aller sans rien dire
Avec son soufflet et son fil.
De chercher du sens à la chose,
On se fût fait siffler ainsi qu'un ignorant.
La raison est-elle garant
De ce que fait un fou ? le hasard est la cause
De tout ce qui se passe en un cerveau blessé.
Du fil et du soufflet pourtant embarrassé,
Un des dupes un jour alla trouver un sage,
Qui, sans hésiter davantage,
Lui dit : Ce sont ici hiéroglyphes[7] tout purs.
Les gens bien conseillés, et qui voudront bien faire,
Entre eux et les gens fous mettront, pour l'ordinaire,
La longueur de ce fil ; sinon je les tiens sûrs
De quelque semblable caresse.
Vous n'êtes point trompé ; ce fou vend la sagesse.

Fables, IX, 8.

1. Écervelée, irréfléchie.
2. Moquerie.
3. S'y précipita.
4. Supportait.
5. Gifle.
6. Mesures qui correspondent à deux bras étendus.
7. Symboles.

Questions

1. Proposez un plan de la fable en donnant un titre à chaque partie.
2. En quoi le comique de la fable réside-t-il ?
3. À quoi l'intervention du sage sert-elle ?
4. ÉTUDE DE LA LANGUE Analysez le lien logique entre les deux propositions indépendantes du dernier vers. Explicitez ce lien logique avec une proposition subordonnée conjonctive.

Texte 3 Voltaire, *Conversation de Lucien, Érasme et Rabelais dans les Champs-Élysées*, 1765

Voltaire (1694-1778) est un philosophe des Lumières qui s'est notamment battu pour la liberté de penser et la liberté d'expression. Il imagine ici la rencontre entre Lucien, auteur grec du IIe siècle après J.-C., qui a composé de nombreuses satires notamment contre les superstitions, et deux humanistes, Érasme et Rabelais. Érasme a traduit les textes de Lucien en latin. Ils se rencontrent aux Champs-Élysées, lieu des Enfers où sont envoyés les héros et les hommes vertueux.

RABELAIS. – Messieurs, quand on rit, je ne suis pas de trop ; de quoi s'agit-il ?

LUCIEN et ÉRASME. – D'extravagances.

RABELAIS. – Ah ! je suis votre homme.

LUCIEN, *à Érasme.* – Quel est cet original ?

ÉRASME. – C'est un homme qui a été plus hardi que moi et plus plaisant ; mais il n'était que prêtre, et pouvait prendre plus de liberté que moi qui étais moine.

LUCIEN, *à Rabelais.* – Avais-tu fait, comme Érasme, vœu de vivre aux dépens d'autrui ?

RABELAIS. – Doublement : car j'étais prêtre et médecin. J'étais né fort sage, je devins aussi savant qu'Érasme ; et voyant que la sagesse et la science ne menaient communément qu'à l'hôpital ou au gibet ; voyant même que ce demi-plaisant d'Érasme était quelquefois persécuté, je m'avisai d'être plus fou que tous mes compatriotes ensemble ; je composai un gros livre de contes à dormir debout, rempli d'ordures, dans lequel je tournai en ridicule toutes les superstitions, toutes les cérémonies, tout ce qu'on révérait dans mon pays, toutes les conditions, depuis celle de roi et de grand pontife[1] jusqu'à celle de docteur en théologie, qui est la dernière de toutes : je dédiai mon livre à un cardinal[2], et je fis rire jusqu'à ceux qui me méprisaient.

Lucien. – Qu'est-ce qu'un cardinal[3], Érasme ?

Érasme. – C'est un prêtre vêtu de rouge, à qui l'on donne cent mille écus de rente pour ne rien faire du tout.

Lucien. – Vous m'avouerez du moins que ces cardinaux-là étaient raisonnables. Il faut bien que tous vos concitoyens ne fussent pas si fous que vous le dites.

Érasme. – Que M. Rabelais me permette de prendre la parole. Les cardinaux avaient une autre espèce de folie, c'était celle de dominer ; et comme il est plus aisé de subjuguer des sots que des gens d'esprit, ils voulurent assommer la raison qui commençait à lever la tête. M. Rabelais, que vous voyez, imita le premier Brutus[4], qui contrefit l'insensé pour échapper à la défiance et à la tyrannie des Tarquins.

Lucien. – Tout ce que vous me dites me confirme dans l'opinion qu'il valait mieux vivre dans mon siècle que dans le vôtre. Ces cardinaux dont vous me parlez étaient donc les maîtres du monde entier, puisqu'ils commandaient aux fous ?

Rabelais. – Non ; il y avait un vieux fou au-dessus d'eux.

Lucien. – Comment s'appelait-il ?

Rabelais. – Un papegaut[5]. La folie de cet homme consistait à se dire infaillible[6], et à se croire le maître des rois ; et il l'avait tant dit, tant répété, tant fait crier par les moines, qu'à la fin presque toute l'Europe en fut persuadée.

---

1. Charge la plus élevée dans la religion romaine. Le terme est utilisé par extension pour désigner des religieux.

2. Le *Quart livre* est dédié à Odet de Châtillon (1517-1571), qui fut cardinal avant de se convertir au calvinisme.

3. Haut dignitaire de l'Église, chargé d'assister le pape. Il est vêtu de rouge.

4. Lucius Junius Brutus, fondateur légendaire de la République romaine après la chute de Tarquin le superbe. Il se fait passer pour sot et accompagne les deux fils du roi Tarquin à Delphes afin de les distraire. Toutefois, il est le seul à comprendre la prophétie.

5. Jeu de mots entre pape et « papegay » (perroquet).

6. Selon le dogme de l'Église catholique, le pape est infaillible – il ne peut donc se tromper – lorsqu'il s'exprime sur des questions de foi.

Lucien. – Ah ! que vous l'emportez sur nous en démence ! Les fables de Jupiter, de Neptune et de Pluton, dont je me suis tant moqué, étaient des choses respectables en comparaison des sottises dont votre monde a été infatué[7]. Je ne saurais comprendre comment vous avez pu parvenir à tourner en ridicule avec sécurité des gens qui devaient craindre le ridicule encore plus qu'une conspiration. Car enfin on ne se moque pas de ses maîtres impunément : et j'ai été assez sage pour ne pas dire un seul mot des empereurs romains. Quoi ! votre nation adorait un papegaut ! Vous donniez à ce papegaut tous les ridicules imaginables, et votre nation le souffrait ! Elle était donc bien patiente ?

Rabelais. – Il faut que je vous apprenne ce que c'était que ma nation. C'était un composé d'ignorance, de superstition, de bêtise, de cruauté et de plaisanterie. On commença par faire pendre et par faire cuire[8] tous ceux qui parlaient sérieusement contre les papegauts et les cardinaux. Le pays des Welches[9], dont je suis natif, nagea dans le sang ; mais, dès que ces exécutions étaient faites, la nation se mettait à danser, à chanter, à faire l'amour, à boire et à rire. Je pris mes compatriotes par leur faible ; je parlai de boire, je dis des ordures, et avec ce secret tout me fut permis. Les gens d'esprit y entendirent finesse, et m'en surent gré ; les gens grossiers ne virent que les ordures, et les savourèrent : tout le monde m'aima, loin de me persécuter.

Questions

1. Quelles sont les fonctions du dialogue ?
2. Quelle image des hommes d'Église ce texte établit-il ?
3. Comment Rabelais a-t-il pu tourner en dérision les hommes de pouvoir sans être censuré ni poursuivi ?
4. **ÉTUDE DE LA LANGUE** Commentez les trois premières interrogations de Lucien.

7. Séduit.
8. La Sorbonne fait condamner au bûcher un certain nombre de protestants à partir de 1523. On peut par exemple citer le cas de l'humaniste et imprimeur Étienne Dolet brûlé à Paris le 3 août 1546.
9. Gaulois.

2 Rire pour battre en brèche les faux savoirs

La folie des hommes trouve souvent dans la religion un lieu d'expression privilégié. Quoi de mieux que l'ironie pour s'en protéger ?

Texte 1 Érasme, *Éloge de la folie*, 1511

Dans ce texte écrit après un voyage en Italie, Érasme laisse la parole à la Folie selon le procédé de la prosopopée. Il se protège ainsi puisque ce n'est pas lui qui formule des critiques mais la Folie qui exprime ses convictions à la première personne.

Je reconnais authentiquement de notre farine[1] ceux qui se plaisent à écouter ou à conter de mensongères et monstrueuses histoires de miracles. Ils ne se lassent point d'entendre ces fables énormes sur les fantômes, lémures[2] et revenants, sur les esprits de l'Enfer et mille prodiges de ce genre. Plus le fait est invraisemblable, plus ils s'empressent d'y croire et s'en chatouillent agréablement les oreilles. Ces récits, d'ailleurs, ne servent pas seulement à charmer l'ennui des heures ; ils produisent quelque profit, et tout au bénéfice des prêtres et des prédicateurs.

Bien voisins sont les gens qui, par une folle mais douce persuasion, se figurent que la rencontre d'une statue ou d'une peinture de ce Polyphème[3] de saint Christophe[4] les assure de ne point mourir dans la journée, ceux qui adressent à sainte Barbe[5] sculptée les paroles prescrites qui font revenir sain et sauf de la bataille, ceux qui s'adressent à saint Érasme[6] à certains jours, avec certains petits cierges et certaines petites prières, convaincus qu'ils feront

1. Expression familière employée aussi par Rabelais : du même genre que nous, des fous donc.

2. Dans l'antiquité romaine, spectre d'un mort qui revient tourmenter les vivants.

3. Cyclope auquel se confronte Ulysse.

4. Ce saint mourut en martyr, mais ne reçut qu'une seule flèche dans l'œil parmi toutes celles qui le visaient, d'où la comparaison avec le cyclope.

5. Le père de sainte Barbe est frappé par la foudre aussitôt après avoir décapité sa fille. Sainte Barbe est invoquée pour protéger tous ceux qui sont en contact avec le feu : pompiers, artificiers, soldats...

6. Martyr censé protéger les marins des orages en mer. Ici, bien sûr, Érasme joue avec son nom.

fortune promptement. De même qu'il y a pour eux un second Hippolyte[7], ils ont trouvé en saint Georges[8] un autre Hercule[9]. Ils en sont presque à adorer son cheval très dévotement caparaçonné[10] et adorné[11] ; de petits présents gagnent ses faveurs et jurer par son casque d'airain est un vrai serment de roi.

Que dirai-je de celui qui se flatte délicieusement d'obtenir pour ses crimes des pardons imaginaires[12], mesure comme à la clepsydre[13] la durée du Purgatoire[14], et s'en fait une table mathématique infaillible de siècles, années, mois, jours et heures ? ou de qui se nourrit de formules magiques et d'oraisons inventées par un pieux imposteur, vaniteux ou avide, et qui s'en promet tout, richesses, honneurs, plaisirs, abondance, santé toujours solide, verte vieillesse et, pour finir, un siège au Paradis, auprès du Christ ! Encore ne veulent-ils s'y asseoir que le plus tard possible, quand les voluptés de cette vie, auxquelles ils se cramponnent, les abandonneront malgré eux et qu'ils devront se contenter de celles du Ciel. Voyez donc ce marchand, ce soldat, ce juge, qui, sur tant de rapines[15], prélèvent un peu de monnaie et s'imaginent, en l'offrant, purifier d'un seul coup le marais de Lerne[16] qu'est leur vie, racheter par un simple pacte tant de parjures, de débauches, d'ivrogneries, de rixes[17], de meurtres, d'impostures, de perfidies et de trahisons, rachat si parfait, croient-ils, qu'ils pourront librement recommencer ensuite la série de leurs scélératesses[18].

Quoi de plus fou, que dis-je ? quoi de plus heureux que ces autres qui récitent quotidiennement sept petits versets du

---

7. Hippolyte est un géant, fils d'Ouranos et Gaïa, mais aussi le fils du roi Thésée et de la reine des Amazones, dont Phèdre est amoureuse.

8. Il est représenté à cheval terrassant un dragon.

9. Héros grec, célèbre pour ses douze travaux.

10. Protégé par une housse.

11. Paré.

12. Allusion à la pratique des indulgences critiquée aussi par Rabelais. Le pape Léon X a institué cette pratique en 1516 : l'Église s'arroge le droit d'accorder un pardon pour les péchés commis, en échange d'un don.

13. Appareil qui sert à mesurer le temps dans l'Antiquité.

14. Lieu où les morts qui ne se sont pas suffisamment repentis achèvent leur purification.

15. Vols.

16. Marais dans lequel vivait l'hydre de Lerne, monstre tué par Hercule.

17. Violentes querelles.

18. Méchancetés, perfidies.

saint Psautier et s'en promettent la félicité des élus ! Or, ces petits versets magiques, un certain diable, par facétie, les aurait indiqués à saint Bernard[1], étant au reste plus étourdi que malin, puisqu'il fut pris à son propre piège. Et de pareilles folies, dont j'ai moi-même presque honte, ce n'est pas seulement le vulgaire qui les approuve, ce sont aussi des professeurs de religion.

Trad. P. de Nolhac, 1936.

Questions

1. En quoi les personnages mentionnés sont-ils « de même farine » que la folie ?
2. De quoi Érasme accuse-t-il l'Église catholique ?
3. Comment le ton employé par la Folie évolue-t-il ?

Texte 2 Jean Calvin, *Traité des reliques*, 1543

Jean Calvin (1509-1564) est l'un des théologiens emblématiques de la Réforme protestante. Dans son Traité des reliques, *il s'en prend au culte des reliques qu'il assimile à une forme de superstition.*

Commençons donc par Jésus-Christ, duquel, pour ce[2] qu'on ne pouvait dire qu'on eût le corps naturel (car du corps miraculeux[3], ils ont bien trouvé la façon de le forger, voire en tel nombre, et toutes fois et quantes[4] que bon leur semblerait), on a amassé, au lieu, mille autres fatras, pour suppléer ce défaut. Combien encore qu'on n'a point laissé échapper le corps de Jésus-Christ sans en retenir quelque lopin. Car outre les dents et les cheveux, l'abbaye de Charroux, au diocèse de Poitiers, se vante d'avoir le prépuce, c'est-à-dire la peau qui lui fut coupée à la circoncision. Je vous prie, d'où est-ce que leur est venue cette peau ? L'évangéliste saint Luc

1. Prêtre itinérant qui parcourt les montagnes entre la France et l'Italie.
2. Pour la raison que.
3. Allusion à la transsubstantiation qui permet à l'hostie et au vin de se transformer en corps et sang du christ lors de l'eucharistie.
4. Autant.

récite bien que notre Seigneur Jésus a été circoncis ; mais que la peau ait été serrée[5], pour la réserver en relique, il n'en fait point de mention. Toutes les histoires anciennes n'en disent mot. Et par l'espace de cinq cents ans il n'en a jamais été parlé en l'Église chrétienne ; où est-ce donc qu'elle était cachée, pour la retrouver si soudainement ? Davantage, comment eût-elle volé jusques à Charroux ? Mais pour l'approuver, ils disent qu'il en est tombé quelques gouttes de sang. Cela est leur dire, qui aurait métier de probation[6]. Par quoi on voit bien que ce n'est qu'une moquerie. Toutefois, encore que nous leur concédions que la peau qui fut coupée à Jésus-Christ ait été gardée, et qu'elle puisse être ou là, ou ailleurs, que dirons-nous du prépuce qui se montre à Rome, à Saint-Jean de Latran ? Il est certain que jamais il n'y en a eu qu'un. Il ne peut donc être à Rome et à Charroux tout ensemble. Ainsi, voilà une fausseté toute manifeste.

Il y a puis après le sang, duquel il y a eu grands combats. Car plusieurs ont voulu dire qu'il ne se trouvait point du sang de Jésus-Christ, sinon miraculeux. Néanmoins il s'en trouve de naturel en plus de cent lieux. En un lieu quelques gouttes, comme à La Rochelle, en Poitou, que recueillit Nicodème en son gant, comme ils disent[7]. En d'autres lieux, des fioles pleines, comme à Mantoue, et ailleurs. En d'autres, à pleins gobelets, comme à Rome, à Saint-Eustache. Même on ne s'est pas contenté d'avoir du sang simple, mais il l'a fallu avoir mêlé avec l'eau, comme il saillit[8] de son côté quand il fut percé en la croix. Cette marchandise se trouve en l'église de Saint-Jean de Latran, à Rome. Je laisse le jugement à chacun, quelle certitude on en peut avoir. Et même, si ce n'est pas mensonge évident, de dire que le sang de Jésus-Christ ait été trouvé sept ou huit cents ans après sa mort, pour en épandre par tout le monde, vu qu'en l'Église ancienne jamais n'en a été faite mention.

---

5. Conservée.
6. Qui servirait de preuve.
7. Dans l'évangile de Nicodème (au IVe siècle).
8. Jaillit.

Questions

1. Quelle est la thèse de Calvin ?
2. Comment insiste-t-il sur la rationalité de ses propos ?
3. Comment implique-t-il son lecteur dans sa démonstration ?
4. **ÉTUDE DE LA LANGUE** Analysez la négation dans la phrase : « Il est certain que jamais il n'y en a eu qu'un » (l. 23 à 25).

Texte 3 Fontenelle, *Histoire des oracles*, 1687

Fontenelle (1657-1757) est souvent considéré comme un précurseur des philosophes des Lumières, non seulement pour les thèmes qu'il aborde mais aussi pour son ton ironique. Il adapte l'ouvrage rébarbatif d'un médecin hollandais écrit en latin sur les oracles et le transforme en un texte ironique et polémique.

Il serait difficile de rendre raison[1] des histoires et des oracles[2] que nous avons rapportés, sans avoir recours aux Démons, mais aussi tout cela est-il bien vrai ? Assurons nous bien du fait, avant de nous inquiéter de la cause. Il est vrai que cette méthode est bien lente pour la plupart des gens, qui courent naturellement à la cause, et passent par-dessus la vérité du fait ; mais enfin nous éviterons le ridicule d'avoir trouvé la cause de ce qui n'est point.

Ce malheur arriva si plaisamment sur la fin du siècle passé à quelques savants d'Allemagne, que je ne puis m'empêcher d'en parler ici.

En 1593, le bruit courut que les dents étant tombées à un enfant de Silésie[3], âgé de sept ans, il lui en était venu une d'or, à la place d'une de ses grosses dents. Horatius, professeur en médecine à l'université de Helmstad[4], écrivit, en 1595, l'histoire de cette dent, et prétendit qu'elle était en partie naturelle, en partie miraculeuse, et qu'elle avait été envoyée de Dieu à cet enfant pour consoler les chrétiens affligés par les Turcs. Figurez vous quelle consolation, et

1. Expliquer.
2. Pratiques magiques.
3. Région d'Europe centrale.
4. Ville d'Allemagne

quel rapport de cette dent aux chrétiens, et aux Turcs. En la même année, afin que cette dent d'or ne manquât pas d'historiens, Rullandus en écrit encore l'histoire. Deux ans après, Ingolsteterus, autre savant, écrit contre le sentiment que Rullandus avait de la dent d'or, et Rullandus fait aussitôt une belle et docte[5] réplique. Un autre grand homme, nommé Libavius, ramasse tout ce qui avait été dit sur la dent, et y ajoute son sentiment particulier. Il ne manquait autre chose à tant de beaux ouvrages, sinon qu'il fût vrai que la dent était d'or. Quand un orfèvre l'eût examinée, il se trouva que c'était une feuille d'or appliquée à la dent avec beaucoup d'adresse ; mais on commença par faire des livres, et puis on consulta l'orfèvre.

Rien n'est plus naturel que d'en faire autant sur toutes sortes de matières. Je ne suis pas si convaincu de notre ignorance par les choses qui sont, et dont la raison nous est inconnue, que par celles qui ne sont point, et dont nous trouvons la raison. Cela veut dire que non seulement nous n'avons pas les principes qui mènent au vrai, mais que nous en avons d'autres qui s'accommodent très bien avec le faux.

Questions

1. Proposez un plan du passage
2. Que prouve l'anecdote de la dent d'or ?
3. Quel est le ton du narrateur de cette anecdote ?
4. ÉTUDE DE LA LANGUE Analysez les négations dans la phrase « Je ne suis pas si convaincu [...] dont nous trouvons la raison » (l. 31 à 33).

5. Savante.

LA DISSERTATION

SUJET 1 Raymond Queneau affirme « Rabelais fait la joie et l'instruction de quiconque ». Vous justifierez cette affirmation en vous appuyant sur votre lecture de *Gargantua* et votre connaissance du parcours « Rire et savoir ».

Conseils de méthode

Pour éviter le hors-sujet, pour approfondir votre réflexion, il faut soigneusement étudier le sujet. En effet, la dissertation n'est pas une question de cours, mais une réponse personnelle, organisée, à une question précise.

• Soulignez **les mots-clés**. Dans la citation du poète et romancier du XXe siècle Raymond Queneau, on repère deux mots importants : « joie » (plaisir, satisfaction, rire) et « instruction » (connaissances, savoir). Il convient de se demander quelles relations entretiennent ces deux notions : s'opposent-elles ? Se complètent-elle ?... On peut également noter « quiconque » qui suggère que Rabelais s'adresse à diverses catégories de lecteurs : des savants, des humanistes, et un public plus populaire, des lecteurs du XVIe siècle mais aussi d'aujourd'hui.

• Identifiez **le type du sujet**. On vous demande de justifier la thèse de Raymond Queneau, et non de la discuter. Il vous faut donc la décliner, voir les différents aspects qu'elle peut aborder, mais pas la remettre en cause.

• Formulez **la problématique**. La problématique est une question claire, que vous devez rédiger, dans la mesure du possible, sans reprendre les termes du sujet. Exemple : Comment Rabelais parvient-il à faire rire son lecteur tout en le rendant plus cultivé ?

• Recherche du **plan**. Réfléchissez sur le lien entre les notions importantes du sujet plutôt que de les séparer. Évitez un plan type thèse / antithèse, dans lequel vous risqueriez de vous contredire. Il est préférable d'essayer de nuancer que de contredire cette thèse après l'avoir étayée.

Proposition de plan détaillé

I. Rabelais instruit par le rire

1. Le caractère plaisant de son récit attire l'attention du lecteur. Comme on est attiré par les boîtes décorées dans une pharmacie qui contiennent des drogues précieuses, le lecteur est séduit par un roman à l'aspect comique et il va découvrir un savoir très riche (métaphore des silènes dans le prologue).

2. Le rire est satirique : il dénonce l'erreur et le mensonge de manière à établir les bases d'un véritable savoir (le discours de Janotus de Braquemardo, au chapitre 18, est une parodie des discours des pseudo savants de la Sorbonne).

3. Le rire libère le lecteur de ses préjugés et l'invite à reconsidérer le monde. Le lecteur, en riant, oublie sa manière de penser habituelle, il s'étonne et regarde le monde différemment (l'épisode du torche-cul, au chapitre 13, est très drôle mais propose aussi une réflexion profonde sur la religion, sujet délicat à l'époque de Rabelais).

II. Rabelais fait la joie du lecteur par l'instruction

1. Pour apprécier le comique de Rabelais, il faut être instruit. Si certaines scènes relèvent d'un comique scatologique ou populaire, en revanche d'autres sont plus subtiles (par exemple, il faut une certaine culture pour identifier la devise de Charles Quint dans le récit de la guerre picrocholine).

2. La bonne éducation rend joyeux (comparaison de l'état d'esprit de Gargantua selon l'éducation qu'il reçoit).

III. Le lecteur idéal

Queneau dit que quiconque peut tirer de Rabelais de la joie et de l'instruction, mais il faut quand même s'en donner la peine et le lecteur qui profitera au maximum de sa lecture a plusieurs caractéristiques.

1. Il n'a pas de préjugés, c'est ce que Rabelais précise dans son poème « Aux lecteurs ».

2. Il est capable de lire et relire le texte comme le chien qui joue avec son os (métaphore de la substantifique moelle dans le prologue).

3. Il rit avec les autres dans une grande communauté humaine (la liste de ceux qui sont admis dans l'abbaye de Thélème, précise bien l'importance d'être joyeux, d'apprécier la compagnie des autres).

Rédaction

- Vous n'avez pas le temps de rédiger votre devoir au brouillon, vous devez donc avoir de bons réflexes de manière à rédiger directement au propre le plus clairement possible.
- Chaque paragraphe commence par un alinéa, un connecteur logique puis énonce l'idée que vous allez développer.
- Une fois l'idée énoncée et expliquée, vous devez illustrer votre propos par un exemple.
- N'oubliez pas de récapituler avant de passer au paragraphe suivant.

Proposition de rédaction de la première partie

Rabelais instruit dans son roman mais il ne tient pas le discours moralisateur et plein d'affirmations péremptoires de ses ennemis de la Sorbonne. Au contraire, s'il contribue à étendre la culture de son lecteur, c'est par le biais du rire.

Tout d'abord, le rire est essentiel pour attirer l'attention du lecteur. En effet, quand on ne suscite pas l'intérêt de celui que l'on veut éduquer, on n'obtient peu de progrès. Rabelais ne veut pas que son lecteur se détourne de sa lecture pour suivre une odeur de ragoût en train de cuire comme le fait Gargantua au chapitre XXI. Pour cela, il conçoit son roman comme les silènes, ces boîtes que l'on trouvait chez les apothicaires et qu'il décrit dans son prologue. Elles sont ornées de scènes plaisantes et recèlent des drogues précieuses. *Gargantua*, de même, est agréable par sa légèreté, son comique, et séduit donc le lecteur. Ce dernier trouvera un savoir aussi précieux que l'ambre gris ou le baume contenu dans les silènes. Ainsi, le rire est d'abord indissociable de l'instruction parce qu'il capte l'attention de celui qui lit.

De plus, le rire a une dimension satirique. Il permet de se moquer de l'erreur et du mensonge, de dénoncer la vacuité des discours tout faits et plein de préjugés. Il est donc nécessaire pour établir les bases d'une véritable instruction. Rabelais en effet s'en prend à tout ce qui empêche son lecteur de réfléchir par lui-même. Au premier rang de ces empêcheurs de penser, il place les prétendus savants de la Sorbonne pour qui lire la Bible revient à répéter sans les comprendre des commentaires de la Bible et à jouer avec les formules figées de la rhétorique. Pour inviter son lecteur à briser ce carcan, il se moque ouvertement de Janotus de Braquemardo qui est pourtant censé être le plus vieux et le plus savant de tous les Sorbonnards. Le comique de mots explose lorsque celui-ci affirme avec le plus grand sérieux « Toute cloche clochable clochant dans le clocher, en clochant fait clocher par le clochatif ceux qui clochent clochablement ». Rabelais nous enseigne ici par le rire à nous méfier des formules et à leur préférer le bon sens. Ainsi, la dénonciation par le rire ouvre la voie à la véritable instruction.

Enfin, le rire libère le lecteur de ses préjugés et l'invite à reconsidérer le monde. Le lecteur en riant oublie sa manière de penser habituelle, il s'étonne et regarde le monde différemment. En effet, le rire a un pouvoir d'étonnement. Par exemple, l'épisode du torche-cul au chapitre XIII fait la joie du lecteur. Mais il ne faudrait pas croire que ce chapitre se limite à un comique scatologique. Il a aussi une fonction pédagogique. D'une part, il propose de considérer le monde, de l'expérimenter. Plutôt que de croire ce qu'on nous dit, il nous enjoint d'observer, d'essayer, de s'engager. D'autre, part, il parodie le discours religieux sur le paradis en suggérant que la béatitude et le plaisir viennent du corps. Un tel discours est impensable à l'époque de Rabelais dans le cadre d'une discussion sérieuse. C'est donc le rire, débarrassant les lecteurs de leurs idées préconçues, de leurs certitudes, qui permet d'amorcer une nouvelle réflexion.

Ainsi, si « Rabelais fait la joie et l'instruction de quiconque », c'est en faisant du rire un moyen d'instruire le lecteur. Le plaisir est un élément nécessaire à l'apprentissage. Toutefois, on peut également montrer que sans savoir, la satisfaction que l'on tire de la lecture est moindre.

LA DISSERTATION

SUJET 2 **Marie-Madeleine Fragonard explique : « la verve comique de Rabelais s›empare ainsi des données de la réalité sociale, des problèmes de l'actualité politique et religieuse, de toutes les formes de la sottise ou de la folie humaine pour les exorciser par le rire ». Vous discuterez cette affirmation en vous appuyant sur votre lecture de *Gargantua* ainsi que sur votre étude du parcours « Rire et savoir ».**

Analyse du sujet

Les mots clés sont nombreux : « verve comique » (le comique prend des formes variées dans le roman, populaire et savant), « réalité sociale » (Rabelais situe son roman dans le Chinonnais, une région qu'il connaît bien), « actualité politique et religieuse » (conflits entre François Ier et Charles Quint, montée des tensions entre catholiques et protestants mais aussi entre catholiques et évangéliques), « sottise » et « folie » (la colère de Picrochole), « exorciser » (évacuer le mal, délivrer du caractère démoniaque).

Type de sujet : il faut discuter la citation, donc montrer ce qui la justifie, mais aussi en montrer les limites ou chercher à la nuancer.

Problématique : Le rire dans *Gargantua* n'a-t-il qu'une fonction satirique ou a-t-il aussi des pouvoirs plus importants ?

Proposition de plan

I. Certes, Rabelais parle des choses pénibles de son temps

1. Des réalités sociales. Région, personnes réelles mentionnées...

2. Des problèmes politiques et religieux. Il va jusqu'à adresser des reproches au roi sur sa politique en matière de religion (chapitre XLV).

3. La sottise et la folie humaine. Picrochole, symbole de la colère, ses conseillers, incarnation de l'ambition (chapitre XXXIII)...

II. Mais il nous invite à en rire

1. La dimension satirique. Il condamne par le rire les responsables des maux de son époque (aventures des pèlerins, chapitre XXXVIII)

2. La prise de recul. Le rire fait disparaître la barrière des préjugés et l'effet de surprise qu'il crée invite à reconsidérer le monde qui nous entoure et les idées toutes faites (le torche-cul, chapitre XIII).

III. Toutefois, c'est le rire fraternel qui permet de prendre conscience des maux sans nous effrayer

1. Rire de ce qui fait peur. Pour prendre conscience de ce qui est douloureux ou dangereux, il faut en rire (la violence des combats, chapitre XXXV).

2. Rire pour aller mieux. Rabelais défend une conception médicale du rire : le médecin doit être de bonne humeur pour soigner son malade. Lui-même doit se montrer souriant pour guérir son lecteur de ses angoisses (rire communicatif, début du chapitre XX).

3. Rire pour être ensemble. Le rire s'associe à la boisson pour favoriser l'union d'une communauté humaine (banquet, chapitre IV).

Proposition d'introduction rédigée

Les années 1530 en France sont ambivalentes. Ce sont des années de renouveau où l'on redécouvre des textes antiques, où les penseurs humanistes correspondent et réfléchissent aux moyens d'éduquer un roi philosophe et pacifiste... Mais on observe aussi les prémisses des guerres de religion qui vont ravager le pays quelques années plus tard : l'affaire des placards, les persécutions contre certains humanistes sont des indices des bouleversements à venir. Rabelais compose *Gargantua* avant 1535 mais le remanie ensuite. Il s'inspire des *Grandes et inestimables chroniques de l'énorme géant Gargantua* pour imaginer l'histoire du père de Pantagruel dont il a publié les aventures en 1532. Marie-Madelaine Fragonard, qui traduit Rabelais en français moderne, explique : « la verve comique de Rabelais s'empare ainsi des données de la réalité sociale, des problèmes de l'actualité politique et religieuse, de toutes les formes de la sottise ou de la folie humaine pour les exorciser par le rire ». Le terme « exorciser » a un sens fort et renvoie à une opération religieuse : il s'agit de chasser un démon. On doit donc s'interroger sur la manière dont procède le comique. Le rire dans *Gargantua* n'a-t-il qu'une fonction satirique ou a-t-il aussi des pouvoirs plus importants ? Nous verrons que Rabelais parle des réalités pénibles de son temps dans son roman, avant de voir qu'il s'en moque. Nous en viendrons à mettre en évidence la force d'un rire gratuit et fraternel.

L'ORAL

PREMIÈRE PARTIE

L'exposé oral sur un des textes du descriptif

- **Temps de préparation :** 30 minutes
- **Durée de l'exposé :** 12 minutes
- **Barème :** 12 points
- L'examinateur propose au candidat l'un des textes de son descriptif, ainsi qu'une question de grammaire qui porte sur un bref extrait (phrase ou partie de phrase) du texte à travailler.
- À l'issue du temps de préparation, le candidat expose son analyse du texte en respectant la démarche suivante : situation du texte dans l'œuvre ou dans le groupement choisi par le professeur, lecture expressive, explication linéaire et réponse à la question de grammaire.

EXTRAIT CHOISI **Chapitre XXXVIII : « Tandis qu'il les lavait [...] au bord des dents » (l. 11 à 32)**

Comment Rabelais condamne-t-il les pèlerinages ?

1 Le texte et sa présentation

- L'explication linéaire de texte suit le mouvement du passage, tout en construisant progressivement une interprétation. Il s'agit donc de déployer la richesse du sens. Vous ferez particulièrement attention à l'introduction qui est un moment important. C'est en effet la première image de vous que vous donnez à votre correcteur.
- L'introduction suit une structure stricte et comporte les éléments suivants :

  1. Présentation de l'auteur et de l'œuvre
  2. Présentation de l'extrait
  3. Lecture expressive
  4. Annonce de votre projet de lecture ou de votre problématique
  5. Présentation des mouvements du texte

• La lecture orale est une étape essentielle de l'explication. Elle est notée sur 2 points. Veillez à ne pas lire trop vite, à respecter la ponctuation et à donner vie au texte en exprimant ses tonalités.

Exemple de présentation de l'extrait choisi

1. PRÉSENTATION DE L'AUTEUR ET DE L'ŒUVRE Rabelais est une figure marquante de la première moitié du XVIe siècle. Franciscain puis bénédictin, ce moine ne cesse d'affirmer sa foi en Dieu et son évangélisme. Au nom de la charité, porté par son désir d'aider son prochain, il se fait médecin, ce qui le conduit à voyager en Italie aux côtés des frères du Bellay. Il vient à la littérature en 1532 avec *Pantagruel*, suivi quelques années plus tard par *Gargantua*. L'histoire de ces deux géants, le fils puis le père, s'inspire des *Grandes et inestimables chroniques de l'énorme géant Gargantua*. Rabelais emprunte ses personnages à la littérature populaire mais il en fait des représentants de ses idéaux humanistes de culture et de progrès.

2. PRÉSENTATION DE L'EXTRAIT Cet extrait se situe dans la partie consacrée aux guerres picrocholines. Picrochole, sur un coup de colère, a attaqué son voisin et ami Grandgousier. Ce dernier est obligé de faire revenir son fils Gargantua de Paris où il faisait ses études. Alors qu'il passe une soirée avec ses compagnons d'armes chez Grandgousier, il en vient à manger six pèlerins.

3. LECTURE DE L'EXTRAIT

4. ANNONCE DE MON PROJET DE LECTURE Comment Gargantua condamne-t-il les pèlerinages à travers cette scène comique ?

5. PRÉSENTATION DES MOUVEMENTS DU TEXTE Le texte s'articule selon trois mouvements. Tout d'abord du début de l'extrait jusqu'à « il avait déjà englouti cinq des prisonniers », Gargantua dévore cinq des pèlerins ; dans un second temps, de « Le sixième était dans le plat » à « ils attendirent le souper », il mange le sixième ; enfin, le troisième mouvement est consacré au péril encouru par les pèlerins dans la bouche de Gargantua.

2 L'explication linéaire à l'oral

• Notez au brouillon les étapes essentielles de votre exposé, sans les rédiger.

• Utilisez des couleurs sur votre texte pour faire ressortir des éléments importants.

• Faites-vous confiance pour formuler vos idées directement lors de l'exposé.

Les principes de l'explication linéaire

• Rappelez-vous que l'explication linéaire n'a pas pour but de montrer que vous connaissez des figures de style mais bien de mettre en valeur la richesse du texte. Ce qu'on attend de vous, ce n'est donc pas une énumération de procédés d'écriture, mais une explicitation des différents sens du texte. **Les procédés d'écriture doivent se mettre au service du sens.**

• Votre explication doit donc être organisée autour d'un **fil conducteur**.

• Dans chaque partie, dans chaque sous partie, vous devez citer le texte, repérer des procédés d'écriture et indiquer l'effet qu'ils produisent.

• **Introduisez votre explication** en partant d'une **question générale** sur l'extrait. Présentez **le plan** que vous allez suivre, en délimitant les grandes parties du texte et son mouvement.

• **Développez l'explication** en citant le texte et en vous appuyant sur des remarques précises sur sa forme et ses procédés d'écriture. Soulignez les transitions entre les grandes parties de votre explication.

• **Concluez** par une réponse claire et concise à la question posée en introduction.

Exemple de plan détaillé

Les mots en gris désignent les procédés d'écriture.

Question générale : Comment Gargantua condamne-t-il les pèlerinages à travers cette scène comique ?

I. Premier mouvement (« Tandis [...] des prisonniers », l. 11 à 18)

a. Des pèlerins peureux et inefficaces. Les six pèlerins sont ridicules car la peur les paralyse. Au lieu de prendre une initiative pour se sauver, ils délibèrent comme le montrent les questions dans leur discours (« Que faire ? » ; « Allons-nous parler ? »). Toutefois, ils n'arrivent pas à prendre de décision car ils sont effrayés à l'idée de se noyer ou d'être pris pour des espions.

b. Une scène comique. Gargantua apparaît ici comme un géant puisqu'il a besoin d'accessoires immenses : c'est ce que révèle la comparaison « aussi grand que le tonneau de Cîteaux ». De plus, le comique réside dans le décalage entre le caractère très quotidien de la scène et sa cruauté. Gargantua fait en effet une sauce vinaigrette, dont le contenu précisé dans une énumération (« assaisonnés d'huile, de vinaigre et de sel »). Or, cette vinaigrette lui sert à dévorer comme un ogre six pèlerins, ce que met en évidence le champ lexical de l'avalage (« mangea », « englouti »).

Bilan : Gargantua retrouve sa taille de géant, qui semblait oubliée depuis son éducation humaniste, pour dévorer six pèlerins ridicules.

II. Deuxième mouvement (« Le sixième [...] le souper », l. 18 à 25)

a. Le bâton de pèlerin. Le bâton que tient le sixième pèlerin en main est un symbole de son pèlerinage, donc de sa conception de la foi. Il est ici ridiculisé dans la comparaison avec « une corne d'escargot ». On peut noter la différence entre ce bâton et le bâton de croix de Frère Jean qui le protège de tous les dangers et lui permet de venir en aide à ses amis.

b. Un dialogue comique. On retrouve le procédé comique mis en œuvre dans le premier mouvement. L'échange au discours direct entre Gargantua et son père est en complet décalage avec la situation. Alors que les pèlerins sont dévorés dans une scène qui pourrait être très violente (« le mangea d'un coup », « un terrible coup »), les deux hommes échangent des considérations sur la bonne saison pour manger des escargots (« Ils sont bons tout de mois »).

Bilan : le symbole du pèlerinage – le bourdon – est ridiculisé et le comique se prolonge.

III. Troisième mouvement (« Les pèlerin [...] au bord des dents », l. 26 à 32)

a. Une cascade de dangers. Les pèlerins sont confrontés à plusieurs dangers successifs. Ils ont d'abord peur d'être écrasés ce qui est montré par la métaphore qui assimile les dents de Gargantua à des « meules ». Ensuite, ils craignent de se « noyer », ce que l'on perçoit dans la métaphore filée du torrent (« noyer », « torrent », « gouffre »). Ce passage s'inscrit dans une tradition de récits d'avalage initiée avec Jonas dans la Bible. Il permet aussi de montrer que les pèlerinages sont une pratique inutilement dangereuse. Grandgousier le rappelle au chapitre XLV : les pèlerins courent des risques mortels pour obéir à une superstition selon laquelle tel ou tel saint protégerait d'un autre danger mortel.

b. Des interprétations fantaisistes. Les pèlerins ne comprennent rien à ce qui leur arrive. Les verbes modalisateurs (« ils pensaient », « ils crurent bien ») suggèrent qu'ils interprètent mal leurs malheurs. Cela annonce la fin du chapitre dans laquelle Lasdaller relit leurs aventures à la lumière d'un psaume. Rabelais se moque de cette tendance à se méprendre le sens des textes bibliques.

c. Un comique de geste. Enfin, l'extrait s'achève sur un saut spectaculaire qui confond bâton de pèlerin et accessoire de cirque (« sautant à l'aide de leurs bâtons »). La dignité des pèlerins est à nouveau mise à mal.

Bilan : au-delà du comique, cet extrait porte en germe les principales critiques du pèlerinage qui vont être ensuite formulées par Grandgousier.

Conclusion

Il s'agit d'une scène comique (comique de situation, comique de caractère, comique de geste) qui fait de Gargantua un gentil monstre de conte.

Le comique permet la satire des pèlerinages, inutiles, dangereux, fondés sur des superstitions.

3 La question de grammaire

- **Durée :** 2 minutes
- La question de grammaire porte sur le texte. Elle vise l'analyse syntaxique d'une courte phrase ou d'une partie du texte.

SUJET **Faites l'analyse grammaticale du passage suivant : « ils pensaient qu'on les avait mis [...] dans le gouffre de son estomac » (l. 27 à 30).**

Question de grammaire corrigée

La phrase commence par la proposition principale (« ils pensaient ») suivie d'une proposition subordonnée conjonctive complétive (« qu'on les avait mis dans quelque cul de basse-fosse »).

La conjonction de coordination « et » lie la première proposition principale à la deuxième (« ils crurent bien se noyer dans sa bouche »).

On trouve ensuite une proposition subordonnée conjonctive circonstancielle de temps : « lorsque Gargantua but son grand coup ».

Enfin, le passage se termine par une proposition circonstancielle participiale : « le torrent de vin les emportant presque dans le gouffre de son estomac ». Le développement de cette dernière proposition, plus longue que les précédentes, semble mimer le mouvement des pèlerins dans le gosier du géant.

DEUXIÈME PARTIE

L'entretien avec l'examinateur

- **Durée :** 8 minutes
- **Barème :** 8 points
- **Premier temps de l'épreuve :** présentation par le candidat d'une œuvre choisie parmi celles proposées par le professeur, et exposé argumenté des raisons de ce choix.
- **Deuxième temps de l'épreuve :** entretien avec l'examinateur sur cette œuvre.

1 La présentation de l'œuvre choisie

Vous choisirez de présenter à votre examinateur une **lecture cursive** proposée par l'enseignant.

- Choisissez **une œuvre que vous avez aimée**, ou qui vous a interrogé, ou même intrigué. Il ne s'agit pas simplement de parler « sur » l'œuvre, mais de **défendre votre choix** et votre lecture, à l'aide d'**arguments** construits, élaborés à l'avance, étayés par des **exemples** précis qui démontrent votre connaissance approfondie de l'œuvre en question et aussi des textes abordés dans le parcours associé.
- Préparez cet exercice durant l'année en élaborant un **dossier personnel** sur les œuvres que vous avez lues, à partir d'un **carnet de lecture** dans lequel vous noterez **vos impressions de lecteur, vos remarques**, tout ce à quoi cette lecture vous fait penser, les **références** que vous pouvez mobiliser pour en discuter.

2 L'entretien avec l'examinateur

- Durant cette dernière partie de l'examen, l'examinateur s'appuie sur les éléments que vous aurez exposés pour évaluer votre capacité à **dialoguer**, à **étoffer**, **nuancer** ou parfois **remettre en cause** votre réflexion, à **défendre votre point de vue** de lecteur avec justesse et sensibilité, et à **tisser des liens** entre les textes, entre les œuvres littéraires et artistiques, ou entre les époques d'hier et d'aujourd'hui.

• Il ne s'agit pas d'un interrogatoire mais d'un **échange ouvert** à partir d'une expérience de lecture d'une œuvre.

• Si vous choisissez de présenter *Gargantua* à l'oral, voici des **exemples de questions** que l'on pourrait vous poser :
– En quoi est-ce une œuvre représentative de l'humanisme ?
– Pourquoi étudie-t-on cette œuvre dans le cadre de l'objet d'étude consacré à la littérature d'idées ?
– Comment comprenez-vous l'usage du comique scatologique ?
– Est-ce que *Gargantua* vous a fait rire ? Pourquoi ?

Autour de la question religieuse

- **Abbé :** supérieur ecclésiastique exerçant sa juridiction dans une abbaye ou un monastère.

- **Apocalypse :** le Livre de l'Apocalypse est le dernier livre du Nouveau Testament, qui rapporte les révélations faites à son auteur, saint Jean, sur la fin des temps. Le terme désigne la fin du monde et est employé de manière hyperbolique.

- **Apostat :** personne qui a abandonné sa religion ou a renoncé à ses vœux monastiques. Rabelais, exerçant la profession de médecin, est un apostat et il se présente comme tel au pape pour obtenir son pardon.

- **Bénédictin :** religieux de l'ordre de saint Benoît (fondé en 529) qui se consacre à l'évangélisation, à la transmission de la culture classique et la traduction des Pères de l'Église.

- **Catholique :** chrétien qui reconnaît l'autorité du pape et des évêques dans la pratique de sa religion. Ce mot vient d'un mot grec qui signifie « universel ».

- **Censure :** examen d'un écrit par une autorité (l'État et/ou l'Église) qui peut en interdire la publication.

- **Chrétien :** personne qui suit l'enseignement de Jésus-Christ, tel qu'il est rapporté par les Évangiles. Les chrétiens se divisent en trois grandes confessions : les catholiques, les protestants et les orthodoxes.

- **Chronique :** récit de faits historiques présentés de manière chronologique ou récit mettant en scène des personnages fictifs mêlés à des faits historiques authentiques.

- **L'Église :** communauté des catholiques organisée de manière hiérarchique, instituée par Jésus-Christ.

- **Épitres :** textes du Nouveau Testament qui prennent la forme de lettres, notamment les lettres de saint Paul aux communautés chrétiennes qu'il a fondées.

- **Évangéliques :** catholiques favorables à la lecture de la Bible, débarrassée de ses commentaires médiévaux.

- **Franciscain :** moines de l'ordre des Frères Mineurs, fondé par saint François d'Assise en 1210. Ils vivent dans un état de grande pauvreté, à l'image de Jésus. Le couvent de Fontenay-le-Comte dans lequel entre Rabelais appartenait à l'« Observance » et condamnait fermement la lecture des textes antiques.

- **Hérésie :** doctrine qui diffère des croyances établies, condamnée par l'Église comme contraire aux dogmes.

- **Humanisme :** courant de pensée du XVIe siècle qui met l'homme au cœur de ses préoccupations en insistant sur sa capacité à progresser s'il est bien éduqué.

- **Littéral :** exactement conforme au texte.

- **Païen :** personne qui pratiquait les religions polythéistes de l'Antiquité. Par extension, personne dont l'attitude et la morale évoquent celles des polythéistes, ou encore personne dénuée de sens religieux.

- **Péché :** acte d'un homme qui agit mal, contre la volonté de Dieu.

- **Pèlerin :** qui voyage dans un lieu saint, à des fins de dévotion. Les évangéliques comme les protestants pensent que les pèlerinages et le culte des reliques relèvent davantage de la superstition que de la religion.

- **Réforme :** mouvement qui apparaît au XVIe siècle et s'affirme clairement avec les *95 thèses sur l'Église* de Martin Luther le 15 octobre 1517. Les réformés, ou les protestants, se distinguent des catholiques : ils prônent la lecture de la Bible, ne reconnaissent pas l'autorité du pape, ne prient ni Marie ni les saints et n'adoptent que deux sacrements (le baptême et l'eucharistie).

- **Règle :** statut et règles de conduite d'un ordre religieux.

- **Relique :** ce qui reste, après sa mort, du corps d'un saint. Les reliques font l'objet d'un culte chez les catholiques.

- **Scolastique :** modèle d'enseignement répandu au Moyen Âge, qui associe philosophie grecque et connaissances bibliques. Les humanistes critiquent la scolastique parce qu'elle exige des élèves qu'ils apprennent par coeur nombre de discours au lieu de leur apprendre à penser par eux-mêmes.

- **Sophiste :** orateur et maître de rhétorique dans l'Antiquité qui enseignait l'art de bien parler en public et de défendre toutes les thèses. Socrate s'oppose à eux en montrant que derrière la perfection formelle de leurs discours, se cachent parfois des raisonnements vains, voire illogiques.

- **Spirituel :** ce qui est de l'ordre de l'esprit ou de l'âme.

- **Théologien :** spécialiste en théologie, discipline qui traite de Dieu et de tout ce qui touche à la religion.

Conseils de lecture

François Rabelais, *Pantagruel*, 1532

Ce premier roman de Rabelais est centré sur le fils de Gargantua.

Savinien Cyrano de Bergerac, *Histoire comique des États et Empire de la lune*, 1662

Le narrateur parvient après quelques déboires à atteindre le Lune, puis le Soleil. Mais entre la bêtise des hommes qui ne le croient pas et la colère des habitants des royaumes qu'il visite, il n'est pas au bout de ses peines !

Jonathan Swift, *Voyage de Lilliput*, 1721

Gulliver découvre plusieurs mondes, dont celui des Lilliputiens, ce qui permet à l'auteur de faire la satire de l'Angleterre de son temps.

Voltaire, *Candide*, 1759

Candide commence par découvrir la misère du monde, avant de réfléchir à sa propre conception du bonheur. Il parvient alors dans une petite métairie et avec ses amis et ses compagnons de route, il cultive son jardin.

Umberto Eco, *Le Nom de la rose*, 1980

Ce roman policier suit Guillaume de Baskerville qui cherche les écrits d'Aristote sur la comédie, que l'on croyait perdus. Ce roman, très savant, interroge la place du rire dans les milieux religieux au Moyen Âge.

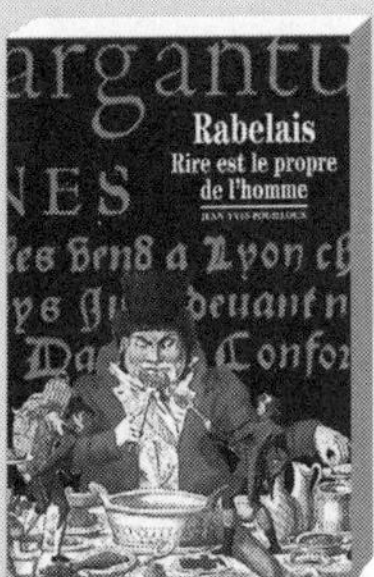

Jean-Yves Pouilloux, Rabelais, *rire est le propre de l'homme*, 1993

Une biographie richement illustrée.

Crédits photographiques

Couverture : Gargantua prend les cloches de Notre-Dame, illustration de Louis Morin pour une édition de 1936 de *Gargantua* et *Pantagruel* de Rabelais.

Collection MA/Kharbine Tapabor

p. 4 : Portrait de François Rabelais, BnF, Paris
BIS / Ph. © Archives Larbor
p. 7 : BIS / Ph. Scala © Archives Larbor
p. 9 : BIS / Ph. Giacomelli, Venise © Archives Larbor
p. 11 : *La Vie inestimable du grand Gargantua*, illustration de Gustave Doré, 1873, BnF, Paris.
BIS / Ph. Jeanbor © Archives Larbor
p. 21 : altitudedrone - stock.adobe.com
p. 40 : akg-images
p. 61 : BIS / Ph. De Selva © Archives Larbor
p. 83 : BIS / Ph. Coll. Archives Larbor
p. 93 : BIS / Ph. Coll. Archives Larbor
p. 104 : BIS / Ph. Léonard de Selva © Archives Larbor
p. 193 : © BnF
p. 217 : BIS / Ph. © Archives Nathan

II et p. 228 : akg-images / Erich Lessing
III et p. 229 : BIS / Ph. © Archives Nathan

Conception graphique : Élise Launay
Design de couverture : Élise Launay et Clémentine Largant
Recherche iconographique : Gaëlle Mary et Katia Davidoff
Schéma p. 115 : Renaud Scapin
Mise en page : STDI
Fabrication : Kévin Magar
Édition : Claire Beilin-Bourgeois

N° de projet : 10272598 - Dépôt légal :juillet 2021
Achevé d'imprimer en Italie par Grafica Veneta - Trebaseleghe en juin 2021